聖書黙想
３６６日

それでも、希望に生きる

上垣　勝
masaru uegaki

日本キリスト教団出版局

もくじ

1 月 ············· 5

2 月 ············· 31

3 月 ············· 55

4 月 ············· 81

5 月 ············· 107

6 月 ············· 135

7月‥‥‥‥‥ *161*

8月‥‥‥‥‥ *189*

9月‥‥‥‥‥ *215*

10月‥‥‥‥‥ *243*

11月‥‥‥‥‥ *273*

12月‥‥‥‥‥ *301*

あとがき　*331*

1月

1

イザヤ書 11・1〜10
エッサイの株からひとつの芽が萌えいで　その根からひとつの若枝が育ち　その上に主の霊がとどまる。(1-2)

　この十数年交流があり、一度日本にも来られたイギリス人女性から、クリスマスのメールをいただきました。アドベントに入ってすぐ、私たちが出した手紙に心から同意して、世界に満ちている物質主義や経済第一主義の暗い世相に触れた上で、確かに物質主義が目につく時代だが、自分の近くに、信じられない気前良さをもって生きている例外的と思えるご家族がいることを明るく書いていました。その家の子どもたちも貧しい人たちや困っている子どもたちに、積極的に自分の持ち物を贈ったり助けたりしており、自分はこういう人がいることに励まされるが、必ず他にもこういう家族が地上にいるに違いないと信じていますと、書いてこられました。

　悲観的な見方に負けてはならないのです。楽観的になれない事実があるでしょう。しかし神がおられ、イエスは復活され、「わたしはすでに世に勝っている」と言われたのです。暗い面に目を留めて闇に負けてはなりません。闇に負けている人たちが多くいます。闇に負けると心が休まりません。安心して生きることができず、不安神経症になりそうです。もちろん、世の現実は現実としてありますが、すでに光が来ているのです。

2

イザヤ書 11・1〜10
狼は小羊と共に宿り　豹は子山羊と共に伏す。(6)

　今日の聖句は、すばらしい終末的光景です。主題は和解であり、愛であり、正義であり、赦しです。また神の義です。神が持っておられる本当の義とは何かが主題です。

　こうありました。「狼は小羊と共に宿り　豹は子山羊と共に伏す。子牛は若獅子と共に育ち　小さい子供がそれらを導く。牛も熊も共に草をはみその子らは共に伏し　獅子も牛もひとしく干し草を食らう。乳飲み子は毒蛇の穴に戯れ　幼子は蝮の巣に手を入れる。わたしの聖なる山においては

何ものも害を加えず、滅ぼすこともない。水が海を覆っているように　大地は主を知る知識で満たされる」(6-9)。

　全体は、最後の言葉から理解するのがいいでしょう。「水が海を覆っているように　大地は主を知る知識で満たされる」。地上の者らが、主を知る知識で満たされ、主との交わりによって造り変えられる時に、「狼は小羊と共に宿り　豹は子山羊と共に伏す」とあるような、弱肉強食と根本的に異なる共存が起こるということです。狼と小羊の共存、豹と子山羊の共存、子牛と若獅子との共存です。幼い幼児や乳飲み子と毒蛇や蝮との共存でもあります。

　一体この共存は、今の時代において何を暗示しているのでしょうか。

3

ヨハネ3・16〜21
神は、その独り子をお与えになったほどに、世を愛された。(16)

　新しい年を迎え、今日は聖書の有名な箇所を選びました。この箇所は聖書の要約であると言われ、また小福音書とも言われて、神の愛の核心が語られています。神は愛であり、神の愛は、誰もが疑いなく信じるに足るものだ、そういう明快なことがイエスによって述べられている箇所です。

　快晴の日は気持ちがいいですが、どんより厚い雲が空をおおって太陽を全く隠している日でも、雲の上では太陽がいつも燦々(さんさん)と明るく照り輝いています。そのように、神の愛は万民の上に漏れなく輝いています。そこに少しも例外はありません。ただその神の愛に背を向け、自分で自分を守らねばならなくなった人々は恐れから自分を隠したり、光にそむいたり、光自体を恐れたりしています。

　この愛については、ヨハネ福音書と姉妹関係にある第１ヨハネ４章７節以下でも説かれており、新約聖書だけでも神の愛を示す言葉が、なんと350回ほど出てきます。まさに聖書は、あなたに宛てられた愛の手紙なのです。

4

ヨハネ3・16〜21
真理を行う者は光の方に来る。その行いが神に導かれてなされたということが、明らかになるために。(21)

「平和を実現する人々は、幸いである」（マタイ5・9）とイエスは言われましたが、家庭や社会でいろいろな問題が起こるたびに、「平和を実現する人」であること、そういう人になることが、どんなに大事かを思います。

ここ数年の社会を振り返ると、段々と生きづらさが強くなり、環境が悪くなっている気がします。そんな意味でも平和を造り出すことは非常に大切ですし、世が悪くなる中で心を暗くして悲観的にならないようにしたいと思います。悲観し過ぎると、もっと危険な人生の落とし穴に陥ります。その意味でも心に平和を抱く人でありたいと思います。

ところで16節には、神の愛の熱さ、激しさ、真実さが語られています。神は愛です。God is Love. 英語では、3つの言葉です。愛が心の隅々まで届くと、自分が考えるよりもはるかに遠くまで運ばれます。神に愛され、キリストとの交わりの中で私たちに喜びが訪れると、人を愛することへと踏み出し始めるのです。愛の人に創り変えられていくのです。

一旦キリストを通して神を知った人は、神の召しから逃げることはできません。何から逃げられないのでしょうか。真実な愛を受けているので、愛をもって責任的に生きることから逃げることができないのです。愛の働きはすばらしく、真実で、自由であり、喜びある生活なので、一旦逃げてもまた戻され、愛を行うようにさせられるのです。21節にはこうあります、「しかし、真理を行う者は光の方に来る。その行いが神に導かれてなされたということが、明らかになるために」。この年、この光に導かれていきたいと思います。

5

創世記12・1
あなたは生まれ故郷 父の家を離れて わたしが示す地に行きなさい。

神がアブラム、後のアブラハムに、この言葉を語られたとあります。あ

なたは自分の国、親族、父の家を出て、新しい出発をするようにと。この時、アブラハムはすでに75歳。後期高齢者です。

　私が住む地域の人口57万人のうち1割強が後期高齢者です（2022年現在）。アブラハムが新しく出発したのは、私より少し若いけれどほぼ同年齢です。私もこの先は果たしてどうなるのか、隠退して行先を知らずに旅立ちましたが、アブラハムの場合も、数え上げれば不安材料が無数にあったでしょう。妻のサラは彼より若い65歳ですが、それでも腰は曲がっていたかもしれません。膝関節の痛みは大丈夫だったでしょうか。アブラハムと同じように速く歩けたでしょうか。そんなことも気になります。それにしても一番不安なのは、神が示される地に着くのにこれから先何年かかるのかわからないことです。しかも跡継ぎがいません。

　75歳で事を始めて何になるのか？　そんなことを思ったでしょうが、アブラハムは神の示しに従って一歩を踏み出したのでした。

6

創世記12・1
あなたは生まれ故郷　父の家を離れて　わたしが示す地に行きなさい。

　もし彼らが故郷を後にせず、大切な人との関係に見切りをつけずにいたら……、そのままそこに居続けたら……、決して知り得ない多くの事柄、真理、恵み、人生のすばらしさを発見しなかったでしょう。何よりも、「信仰の父」とならなかったでしょう。

　このように、創世記12章1節は、神によって用意された未来に向かって出発し、前進するという、信仰の父アブラハムのダイナミックな生き方を示しているのです。創世記を読めばわかりますが、彼らの道には、落とし穴や罠（わな）が満ちていました。力尽きてしまいそうになりました。

　ですが、行き先も知らずに、導かれるまま大胆に出発したので、人類史の中に信仰と自由の歴史が登場したのです。

7

マタイ 8・18〜22
イエスは言われた。「狐には穴があり、空の鳥には巣がある。だが、人の子には枕する所もない。」(20)

　近年、私たち日本人が感じているものの一つは、「よそ者」の流入ではないでしょうか。私たちは、「よそ者の時代」を迎えています。「よそ者」と言うと差別的な印象ですが決してそうではありません。ただ日本人は島国根性の閉鎖的な民族ですから、そのように考えやすいのも事実です。

　先週、久しぶりに講壇交換で町屋に行きました。帰りに大衆食堂に入りましたら、フロア係が外国人なので驚きました。この十数年、一度もそんなことはありませんでした。混んでいたので店の前の長崎ちゃんぽんのお店に入りましたら、そこも外国人がウエイターをしていました。あちこち、「よそ者」であふれ始めているのです。そこで思ったのですが、その人たちも「自分はよそ者だ」という、疎外感を強く感じながら生活しておられるのではないでしょうか。

　外国人ばかりではなく、日本人同士でも同様です。現代社会には、同じ区民、同じご町内でも、社会に溶け込めずに悩む人たちが多くいます。日本人で、日本社会で生きながら、どこか身の置き所がないと感じている人たちです。家庭にありながら身の置き所がない、職場にありながらそこが本当の自分の居場所だと感じられない、友人や同僚とワイワイ騒ぐことはあるがどこか違うと感じて、「自分はよそ者ではないか」と感じている人々です。そういういろいろなことを、「よそ者の時代」と私は思っています。そしてイエスはむしろそういう「よそ者」、すなわち町や村で疎外感を抱いて生きる人と共に生きたのではないか、と思っています。

8

マルコ 12・28〜34
「隣人を自分のように愛しなさい。」この二つにまさる掟はほかにない。(31)

　テゼ共同体からの通信にこう語られていました。「外国からの移住者が身近な所に住んでいる場合、決して彼らを虐待してはいけない。私たちの

そばで生きる隣人として接し、イエスが言われたように、『自分を愛するように、自分の隣人を愛しなさい。』彼らにも、この地で生まれた人と同様に接しなければなりません」。こう語って、彼らの文化にも、自分の文化と同様に神から人類に贈られた美しい贈り物として接しよう、彼らの文化を「もてなそう」と言うのです。

　それを読んで、真のもてなしとは何かを考えました。テゼ共同体は、「もてなし」を、文化の尊敬というレベルにおいて捉えていることに非常な新鮮さ、驚きを感じました。日本でもてなしが語られる場合、愛とか隣人愛という一段と深い所で捉えられているでしょうか。隣人愛こそもてなしの中心にあるもの、中心になければならないものだと教えられました。

　もちろん難民や移民は、言葉でも宗教でも習慣でも「よそ者」です。そして、今日では同じ区民や都民、市民であっても「よそ者」感を感じている人たちがあちこちにいます。その意味で、今は「よそ者の時代」なのです。だからもてなしが必要なのです。

9

マルコ 16・15〜18
全世界に行って、すべての造られたものに福音を宣べ伝えなさい。(15)

　今日は教会学校の皆さんへのお話です。
　「福音を宣べ伝える」って、イエスさまのことをお伝えするってこと、神さまがあなたを愛しておられることをお伝えすることだよね。今日の聖句には、「全世界に行って」とあります。皆さんお家に地球儀がありますか。ウン、持っている人が多いね。地球ってものすごく大きいんですが、地球儀はそれを小さく、小さく、ものすごく小さくしたものです。だから「全世界」って、実はものすごく広いんだよ。
　Aちゃんはお母さんと、クリスマス後にどこか遠くに行ったんだよね？ああ、名古屋だったんだね。何に乗って行ったの？　なるほど新幹線ね。何時間かかりましたか？　ウン、2時間ほど。よく覚えているね。じゃあ、飛行機だったら名古屋までどのくらいかかるか知っていますか？　飛行機では行ったことがないからわからない？　そうか、飛行機で行けば1

11

時間ほどで行けます。新幹線より早いよね。じゃあその飛行機で、地球を1周するのにどのくらい時間がかかるでしょう？　ウン、飛行機の種類によって違うよね。ジェット機で行くのと、プロペラ機で行くのとではずいぶん違います。それに飛行機は燃料を積んで飛びますから、普通の燃料タンクの大きさだと1周できないんだ。途中で給油と言って、どこかの飛行場に降りて燃料を補わなければいけません。そうして地球を1周するとして、ジェット機でも2日半はかかるんだよ。プロペラ機だと9日もかかるんだって。神さまがお造りになった地球って、やっぱり大きいんだね。

　その全世界に行って、人間と造られたものすべてに神さまの愛を伝えなさいとイエスさまは言われたんだ。お弟子さんたちは、なんて大きく、すばらしいお仕事を命じられたことでしょう。そのお仕事は私たちにも与えられているんですよ。

10

詩編 104・10〜25

主は泉を湧き上がらせて川とし　山々の間を流れさせられた。野の獣はその水を飲み　野ろばの渇きも潤される。水のほとりに空の鳥は住み着き　草木の中から声をあげる。(10-12)

　すばらしい叙景詩です。1行読むだけで、私の心はワクワクさせられます。詩は事実に裏打ちされていますが、事実に裏打ちされながら、それを越えて世界や人生、社会の真実を格調高く指し示します。場面が絵画的で生き生きしています。泉も川も山々も、野のすべての獣、野ろば、空の鳥も、愛されていることがわかります。彼らは神に慈しまれ、覚えられていることが伝わってきます。谷間を流れるせせらぎの音、その水を飲む獣たちのしぐさ、こずえの間から囀る小鳥たち。彼らも生き生きして愛を感じていることが伝わってきます。

　動物たちは放置されているのではなかったのです。創造者である神を知らなくても、守られていること、信頼していいことを感じているのです。明日のことを思い煩わず、1日の苦労は今日1日で足れりと知っているのです。主の許しなしには、雀1羽も地に落ちることはないとイエスは言われましたが、彼らは命を神に委ね切っています。謙虚になりさえすれば、現代人は彼らから多くのことを学べます。

11

イザヤ書 11・1 ～ 10
弱い人のために正当な裁きを行い　この地の貧しい人を
公平に弁護する。……正義をその腰の帯とし　真実をそ
の身に帯びる。(4-5)

「朝日新聞」に投稿作品の「朝日歌壇」があります。その朝日歌壇には
4人の選者がいますが、今週、その4人が全員、「アフガニスタンでテロ
によって亡くなった（2019年）中村哲さんを偲ぶ歌が大変多かった、圧倒
的に多かった」と書いていて驚きました。2人の選者は一席、二席、三席
まで中村さんに関する歌を選んでいたと思います。選者たちは全体で40
の歌を選んでいますが、その15首ほどが中村さん関係です。

中村さんはクリスチャン医師です。ですが、聴診器を置いて社会福祉事
業家、灌漑事業家としてアフガニスタンの貧しい方々のために献身的な奉
仕をされました。正義と公平を生きたその働きに多くの方が感銘を受けて
歌っておられました。

テロで亡くなってまもなく、尼さんの瀬戸内寂聴さんが、中村さんはい
い働きをしたが、どうしてテロに遭うような最期を迎えたのか理解できな
いと書いておられて、「瀬戸内さん、因果応報説に囚われて、論点がずれ
ていませんか」と思いました。「弱い人」「貧しい人」のために働いたその
意味を、有名人よりもむしろ市井の人が中村さんの志を理解したのではな
いでしょうか。

12

ルカ 1・26 ～ 38
マリアは言った。「わたしは主のはしためです。お言葉
どおり、この身に成りますように。」(38)

在日韓国人の歌人で、金夏日さんという90歳を越えた方がおられます。
日本の植民地下、父を追って13歳で来日。ハンセン病になり多磨全生園
に入りました。戦後病状が悪化し、草津のハンセン病の療養所に入所。ア
ララギ派に入り短歌を作って70年、日本人以上に日本古来の短歌の魂を
持っておられました（2023年召天、96歳）。

「指紋押す指の無ければ外国人登録証にわが指紋なし」

金さんはその草津の療養所でまもなく失明します。そこで始めたのが舌読です。点字を舌で読み取るのを習い始めました。ハンセン病で指がマヒして感覚を失い、指では点字が読めなかったからです。

　県の盲人会会長に相談すると、「指がダメなら唇で、唇がダメなら舌先で点字を読む練習をしたらどうか」と励まされたそうです。本当の励ましとは、こういうことです。「そんなの私には無理です。そんなこと言うなんてひどすぎます。ひどい人です」というのではなく、愛による励ましの真の意味を知って、自分と闘って生きていこうということです。

　こうして血の滲むような努力で舌読を習得しました。「じっとやっていると肩は凝るし、目は真っ赤に充血するし、涙はポロポロ出るし、唾液は出る。すぐに紙がベタベタになってしまい……そのうちに……穴が開くんだね。それでもこうやっていると、濡れてヌラヌラして来る。いつものように唾だろうと思ってまだやっていると、晴眼者が来て、『わあ、おい、血が出ているぞ』と言われてね」。大根おろし器みたいにボツボツが出ている点字を舌で触るわけで痛いのです。日本語の点字を習得すると、次にハングルの点字を習いました。若くして来日したのでハングルの点字を知らなかったのです。マリアのように謙虚に、しかし人生を諦めず、委ねて生きた人でした。

13

ルカ1・26〜38
「おめでとう、恵まれた方。主があなたと共におられる。」マリアはこの言葉に戸惑い、いったいこの挨拶は何のことかと考え込んだ。(28-29)

　神から遣わされたガブリエルとマリアのやり取りです。別の訳し方をすれば、「喜びなさい。神の恵みを受けた人よ。主が君と共におられる」。ここで言われる恵まれた人とは、恵まれた才能や財産、恵まれた境遇にある人ではなく、神の恵みを喜ぶ人のことです。今あるのは神の恵みであると、今の自分、この自分に注がれている神の恵みに目をとめて喜ぶ人。不足に目をとめず、恵みの方に目をとめ、それを数える人です。

　オリンピックのたびに、「次は頂点に立ちます」とか、「メダルを目指します」という言葉を聞きます。どの競技でも、選手は異口同音に同じこと

を言います。オリンピックを目指す選手が、あるいは大リーグで活躍する選手が、まるで人生のお手本であるかのようなメディアや社会の扱い方に、私はずっと違和感を抱いています。何かが違う！　と。あまり強く言うと、お前の方がおかしいと言われかねませんが……。

マリアは、他と競争して最後に頂点に立つ、そういう生き方とは無関係です。競争も比較もせず、貧しいながら、ただ、今注がれる神の恵みに目をとめて、感謝と喜びをもって生きる無名の人です。そこに健全さがあります。

14

使徒 5・1 ～ 11

ペトロは彼女に話しかけた。「あなたたちは、あの土地をこれこれの値段で売ったのか。言いなさい。」彼女は、「はい、その値段です」と言った。(8)

　大事なのは、神さまに仕えることです。初代教会の人々は、神にお仕えするのを一番喜ばしいこととして生きたのです。仕事の大小は関係がありません。大小に関係なく、ジェンダーも、年齢も関係なく、自分が置かれた所で力を尽くして生きる。野の花のように、置かれた所で精一杯、神が求められるものを生きていく。それを喜びとしたのです。アナニアとサフィラのように偽る必要はなく、卑下する必要も、驕(おご)る必要もないのです。

　今の時代は、大きなことが良いことだという風潮があります。土地のバブルが始まっているようで、しばらく前の土地の路線価では、前年より6％の値上がりです。銀座4丁目当たりは1㎡が5000万円。この講壇よりやや広い場所が5000万円。土地バブルも問題ですが、大きなことがいいという風潮は怖いです。その風潮に流されてはなりません。自覚しないと流されます。大観衆を集めようが、大群衆に取り囲まれようが、大量動員のライブであろうが、莫大な財産を築こうが、それが何でしょう。幸福とは別問題です。そんなもので人の価値は測れません。

　国連が発表した2023年の幸福度調査では、日本のランキングは137か国中47位です。先進7か国中の最下位。日本の景気や経済水準は、世界で見れば決して47位の悪さではありません。しかし幸福度は極端に低い。

　ここには、あまりにも吊り上がった「大きいことへの期待」、大きくな

15

ければダメ、上位でなければダメ、一番にならなければダメ、大群衆、大観衆を集めなければダメ、教会も大きくなければダメという価値観の異常な高騰があります。これこそ偽りが生まれる土壌でもあるのです。

15

箴言 1・7
主を畏れることは知恵の初め。無知な者は知恵をも諭しをも侮る。

　今日は箴言を味わいましょう。箴言の箴はハリ（鍼）のことです。昔、中国では竹を使って鍼灸のハリにしたことから、私たちの心に箴言のハリを刺して病を癒し、心の元気を取り戻すとの意味です。

　「主を畏れることは知恵の初め。無知な者は知恵をも諭しをも侮る」とあります。詩編 111 編にも、「主を畏れることは知恵の初め」（10）と、同じ言葉が記され、その後、「これを行う人はすぐれた思慮を得る。主の賛美は永遠に続く」（同）とあります。いずれにせよ、聖書は、主を畏れ敬うことが知恵の初めであり、知恵を授かる大本だと語るのです。

　箴言は 31 章あり、今日のみ言葉は全箴言の要と言えるでしょう。「畏れ」ですから、奴隷が横暴な主人を恐れるような恐怖ではなく、主を愛し、喜び慕う「畏れ」です。あらゆる知恵はここから湧き出すのです。ここに健全な生活を生み出す源があるからです。

　箴言の大半はソロモン王が書いたと言われます。彼は 1 章 4 〜 5 節で、知恵は「未熟な者に熟慮を教え　若者に知識と慎重さを与え……賢人もなお説得力を加え……指導力を増す」と語ります。熟慮、知識、慎重さ、説得力、そしてリーダーシップ。これが主を畏れる人に生まれると語るのです。いずれもさまざまな分野で働く現代人が内心、切に求めているものです。ですから、箴言は現代人も大いに耳を傾けて聞くべきものです。

16

ガラテヤ2・15〜16
律法の実行によっては、だれ一人として義とされないからです。(16)

　信仰義認でいくのか、行為義認でいくのか。うまく当てはまるか心もとないですが、具体例を一つ申し上げます。考える一材料です。

　ずいぶんと昔、ある地方の教会に伝道師が赴任しました。若い人ではなく年配の方です。優秀な人で、社会でも大きな仕事をし、教会でも皆を引っ張って立派な働きをしました。その人が第2の人生は牧師になろうと、神学校に行ってその教会に伝道師として赴任したのです。

　元々優秀です。テキパキと仕事をして教会を引っ張ってくれました。信徒たちはいい先生に来ていただいたと喜んでついて行きます。いつも伝道師にスポットライトが当たり、主任牧師には残念にも当たりません。何年かして、実業界だけではなく教会でも成功を収めたように見えました。ところが、彼の魅力的な実行力が落とし穴になったのです。彼はたぐいまれなすばらしい仕事ぶりという行為義認の落とし穴に嵌ったのです。それを颯爽と見事にやっていく彼に、周りも心惹かれたのでしょうか。実力ある伝道者が、教会成長の善い業という行為による義認に走り、それが義だと錯覚したのか、不純さが生まれて命取りになりました。

　立派な働きをすることは大切ですし、そうした人に心惹かれること自体は罪ではありません。しかし、その働きがまるで自分の成果のように考えられ、周りもそのように考えるとき、罪が忍び込んできます。知らず知らずのうちに、罪にからめとられてしまったのです。

17

ルカ1・39〜45
あなたは女の中で祝福された方です。胎内のお子さまも祝福されています。(42)

　100年程前、リビングストンの弟子のヘンリー・M・スタンレーが、アフリカのビクトリア湖を通り、アフリカ大陸を東西に初の横断をしました。旅は過酷で、好戦的な諸部族に次々と出会いながら、困難を乗り越えて進

みました。

　そんなある日、スタンレーはジャングルで無数のアリを目にします。アフリカではこれほど種類が多いのかと驚きますが、黒、赤、白、黄、灰、まだらなど、色とりどりのアリの大群が、懸命に戦ったり、守ったり、餌を運んだりしているのです。また、無数のシロアリが動物も植物もあらゆるものを食い荒らして進んでいきます。彼らは互いにアリ同士、同族です。ですが信頼関係も友愛もなく、ただ食うか食われるかの戦いしか知りません。相手を潰すことだけです。

　それを眺めながらスタンレーは、「これは実に人間の姿だ」と悟るのです。好戦的に向かって来る者にこちらも同じように戦いの気配を少しでも見せれば、向こうは皆殺しの手を打ってくるかもしれません。それで彼はあくまで戦いを避ける道を選ぶのです。

　違いを越えて信頼し、和解し協力して生きるのではなく、戦ってばかりいては、人間は獣やアリ同然になるでしょう。「敵を愛し、自分を迫害する者のために祈りなさい」（マタイ5・44）。イエスのこの言葉に、何百年かかろうと人類が進むべき方向性が示されている気がします。

　今日の聖書には、マリアとエリサベトとの、年齢差を越えた、また名もない家庭のマリアと祭司家系で名門アロン家の出身女性であるエリサベトとの、違いを越えた友愛、信頼関係、協力が記されています。今日の私たちに数々のことを教えてくれます。

ルカ 15・20

18

父親は息子を見つけて、憐れに思い、走り寄って首を抱き、接吻した。

　父は心に痛みを抱きながらも、放蕩で全財産をなくして帰って来た息子を憐れに思って抱きしめたのです。神は、気前よくもてなされる方です。「気前がいい」ことを、英語でジェネラスと言います。寛大、物惜しみしない、心が広い、こせこせしないことを指します。悠々として、ゆるやかで鷹揚なのです。心の籠ったもてなしは、悠々と物惜しみしない迎え方です。愛はそういう心の広さです。

神は、どんな人もこの世に歓迎してくださいました。私たちは壊れやすい赤子として生まれましたが、歓迎されたからここにいます。私たちは神に歓迎され、小さな命を皆から喜ばれました。神は、この基本的な歓迎の経験を万人が経験するように望まれたのです。

　創世記1章にあるように、神は創造した世界をご覧になり、「良しとされた」「はなはだ良かった」（31、共に口語訳）と言って祝福されました。宇宙に満ちているものはすべて、神に愛され喜び迎えられたもの、神のお気に入りです。太陽がなぜ気前よくタダで光を与え、空気も世界に漲（みなぎ）りあふれ、どうして無料で与えられるのか。なぜ神は私たち被造物をこんなに温かくもてなしてくださるのか。人間が提供するものの多くは有料ですが、神のなされることは驚くほど気前よく、ゆったりしています。

　その上、神は私たちの隣人になろうとして、その独り子を世に遣わされました。私たちの上に立つためでなく、僕（しもべ）となって私たちに仕え、もてなすためです。放蕩息子の父の姿に神を見ます。

19

ガラテヤ2・15～16
人は律法の実行ではなく、ただイエス・キリストへの信仰によって義とされると知って、わたしたちもキリスト・イエスを信じました。(16)

　ここで疑問が生まれるかもしれません。神に義とされ愛されるために、善い行いは不要なのか。何もしなくていいのか。キリストを信じるだけでいいのなら、キリスト教は薄っぺらで、怠惰で自分を甘やかすだけになり、堕落しないだろうか。無律法になってしまわないだろうかという批判です。

　いろいろなことを省いて端的に言えば、何もしなくていいのです。どんな業（わざ）も不要。ただイエスを私の主、世界の主として信じ迎え入れればいいのです。イエスが私のために十字架につくまで苦しみ、傷つき、愛して、私に代わって罪の裁きをかぶってくださったと信じればいいのです。

　「義とされよう」として行いに励むのはお門違いです。そうした自力では、喜びはなく、平和は来ません。徹頭徹尾、何もなしに、です。いわば他力です。その時に初めて、うれしさのあまりに何かが生まれます。元々はまったく光を放たない月が、太陽の光を浴びて夜空に明るく浮かんで

19

煌々と照っているように。そこから感謝としての義の行いが生まれます。

黙示録3・20

20

見よ、わたしは戸口に立って、たたいている。だれかわたしの声を聞いて戸を開ける者があれば、わたしは中に入ってその者と共に食事をし、彼もまた、わたしと共に食事をするであろう。

主との交わりへと誘うこの言葉は大切です。牧師をして一番いいのは、イエスとの交わりができることです。日々イエスの前に出て歌を歌い、聖書を読み、それを静かに黙想します。1節ずつ数分黙想します。

マルチン・ルターがこう言っています。深い森に入って、1本1本の木の前に立って短い棒で叩く。すると各々の木は、それぞれ種類も太さも育ちも違っているので異なった音色を立てて森に響く。同じように自分は聖書という深い森に入って各々の節から神の福音を聞く、と。私もそのようにして聖書を1節1節黙想するのです。そして次にまた歌を歌い、聖書を読み、また静かにそれを黙想し、神の前に留まって祈ります。

祈りの中で、信徒の名前を呼び、神に執り成し、心の中で信徒と交わっています。世界のことも祈ります。そういうイエスとの交わりの中で、私の考えが変えられるのです。気分ではありません。気分も変わりますが、それでは不十分です。考えが変えられます。物事の見方が変えられます。それが神との交わりで一番大事にしていることです。考えが変えられると、見方が変わります。態度が変わります。「さあ、やるぞ」と、やる気が出ます。主に心を向けるから、自分ではなく、主が変えてくださるのです。

快適な日を送っている時より、砂漠のような所にいる時こそ、一層主との交わりがすばらしく思えます。主が来て希望の光で前途を照らしてくださり、うっすらとでも光が射しているのがわかるからです。

黙示録3・17

21

自分が惨めな者、哀れな者、貧しい者、目の見えない者、裸の者であることが分かっていない。

ラオディキア教会の問題は、「わたしは……満ち足りている。何一つ必

要な物はない」(17)と、自分に満足してしまっているが、実は、「自分が惨めな者、哀れな者、貧しい者、目の見えない者、裸の者であることが分かっていない」ことです。ここにこの教会の病があると語るのです。

いつかの新聞に、日経連と並んで経済界を代表する、経済同友会代表の小林喜光代表幹事のインタビューが載っていました。この方は、「平成の30年間、日本は敗北の時代だった」と発言していて、独創的な技術や産業の分野で日本が世界でかなり遅れを取ったと見ているようです。

ところがその年の内閣府の調査を見て、私は驚いた記憶があります。約75%の国民が現状に満足しているのです。驚くのは、18〜29歳では約83%が現状に満足と答えていることでした。まるで今の日本人、特に若者たちは、ラオディキア教会の姿に似て、「満ち足りている。何一つ必要な物はない」と考えているかのようなのです。

さらにインタビューで小林さんは、今の日本人は、「今さえよければ、自分さえよければ」と生きている、「皆で楽しく生きていきましょう」と考えて「敗北を自覚しない」と語っていました。厳しい国際的な競争社会に身を置いている人だからこそ、こう感じるのでしょう。

22

使徒3・11〜26

イスラエルの人たち、なぜこのことに驚くのですか。また、わたしたちがまるで自分の力や信心によって、この人を歩かせたかのように、なぜ、わたしたちを見つめるのですか。(12)

ペトロははっきり語っています。私たちがこの人を癒したのではありません。どうして驚くのですか。私にそんな力はありません。ただイエスの名がこの人を強くしたのです。イエスの名を信じる信仰が、彼を皆さんの前で完全に癒したのです。私の信仰や能力で起こったなどとは、とんでもない。私が神に要求を突き付け、神を動かしたのではなく、神がイエスに栄光を与えて、彼を癒されたのです、と。

キリスト者というのは本来、唯一の神を指し示す人間です。自分を誇ったり、自分を指し示すのを好みません。「いいえ、私ではありません。キリストがこれをなさったのです」と、謙虚になるのが真のキリスト者です。もちろん過剰な謙虚や、取って付けた謙虚はおかしいわけで、普通のあり

のままの謙虚さです。謙遜を誤解してはいけません。それは消極的態度ではありません。ペトロはそれを示してくれています。唯一の神を知るから自由なのです。喜ばしく生きうる謙遜なのです。

23

使徒3・11〜26

だから、自分の罪が消し去られるように、悔い改めて立ち帰りなさい。(19)

　ドイツのメルケル前首相の講演を読むと、いかに自国の加害の罪をごまかさないか、たじろぎそうな自国の罪の前に目を逸らさず立ち続けているかを見て、胸が熱くなります。この方の強さは物理学者らしくごまかしのないところにあると思いました。「私たちはナチズムと第2次世界大戦における大きな罪を背負い込んでしまった」と、罪を正面から受け止め、ドイツを取り巻く国々と積極的に関係を結んでいこうとしていたことがわかります。

　日本も、もしメルケルさんがするような仕方で、自国の罪に正直になり、韓国、中国、ロシアなどと接すれば、この東アジアは随分とようすが違ってくるのではないでしょうか。本当の信頼関係が築けるのではないかと思います。

　メルケルさんは、何千年ものユダヤ人（現在のイスラエルではありません！）の歴史に触れて、「この民族（ユダヤ人）は常に神が歴史の本来の主であるという信仰の掟を守り続けた。そして、世界史における無意味に思えるような混乱の中にも、神は約束を守られ、自分の民を忘れはしないと信じた」と語っています。キリスト教はもちろんユダヤ教とは違いますが、旧約聖書からこういう最良のものを継承すべきでしょう。

　世界史を見れば、「まるでジャングルのように見通しの効かない」時代がしばしば登場しました。大量虐殺が起こり、従軍慰安婦や強制連行のようなものに国家が手を染め、後にそれを隠すというひどいことが起こりました。それでも自分をごまかさず、国が混乱して闇に覆われても、「神が歴史の本来の主である」と堅く信じ、ただ神の栄光のために生きていく。そこに骨太の生き方が現れるのでしょう。

24

創世記 2・15 〜 25
主なる神は人を連れて来て、エデンの園に住まわせ、人がそこを耕し、守るようにされた。(15)

　地球は青い水の惑星です。宇宙から見るとまるで美しいエデンの園に見えるそうで、私たちは確かにエデンの園に置かれているのかもしれません。

　ベニシアさんというイギリス人が京都の大原の古民家に住み、何種類ものハーブや草花を育て、英語学校を開き、すばらしい文章を書いて本を出しておられます（2023 年没）。

　ベニシアさんは、庭に出て花の世話をしていると、「地球との深いつながりを感じる」そうです。私も教会の狭い庭で花の手入れや巨峰の世話をしていると、不思議に地球との深いつながりを感じます。そしてこのつながり感が喜びを与えてくれます。草花の世話をしていると、いつのまにか心と体が自然に生き返るのです。ベニシアさんは、ガーデニングは心と体を生き返らせる楽園と書いておられました。エデンの園というのは、人間の原初の体験として誰もが無条件に神からいただいているものかもしれません。

25

ルカ 1・26 〜 38
わたしは主のはしためです。お言葉どおり、この身に成りますように。(38)

　マリアは、「どうして、そのようなことがありえましょうか。わたしは男の人を知りませんのに」(34) と答えました。自分はまだ嫁入り前で、そんなことが起こるとはとても考えられませんと語ると、天使は、「聖霊があなたに降り、いと高き方の力があなたを包む。だから、生まれる子は聖なる者、神の子と呼ばれる。あなたの親類のエリサベトも、年をとっているが、男の子を身ごもっている。……神にできないことは何一つない」(35-37) と明言したのです。

　ここに至ってマリアは、「わたしは主のはしためです。お言葉どおり、この身に成りますように」と語り、み告げを大胆に受け入れました。天使

の言葉も凄いですが、彼女の方も何と思い切りのいい、勇敢な女性かと思います。

　外見は弱々しい、貧しい娘ですが、み使いの言葉に勇気をもってはっきりと応答しました。自分にそうなる力があるとか、そういう人間だというのでは決してありません。私は主のはしため、主に仕える僕です。お言葉どおり私をお使いください。いかなることが私の身に降りかかりましょうとも、それをお受けいたします。それがマリアの答えであり、そういう魂を彼女は持っていたということです。非常に惹きつけられる女性です。

　神は何とすばらしい女性に目をとめられたかと思います。生涯にわたり彼女は高慢に振る舞うことがなく、心低く、気高く、穏やかな心で主に仕えたのももっともです。46〜47節の「わたしの魂は主をあがめ、わたしの霊は救い主である神を喜びたたえます」という言葉は、彼女の一生を貫く気高い人となりをいみじくも言い表しています。

26

エレミヤ書17・5〜8
彼は水のほとりに植えられた木。水路のほとりに根を張り　暑さが襲うのを見ることなく　その葉は青々としている。干ばつの年にも憂いがなく　実を結ぶことをやめない。(8)

　「論語」はやはり封建制度を強める書物だと思いますが、それでもいろいろ教えられる点があります。孔子はこう言います。「本を務む。本に立ちて生ず」。すばらしい言葉です。君子は、根本のことに努力する。根本が定まって初めて進むべき道もはっきりするという意味です。

　キリストの弟子たちは、根本のこと、すなわちキリストは十字架で磔にされたが神の意志によって復活したとの根本に立ちました。本を務める時に道が生じるという信仰に、揺るぎなく立って生きたのです。預言者エレミヤは17章で、川のほとりに植えられた木のイメージを使って語っています。主に信頼する人は、「水のほとりに植えられた木」(8)だ、水路の畔に根を張り、暑さが襲っても、葉は青々と茂り、旱魃の年にも憂いがなく、実を結ぶことをやめない、と。

　人間の根本は神に立ち帰ることです。ここに根を下ろす時、心に平和が訪れ、希望が湧き、勇気が生まれ、大胆さも与えられ、しかも愛の枝々、

太枝も小枝も伸ばして茂るでしょう。襲い来る荒波をも次々と聖霊が乗り越えさせてくださるのです。

27

マタイ21・1〜11
シオンの娘に告げよ。「見よ、お前の王がお前のところにおいでになる、柔和な方で、ろばに乗り、荷を負うろばの子、子ろばに乗って。」(5)

　ここにあるのは低く卑しくなられたキリストです。やがて5日後の金曜日には十字架を担がされ、重い足取りで進むキリスト。嘲られ、唾をかけられ、平手打ちをくらい、いわば世界のしんがりから重い十字架を負って進む人物。十字架で磔にされるそのキリストを予告する出来事です。

　世にはいろいろと苦労をして、あえぎつつ生きている方がおられます。なぜこんな不幸を経験しなければならないのか。どうして自分だけがこんな目に遭わねばならないのかと、自問自答している方もあります。大都会にも農村にもあり、若者の間にも大人の間にもあります。十字架が意味するのは、イエスがその方の傍らで、その人と共に、重荷を負って歩いておられることです。その人を支えるために、その人の後から、その人以上にひどく重い、自分が磔にされる十字架を担って歩いておられるのです。今日の箇所はそういうイエスを予告するような出来事です。

　イエスと十二弟子はエルサレムに近づき、オリーブ山沿いのベトファゲに来ました。この村は、世界最古の町であるエリコからオリーブ山の坂道を上ってベタニア村に着き、更に山を巻いて進んだ所にある村です。イエスが今、目指しているのは、このベトファゲ村の北側から急坂を下って一旦谷底に降り、今度は前方の急峻な山を登って入ろうとしておられるエルサレムの都でした。イエスは重荷を負う私たちに連帯して、坂を下りたり、坂を上ったりしながら私たちと共にへとへとになるような人生を旅してくださっています。

28

マタイ21・1～11

だれかが何か言ったら、「主がお入り用なのです」と言いなさい。すぐ渡してくれる。(3)

　時代が進むにつれて、人は自由で自立的になると思っていたのに、私の若い頃より今の方が、人々が窮屈な暮らし方をしている気がします。豊かさの中で、豊かさに縛られているのかもしれません。かつては学生も活発でもっと主体的だったように思います。独立的で覇気もあった気がします。社会が豊かで安定するにつれて保守的になり、いろいろなことを配慮する忖度学生になってしまったのではないでしょうか。忖度とは、こちらから進んでする一種の縛りです。もちろん、それに加えて因習や風習のつながりが今も残ります。

　私はこれまでどんなアルバイトや仕事をして来たかと数えてみました。最初のバイトは高校の卒業後に教師から勧められて勤めたメッキ工場。就職前に経験しなさいというわけです。染色工場にも関わり、ある企業の研究所で働きもしました。ストレスの多い時期でした。退職して牧師になる大学に進みますが、家が貧しく大学に行きつつ仕送りが必要で、家庭教師、焼き鳥屋店員、港湾労働者、病院の薬局手伝い（面白いものでしたが神経を使いました）、高校講師、電子会社の夜警、製菓会社の倉庫やライン作業員。十数種の仕事をしましたが、どこにも自由はありませんでした。当然、縛られています。

　ところがこんな愚か者が、「主がお入り用なのです」とイエスの所に引いて来られて牧師になり、振り返ると、もしサラリーマンを一生していたら味わえなかったであろう多くのことを贅沢に経験しました。たくさんのすばらしい方、優れた外国人にも出会い、かけがえのない多くの自由と喜びを味わいました。会社を辞める時、誰にも引き止められないことに当時は劣等感を抱きましたが、「すぐ渡してくれる」(3) ようにと、主が按配していてくださったからかもしれません。

29

ローマ 8・35〜39

どんな被造物も、わたしたちの主キリスト・イエスによって示された神の愛から、わたしたちを引き離すことはできないのです。(39)

ある教会での話。ある日、信徒のＡさんが1か月前に96歳で召されていたと連絡がありました。あの信仰深い、魂を込めて俳句を作ったＡさんが召され、教会での葬儀を強く望んで葬儀費用を預けておられたのに、家族は、Ａさん自身が教会での葬儀を望んでいなかったかのようにメールで知らせてきたのです。加えて、預けた葬儀費用を全額、銀行口座に振り込んでほしいと書いてきたのです。その方はこれまで一度もメールをくださったことがなかった人です。数年前からＡさんと教会が接触するのを渋っておられた人です。Ａさんと接触されると自分たちの思いどおりにならないと思ったからだったのだと、ようやく理解しました。実に悲しい世の現実を見せられ、Ａさんの信仰は本物であったので余計にショックでした。

人として基本的なことはお金の問題ではありません。人としての信頼、信義があるかどうかであり、愛の問題です。家族は信頼と愛の共同体であるはずです。だからこそ教会との接触を家族に妨げられ、最後の意志も巧妙に変えさせられて、どんなにＡさんは悔やしかったか……。『讃美歌21』313番に、「愛するイェス、何をなされて　こんなさばき　受けられたか。どんな罪を　おかされたのか、愛する主は。鞭打たれ、茨の冠　かぶせられ　蔑まれた。酸いぶどう酒　十字架の上で　口にされた。これほどの　痛み苦しみ　何のために　受けられたか。……」とあります。イエスとＡさんがダブります。

しかし、たとえ現実にこのようなことがあっても、何ものもＡさんと主を引き離すことはできません。誰かが引き離そうとしても、Ａさんの魂や人格をキリストから引き離せません。そんなことをすれば死者が叫ぶでしょう。

30

コヘレトの言葉 1・1〜7
なんという空しさ　なんという空しさ、すべては空しい。
(2)

　伝統的にソロモンの書と言われてきたコヘレトの言葉は、ソロモンの約700年後のギリシャ文化の影響が見られ、当時のエルサレムの知者が書いたものではないかとも言われます。ただ、もし原型をソロモンが書いたとしたなら、あの壮大な王国を築き、イスラエル文化を花咲かせた彼が、1章2節で、「なんという空しさ　なんという空しさ、すべては空しい」と発言したわけで、意味も謎も非常に深くなります。

　もしマイクロソフトの創立者ビル・ゲイツが、「なんという空しさ　なんという空しさ、すべては空しい」と発言したとすれば、世界に衝撃が走るでしょう。教会学校で育ち、聖歌隊で歌っていた人ですから、いつか似たことを言う可能性だってあるでしょう。

　しかも、「なんという空しさ」とこの書の冒頭で著者は発言し、途中でも何度もそう発言しながら、最後は、「青春の日々にこそ、お前の創造主に心を留めよ」(12・1)と書いています。さらに、「すべてに耳を傾けて得た結論。『神を畏れ、その戒めを守れ。』これこそ、人間のすべて」(12・13)と、この書の最後に洞察しています。これも凄いことです。コヘレトの言葉を今の時代に移し替えてじっくり読むと凄い深みがあります。

31

コヘレトの言葉 11・4
風向きを気にすれば種は蒔けない。雲行きを気にすれば刈り入れはできない。

　風向きや雲行きばかり気にする人がいます。ですが人の暮らしは、最良の風を待ってばかりいては種蒔きも、刈り入れもできません。いい風だけを待っていると、蒔き時をのがしてしまい、刈り入れ時をのがして農作物を腐らせてしまいます。

　いちいち小さい事を気にしていれば、大事なことはできません。目先のことにこだわり過ぎると、大役ばかりでなく端役さえも担えないでしょう。

これは本当です。

少年時代に、全国を巡る旅芝居が小屋掛けをして、毎年、だんじり祭りで有名な岸和田のはずれの町にやって来ました。ある年、主役の小学3年生くらいの女の子が風邪をひいたのです。休むかと思ったら、喉に白い包帯を巻いて、時々咳をしながら普段より低いしわがれた声で舞台に立ちました。ところがその白い包帯とかすれた声で健気に熱演する主役に、客が感動して熱い涙を流すのです。小学2、3年の時ですが、芝居の一番大事なもの、その本質に触れた気がしました。風邪と熱が名演技を生んだのです。

芝居の内容は覚えていませんが、いま思うと、少女は、「風向きを気にすれば種は蒔けない。雲行きを気にすれば刈り入れはできない」、この言葉を生きていたと思います。

2月

1

マタイ 13・44 〜 45
天の国は次のようにたとえられる。畑に宝が隠されている。見つけた人は、そのまま隠しておき、喜びながら帰り、持ち物をすっかり売り払って、その畑を買う。(44)

イギリスのバーミンガムのサム牧師という人は、「隠された宝の発見」というプロジェクトのリーダーで、神学者です。彼は、「人に捨てられたものの間でキリスト者として生きる召命」、そんな変わった神の召しを受けて、人に捨てられたものの間でどう生きるかを模索しています。こう言います。「現代は捨てる文化だ。あらゆるものを簡単に捨て、いつも捨てている。冷蔵庫を開けて期限が過ぎていると捨てる。食べ残しを捨てる。包装の袋や箱を捨てる。一度使っただけで捨てるものもある。だが、あらゆるものの内で最悪のものは、人を捨てることだ」と。そういえば、聖書の重い皮膚病を患う人たちは社会から捨てられました。ハンセン病の人たちも長く社会から隔離されて捨て置かれたのです。

サムさんはこう言います。「だが、捨てるのでなく再利用すればどうだろう。神は不必要なものをお造りにならなかった。神は何をも、誰をもお捨てにならない。社会から捨てられた人や、捨てられたもので、何かをしたらどうなるだろうか。そこから神の国が明らかにされるのではないだろうか」。まさに隠された宝の発見です。

彼は刑務所にも関わりを持ち、出所した人たちと仕事をしています。たとえば町のガーデニングのプロジェクトを立ち上げ、彼らと野菜や花を育て、町の美化に取り組む。捨てられた残飯で有機肥料を作り、それを使うプロジェクトを運営する。こうして、彼らも捨てたもんじゃないと市民にわかってもらい、本人も、自分もまんざら捨てたものじゃないと気付く。これが、「隠された宝の発見」というプロジェクトです。

2

詩編 90・12
生涯の日を正しく数えるように教えてください。知恵ある心を得ることができますように。(12)

先ほどは子どもたちに話しましたが、彼らは話を熱心に聞いてくれまし

た。子どもたちが話にどんどん乗って来て、おもしろかったですね。自分に残っている人生の日数を知ってなんて、どう思ったでしょうか。

今年のお年玉が5万円だって言った子がいましたね。ちょっと工夫して、「やっぱり日を数えるのではなく、お金を数えるに直したほうが子どもにとって身近になる」と考えてそうしたんです。また、生きていることと死ぬこととの境が薄紙1枚だなんて、はたして意味がわかったでしょうか。難しかったでしょうか。彼らに聞けばよかったですね。それにしても箱入りのティッシュを取って、それを1枚にはがした時、ポケット・ティッシュを1枚取ってはがした時と、あれだけ厚さが違うなんて思いもしませんでした。皆、アッと目を輝かせました。あの時、薄紙1枚の意味もハッとわかったでしょうか。そして何よりも、「生涯の日を正しく数える」とのみ言葉は、私たちおとなにもいろいろと考えさせられるものがありました。

「正しく数える」とは、神さまから私たちのところに日々新しく送られて来る1日、1日を、感謝して正しくキャッチすることですね。

3
ルカ4・16〜19
主がわたしを遣わされたのは、捕らわれている人に解放を、目の見えない人に視力の回復を告げ、圧迫されている人を自由にし、主の恵みの年を告げるためである。
(18-19)

これはイエスによるイザヤ書の引用ですが、古代には眼病が多く、目が見えずに苦労する人が多数いました。イエスは彼らと出会って悩みを聴く中で、目が見えないことは、何がつらく、何が大変かを知られたでしょう。

ヘレン・ケラーは目が見えず、耳が聞こえず、話せない三重苦の中で、目が見えないことの苦労を書いています。一番の苦しさは、生活のどんな些細な事柄でも万事他人の世話にならなければできないことだと語り、「私たちは人の世話になるのではなく、心から強い、自由な、人の世話をしうる人間になりたいと願っているのです」と言います。また、「目が見えない人は甘やかされたいと思いません。甘やかされるのは、目が見えない人にとって一番不必要なことです」とも語ります。親切にされるのは歓迎です。それは快いことです。ですが人の世話にならねばならないのは、

目が見えない人だけではなく誰にでもつらいことです。むしろ人の世話ができる、それが願いだと言うのです。本当にそうだろうなと思いました。

　イギリスの優れた信仰の詩人で、人生の旅路半ばに失明したミルトンは、「目が見えないということが不幸なのではない。目が見えないことに耐え得ないということが不幸なのだ」と語ります。目が見えないことだけではなく、目が見えないという十字架が耐えがたい、いや、耐えようとしない心が不幸だという指摘です。

　しかしそんな耐え得ない現実の下であえぎ苦しむ人にも、「視力の回復を告げ」られる方がおられます。だから、現実に耐え、苦痛から「解放」され、それを担う力を与えられるようにと祈ります。

4

マタイ8・1〜4
イエスが手を差し伸べてその人に触れ、「よろしい。清くなれ」と言われると、たちまち、重い皮膚病は清くなった。(3)

　青森で、毎年ハンセン病の療養所に通っていました。その頃は以前ほどではありませんでしたが、それでも後遺症の傷跡を持つ方々がおられました。こんな実話を聞きました。ある人が療養所内の畑仕事から帰って来て——昔は自給自足みたいな生活だったのです——あまりにひどく疲れて長靴のままゴロンと横になったのです。朝、目覚めると長靴をはいたままではありませんか。脱ごうとしましたが中々脱げません。それで長靴の裏を見たら、何と、錆びた五寸釘が長靴を貫き、足に刺さっていたのだそうです。菌で神経がやられて感覚がなかったのです。こういうことで足を失い、手を失い、動けなくなってしまった人がいたということです。

　「古代社会におけるこの病気の恐るべき実態から目を逸らさせる『重い皮膚病』という言葉は現代人に誤解を与える可能性があるから、聖書の翻訳でも『らい病』または『ハンセン病』と言う方がいい」と言う人がいます。他方、聖書の「重い皮膚病」は「ハンセン病」と即断できないという説もあります。

　戦前に治療薬プロミンが開発され、戦後日本に入って来て、今はハンセン病が日本から撲滅されましたが、プロミンができるまでのハンセン病患

者の実態を考えなければ、その方々が受けた塗炭の苦しみ、魂の奥深くまでえぐられるむごい差別の苦しみは到底私たちには理解できないでしょう。

　聖書にも「重い皮膚病」に苦しむ人がでてきます。この病がどういうものであるかはまだ厳密にはわからないそうですが、その苦しみはハンセン病の方々の苦しみに通じているのではないでしょうか。

　イエスはそのような恐るべき「重い皮膚病」で苦しむ人に対し、「手を差し伸べてその人に触れ」、抱きしめてその人を深く憐れみ、共感共苦して癒されたのです。祈りましょう。

5

ヨハネ2・1～11
イエスが、「水がめに水をいっぱい入れなさい」と言われると、召し使いたちは、かめの縁まで水を満たした。
(7)

　カナの婚礼の話は大げさ過ぎではないでしょうか。いくら大勢の客だとしても、約120リットル（6節の「二ないし三メトレテス」は78ないし117リットル）の6倍ものブドウ酒を用意するのはあまりに過剰です。

　しかしこの話が言おうとするのは次のようなことではないでしょうか。

　キリストの恵みは、飲み尽くすことはできないこと。恵みは無尽蔵であること。また、イエスが私たちの生活に入って来られ、私たちの所にイエスをお迎えすれば、私たちの水もブドウ酒に変えられること、すなわちこれまで無価値であったものさえ、すばらしい値打ちがあるものに変えられること。極上のブドウ酒が良い香りを発するように、イエスをお迎えする人には、そこはかとなく良い香りが漂うこと、などです。律法的ではない馥郁（ふくいく）とした福音の香りです。

　召し使いたちはイエスの言葉を忠実に実行したのです。途中、苦労が多かったし躊躇（ちゅうちょ）もあったでしょうが最後まで忠実でした。ですから宴会の世話役も知らないこと、すなわち水がブドウ酒に変えられたという不思議を経験したのです。世話役もお客も極上のワインには与ったものの、一番大事なそのいわれについてはついぞ知り得ませんでした。ただ懸命に忠実にイエスの言葉を実行した召し使いだけが、苦労と引き換えに、すばらしい奇跡を起こされたイエスとその業（わざ）にじかに触れたのです。

6

出エジプト記 1・11 ～ 14
虐待されればされるほど彼らは増え広がったので、エジプト人はますますイスラエルの人々を嫌悪し、イスラエルの人々を酷使し……あらゆる農作業などの重労働によって彼らの生活を脅かした。(12-14)

エジプト人のもとでの過酷さはひどいものでした。ですが虐待される側も実にしぶとく、「虐待されればされるほど彼らは増え広がった」とあります。凄い気力だと思います。

しかし、しぶとくなればなるほど彼らへの憎悪が一段と増したでしょう。「奴らはここまでいじめても降参しない。ばけもののような奴だ」と言って笑いながら、「ばけものたちをやっちゃえ、とことんやってグーの音も出ないまでに叩きのめせ」と、仲間内ではゲラゲラ笑いながら虐待を増し加えたのではないでしょうか。徹底して酷使しました。「酷使」とある言葉は、いかなる憐れみもかけず使役することです。

遅くまで、リヤカー付きの自転車で宅配便の方々が配達しています。ほとんど休みなく走っている感じです。町で見るたびに頭が下がると共に、かなり無理難題を言われて酷使されているのではないかと案じたり、もしかすると彼らは全員仕事を絶好の訓練の場と考えて喜んでいるスポーツ選手ではないかとさえ思ったりするほどです。

エジプト王は情け容赦なく無理難題を突き付け、イスラエルの人々に重労働を課して痛めつけました。しかしそれはむしろ逆効果でした。この物語には神が一枚噛んでおられたからです。

7

ルカ 4・18 ～ 21
主がわたしを遣わされたのは、捕らわれている人に解放を、目の見えない人に視力の回復を告げ、圧迫されている人を自由にし、主の恵みの年を告げるためである。
(18-19)

皆さんは旧日本軍の 731 部隊の話をご存じでしょう。戦前の旧満州（中国東北部）で中国人捕虜などを使って生体実験をした部隊です。そこには軍人だけではなく、東大や京大からエリート研究者たちが集められ、憲兵たちが次々に連れて来る約 3000 人に及ぶ中国人捕虜を実験材料にしました。人体実験用の特別監獄さえ作ったのです。

また、日本から14、5歳の下働きの少年隊員らが呼ばれました。彼らは、日本（やまと）民族は優秀だという教育を徹底して施され、捕虜は猿と同じで、人間ではないと叩き込まれ、彼らを丸太10号とか丸太211号などと呼びました。人とみなさず、実験材料として扱いやすくしたのです。

ところがソ連が参戦するや、証拠隠滅のために徹底的に実験室や監獄施設を破壊し、鉄骨で井桁（いげた）を組み、その上に、まだ生きている捕虜たちを積んで石油をかけ、火を放ち、徹底的に捕虜にどんな実験をしたかを隠しました。しかも石井部隊長始め幹部らはいち早く日本に帰り、戦後国立大学の教授や学長、製薬会社の幹部になりました。

許され難いおぞましい事実です。戦争のおぞましさ。事実を知れば、戦争は絶対してはならない、平和憲法を変えてはならないと思います。

聖句にある「圧迫されている人」とは、弾圧され、打ちひしがれ、おぞましくも粉々にされた者を指します。731部隊の被害者もそうです。彼らを自由にして解放し、人間として正しく取り扱う喜ばしい福音を告げ知らせるためにイエスは来られたのです。私たちも抑圧する者ではなく、イエスと共に解放する者として召されているのです。

8

マタイ8・16〜17

イエスは言葉で悪霊を追い出し、病人を皆いやされた。それは、預言者イザヤを通して言われていたことが実現するためであった。「彼はわたしたちの患いを負い、わたしたちの病を担った。」

イザヤ書の引用でイエスは何を言いたいのでしょう。それは、イエスは真（まこと）の医者だということです。真の医者の使命は、病に苦しむ患者に真摯に向き合い、それを自分の身に負い、自らも苦しみつつ共に生きることでしょう。医は仁術とはこのことです。医が算術になったら堕落です。

有吉佐和子の「華岡青洲の妻」という小説は、嫁と姑の葛藤がテーマの名作ですが、ストーリーは、自ら骨身を削り、身内の者をも犠牲にさらして、全身全霊で世界初の全身麻酔の開発をする紀州の医者の姿を描きます。あるのは病人を治してあげたいとの切なるパッション（熱情）です。いろいろな問題も含みますが、苦しみつつ共に生きる医者の姿に圧倒されます。

イエスは薬で癒されたのではないと8章は言いたいのでしょう。そうで

はなく、人々の思いをご自分の身に負い、病を引き受け、その人から病患を取り去られたのだとイザヤ書は語ります。それは愛そのもの、愛する勇気そのものです。ここに、信じる者が１人も滅びないで永遠の命を得るために来られた、ナザレのイエスの類（たぐい）まれな姿があります。

9

使徒 18・1 〜 11

彼らが反抗し、口汚くののしったので、パウロは服の塵を振り払って言った。「あなたたちの血は、あなたたちの頭に降りかかれ。わたしには責任がない。今後、わたしは異邦人の方へ行く。」(6)

「今後、わたしは異邦人の方へ行く」と、パウロは啖呵（たんか）を切りました。粗暴とは言いませんがそれに近い、断固たる決裂の言葉です。私には、もはやあなたがたを救う責任はない、あなたがたが滅びるにしてもそれはあなたがた自身の責任だ、と。

彼は、ぐずぐずと説得して関わりを持ち続けなかったのです。理解を得ようとしても無駄だとわかったからでしょう。反抗する彼らを相手にせず、足の塵（ちり）を払ってギリシャ人やローマ人などの異邦人伝道に向かったのです。こういう決断は、彼の長所か短所かわかりませんが、パウロの思い切りの良さではあるでしょう。

都内の私立女子中学に御三家というのがあるそうです。ＣＳのＡちゃんがどこで仕入れたのか、小話をしてくれました。空き缶が道端に落ちていたそうです。Ａ校の生徒はそれを拾い上げて、そっとゴミ箱に捨てたそうです。Ｂ校の生徒は、本を読みながら歩いていてそれに気づかなかったそうです。Ｃ校の生徒は、それを見つけると缶蹴りをして遊び始めました。——それぞれの学校の個性を巧みに捉えている気がします。

私たち１人ひとりにも個性があります。パウロがこう言ったからといって、クリスチャンは皆一律にこうすべきだと、真似する必要はないと思います。イエスの言葉に応答して自分に合った仕方で生きていけばいいのです。

38

10

イザヤ書 55・1

渇きを覚えている者は皆、水のところに来るがよい。銀を持たない者も来るがよい。穀物を求めて、食べよ。来て、銀を払うことなく穀物を求め　価を払うことなく、ぶどう酒と乳を得よ。

「渇き」は、肉体的な渇き、心の渇き、霊的な渇き、社会的な渇きなどいろいろとあります。ただ聖書はあまり細かい定義をしません。自分の意識を超えて、非常に深い所から渇きが出てくる場合もあり、さまざまな原因が相互に関係し合って渇くこともあります。

東京に住む私たちは砂漠にいるわけではありません。水が枯渇し、植物が育たず、小鳥もほとんど訪れない広大な砂砂漠や岩砂漠のような所に住んでいるわけではありません。しかし大都会では、人と人はみな砂のようにサラサラした関係で、指の間から砂がこぼれ落ちるように、職場でも、ご近所でも、何かのサークルでも、いつのまにかサッと関係がなくなってしまいます。まさに砂漠です。

その典型は近年多くなったお葬式の直葬（じきそう）に現れています。死んでも、隣近所、職場、サークルの知人らを誰も呼ばず、火葬場の窯の前に直接運んでごく身内だけで窯にくべる。その人の歴史も人生も足跡も悲喜こもごもあった人間関係も全くなかったかのような、無機質な砂のような扱いです。人を窯にくべれば、後はその人のことをほぼ振り返らないのですから、人間関係の希薄化も極まれりです。砂漠化と言っていいでしょう。渇きを覚えないはずはありません。しかし幸いなことに、人は覚えていなくても、あなたは神の前で、いつまでも、いつまでも覚えられているのです。

11

イザヤ書 55・2

なぜ、糧にならぬもののために銀を量って払い　飢えを満たさぬもののために労するのか。わたしに聞き従えば良いものを食べることができる。

理科で習った「パスカルの原理」のパスカルは哲学者でもあります。そして彼は慰戯（いぎ）ということを言います。自分を慰める戯（たわむ）れです。遊びやかけごと、深酒もそうです。おしゃべりも慰戯になり、仕事も戦争も慰戯になることがあると彼は言います。要するに、自分の十字架を負わず、「気を

紛らわす」行為を、パスカルは「慰戯」と名付けるのです。人生を無駄に浪費していると彼は見ます。

それに対して彼は、キリストへの服従と献身を重視します。キリストは十字架に進まれたのです。私のためです。私はそこまで愛されたのです。もしそうなら、キリストだけに十字架へ進ませていていいのかと問われます。その知らぬ顔で生きていていいのかというのです。そこでパスカルは、自分はこの道を歩んだ、そのため全力を投入した、だから君たちもこの道を歩んでください、全力投球で自分が担うべき道を進んで行ってほしいと訴えます。それがキリスト者として、また人間として進むべき道だというのです。

ただ私は、慰戯のような生き方をしながらアンテナを張って、いかに生きるかを懸命に模索する人たちがいる気がします。慰戯が一時の逃れの場や再出発の場として、肯定的に働いている場合です。ミディアンに逃れたモーセのように、結果的にその逃亡の時期が、思索の時となり、飛躍の準備の時になったことが歴史の中に多々あります。ですからあまり早急に裁くのはよくありません。私からのパスカルへの注文です。

それにしても、「なぜ、糧にならぬもののために銀を量って払い　飢えを満たさぬもののために労するのか」。この言葉は胸に刺さります。

12

フィリピ3・12～16

だから、わたしたちの中で完全な者はだれでも、このように考えるべきです。(15)

パウロは、「だから、わたしたちの中で完全な者はだれでも、このように考えるべきです」と言います。ここに言う「完全」はスピリチュアルな完全です。道徳的な完全ではなく、信仰的な完全です。

その完全とは未完の完全です。祈り、愛することができるようにと祈り求め、もっと愛の深い人にならせてくださいと切に祈り求める。そして最善をなして、ひたすら走る。このように、私たちは完成者ではなく途上の者なのです。ただし、途上とはいえ不完全な所でトグロを巻いてへたり込み、そこに居座っているのではなく、未完の者でありながら神に向かって

ひたすら走るのです。パウロは、このような未完の者こそが完全な者だと語り、それを生きたのです。

　アウグスティヌスが、私たちは完成を目指して徳を積むことが大切だと言っています。徳や徳性です。ベートーベンも、「徳性だけが人間を幸福にする。金銭ではない。惨めさの中でさえ私を支えてきたのは徳性であった」と言っています。ただし、アウグスティヌスは徳性を語りつつ、「しかし完成は神においてのみ」達成されるとも語ります。そうです。私たちは努力します。でも完成は神の手にあります。私たちは唯1人で生きているのではなく、神が共に傍らで生きてくださっているのです。そこに私たちの望みがあります。

13　　　　　　　　　　　　　　　ヘブライ 11・13〜16
この人たちは皆、信仰を抱いて死にました。約束されたものを手に入れませんでしたが、はるかにそれを見て喜びの声をあげ、自分たちが地上ではよそ者であり、仮住まいの者であることを公に言い表したのです。(13)

　アブラハムたちは、未だ何も確かなものを手にしていないのに、約束を仰ぎ見て喜びの声をあげて生きたのです。おめでたい人たちでしょうか。いいえ、彼らは、欣喜雀躍（きんきじゃくやく）、喜びの声をあげて実際に生きたのです。信仰者には、こうした喜びが何歳になっても起こります。やがて涸れると思ったりしますが、日々神に向かう時、どこから湧いて来るのか新鮮な喜びを授けられるのです。しかも年齢と共に増し加わったりします。

　私自身、高校時代や青年時代には晩年近くにこんな生活をするとは思いませんでした。たとえば最近では、フランスのテゼ共同体で知り合った5、60代のイタリア人2人を5泊お泊めして交わりを深めたことです。また突然独り身になって落胆しておられる教会のAさんをそこに招き、少しでも励ましたいと一緒に食事をしました。昔の自分には考えられません。これらの人と話す中でいろいろ気づかされることが多く、私自身喜びの声をあげていますし、もっと大きな喜びの声をあげる日がこの先にあるのではないかとさえ想像しています。

　「はるかにそれを見て」とは、とても遠方を仰ぎ見ることです。1年や2年ではなく、千年、1万年、いや、もっと遥かに遠い未来の神の国で与え

られるものを、明日与えられるかのように、今日、喜びの声をあげて生きるのです。信仰者は実に不思議な人たちです。

　主を信じる者たちの息の長さと言えるでしょう。100 年ほどの人の寿命の長さではなく、人類の歴史を遥かに超えたスパンで神の働きを見る長さです。目先の現実だけで、社会も、人も、自分をも見ないのです。

14

ヘブライ 11・13 〜 16
自分たちが地上ではよそ者であり、仮住まいの者であることを公に言い表したのです。(13)

　地上の教会は、モーセに率いられたイスラエルのように、ある場所から次の場所へと、その後また別の場所へと、主のみ言葉に導かれて旅する群れです。その場合、主の言葉によって導かれるという、聖書的な根拠がなければなりません。み言葉の根拠なしにこの世的知恵であちこち旅するのは、教会ではないのです。

　教会が旅人性を持つということは、教会の姿は固定的ではなく暫定的だということです。ある時代にベストなことも、別の時代にはベストではなく、時代に全くそぐわなくなる場合が起こります。このことは旧約聖書を読めばもっと深く理解できるでしょう。教会は置かれた時代や場所で、神を証しするのに何が必要かを祈りと共に示され、形や制度や、賛美の仕方も、教会は信仰に基づいて整えてきたのです。それが教会の、神への生きた応答です。教会が生きている限り、新しいあり方を主の言葉に導かれて探っていきます。人間的な自分の意見で進むのではありません。

　例えば、小さい教会で、1 年に 5、6 人の、信仰的に中心になっていた方が召されたことがありました。長く 10 人ほどが出ていた祈祷会の 5 人が召され、久しぶりに祈祷会に出ると半数がいない現実を目にして唖然とすることすら起こります。

　旅するということはこういう変化をも覚悟することです。しかし教会はこの大きな変化にも、祈りつつ賢明に対応できるのです。必ずできます。テントを設営し、それをたたんで次に移動し、そこでまたテントを設営する。教会の基本に帰れば、それが可能です。実際に教会を畳むわけではあ

りませんし、場所も移動しなくていいかもかもしれません。ただ過去に固執せず融通無碍(ゆうずうむげ)に変身して変わっていくことでしょう。

15

Ⅱコリント4・7〜10
ところで、わたしたちは、このような宝を土の器に納めています。この並外れて偉大な力が神のものであって、わたしたちから出たものでないことが明らかになるために。(7)

　ここにある「土の器」とは素焼きの器です。陶磁器も指しますが、ここでは安物の素焼きの入れ物です。素焼きは値段も安く、見栄えもしません。そんな物に、莫大な価値を持つ神の宝が納められている、キリスト者とはそういう人である、いいえ、本来人間とはそういう者だと言っているのでしょう。

　人はいろいろな弱点を持ちます。キリストに出会う前に、すでに壊れている部分があったり、形がいびつで不細工なところがあったりします。私などはかなり壊れている上にひん曲がっていました。ですがそういう粗末な器に、並はずれて偉大な宝が盛られているのです。粗末な器に偉大なものが盛られることによって、宝が私のものではなく神のものであることが一層明らかになります。

　キリスト者というのは、神のこのすばらしい宝が自分という土の器に盛られているのを驚き、心から喜んでいる人間です。ですから私たちは主を賛美し、感謝できるのです。

16

ヨハネ7・37〜39
渇いている人はだれでも、わたしのところに来て飲みなさい。わたしを信じる者は、聖書に書いてあるとおり、その人の内から生きた水が川となって流れ出るようになる。(37-38)

　最近、古典を読むように心掛けています。イエスの数十年前に書かれたカエサルの「ガリア戦記」、マルコ・ポーロの「東方見聞録」を読み終え、マホメットの「コーラン」を読み、仏教の最も古い原典「ブッダの言葉」であるスッタニパータと言われる言葉集も2度繰り返して精読しました。アウグスティヌスの「神の国」という膨大な書物も読み、ミルトンの

「失楽園」の後半も読み終え、ドストエフスキーの「白痴」を大変感動を覚えながら読みました。

世界遺産の町や自然は人気があってテレビで放映されますが、人類の知的遺産である古い文学や思想的遺産こそ、もっともっと訪問するべきだと思わされています。人類は何者なのか、何を考えてきたのかを考えさせられ、人類と自分のルーツを思わされるからです。

ただ、これらの本をいくら読んでも、聖書に匹敵したり、それにまさるものはないとの思いです。まだまだ読みたいいろいろなジャンルの本がありますが、聖書の凄さ、その奥深さ、真実さは、まさに命の書であるとますます思わされています。我田引水になるかもしれませんが、ますます汲んでも汲み尽くせない聖書のすばらしさに驚きを覚えるのです。他のものを読めば読むほど、聖書の輝きが一段と増してきます。ぜひとも皆さんも、み言葉の深さに与ってください。

ローマ5・4
忍耐は練達を、練達は希望を生むということを。

17

「練達」とあるのは、鍛えられて達した人柄、風格、人格です。そういう練達、鍛えられた人格は「希望を生む」、こういう希望は私たちを欺かないと語るのです。パウロは物事を非常に深いところから見ています。

バルザックという約200年前のフランスの作家がいます。「谷間のユリ」、「知られざる傑作」で有名です。彼に「ざくろ屋敷」という短編があります。前半は情景描写が重条として連なり読むのに苦労しますが、後半で一気に生き生きとしだし、最後は涙なしには読めません。

14歳の少年ルイは母子家庭の長男です。病弱の母が35歳で若死に。残された遺産の1万2000フランのうち1万フランを預けて幼い弟を寄宿学校に入れ、自分はわずか2000フランをもらって見習い水兵という最も低い兵士として軍艦に乗り込みます。彼はいかなる忍従にも耐えます。14歳ながら、すでに大学に入る学力を備えています。彼には母譲りの気高い魂が宿っていて、こうした献身で弟を支え、自分の道も独力で切り拓いて

いくのです。クライマックスで思わず感動の涙を禁じ得ませんでした。今日の聖書で言えば、彼は母を通して希望の源に出会っていたのです。苦難は忍耐を、忍耐は練達を、練達は希望を生む、そして希望は私たちを欺かない、そういう歩みへと踏みだすのです。

　ただ、パウロはそこに留まりません。希望の神がこういう私たちへと導き、その上に、聖霊が働いて、「希望に満ちあふれさせてくださるように」(15・13) と祈るのです。何と深くたくましい信仰的思索でしょう。スピリチュアルとはこういうことです。彼はキリストの深い泉から平和と喜びを汲んでいるのです。

18

創世記 15・1～6
主は彼を外に連れ出して言われた。「天を仰いで、星を数えることができるなら、数えてみるがよい。」そして言われた。「あなたの子孫はこのようになる。」(5)

「報いは大きいと言われますが、何をくださるというのです。私はもう99歳。しかも後継ぎがいない。私に何をくださっても無意味です。どっちみちそれも人手に渡ります」。アブラハムは神に不満をぶつけました。信仰者であったはずの彼は、喜びが尽き、将来への希望をなくし、惰性で生きていたのです。

　神の答えはゆっくりしています。すぐ聞かれることもありますが、多くは時間がかかります。神はこの時夢の中でアブラハムに、はるかな未来の子孫の繁栄を示したのでした (13-16)。

　先日、石神井川の畔をウオーキングしたあと、ある公園で鉄棒を使ったアスレチックでウエストを引き締める運動をしていました。そうしたらおもしろそうだったのか、お母さんといた3歳ほどの女の子が、「私もしたい」と言ってそばで見ているのです。私は100回ほどその運動をするので、女の子にすぐ代わってあげませんでした。「どの位待てるかな」と思って、そしらぬ顔で代わってあげなかったのです。とんだ意地わる爺さんです。そしたら、大したものです。最後まで辛抱強く待っていました。

　待つ力、忍耐力はすばらしい能力であり、個性的能力の一つです。小さい頃から、待つという徳を身に付けるのはすばらしいことです。最近は待

45

てない人が増えました。頭が良くても待てない人、器量が良くても待てない人。いずれにせよ、神の答えは中々聞けないことがありますが、しびれを切らして途中で投げ出してはいけません。

19

マルコ9・42 〜 47
わたしを信じるこれらの小さな者の一人をつまずかせる者は、大きな石臼を首に懸けられて、海に投げ込まれてしまう方がはるかによい。(42)

　星野富弘さんの詩が爽やかなのは、ご自分が「小さな者」であることを、穏やかに、素直に生きておられるからでしょう。「小さな者」の香りを放っています。それが人を引き付けるのでしょうし、詩と絵に接すると肩の荷が下りる思いがするのでしょう。

　「わたしは傷を持っている／でも、その傷のところから／あなたのやさしさがしみてくる」(「傷」、「星野富弘全詩集」学習研究社より)。パウロの言葉やモーセのある場面がチラッと頭をかすめます。24歳の青年が、神の優しさが沁みて来る大きな傷を持つようになり、その傷から沁み込んで来る優しさに心を留めて生きてこられました。その傷は、「あなたの」優しさのほか、他の何によっても癒されないものであると素直に歌います。

　私の一番好きな詩は、「いつだったか／きみたちが空を飛んでとんで行くのを見たよ／風に吹かれて／ただ一つのものを持って／旅する姿が／うれしくてならなかったよ／人間だって　どうしても必要なものは／ただ一つ／私も余分なものを捨てれば／空がとべるような気がしたよ」(「たんぽぽ」、「新編　風の旅」学習研究社より)。すばらしいですね。「ただ一つのもの」は、信仰でありキリストだという思いが彼にはあるでしょうが、あからさまに言っておられません。その慎みにも惹かれます。

　「富弘美術館」に毎年多くの人が訪れるのは、「小さな者の一人をつまずかせ」られないお方が存在されることへの静かな感動でもあるでしょう(2024年4月召天)。

20

Ⅰコリント 10・14〜16
わたしたちが神を賛美する賛美の杯は、キリストの血にあずかることではないか。わたしたちが裂くパンは、キリストの体にあずかることではないか。(16)

　聖餐式で杯をいただくのは、多くの人のために流されたキリストの尊い贖の血潮をいただき、主の愛の痛みを味わい、その命に与り、キリストと交わることです。罪赦され清くされる。キリストとの交わりは比喩ではなく、実際にキリストとの交わりだと彼は言いたいのです。

　ある方が97歳で召されました。戦前、父が病に倒れ、娘5人息子2人の一家が極端に苦しくなりました。長女のこの方は、19歳で一家を支えるためお給料の良い上海の日系企業に就職します。そして必死に働き、仕送りをしましたが喜びがなかったそうです。日中戦争が始まり、南京大虐殺が起こった年です。なぜか空しい。

　そんな中、上海の教会に行くうちに神の愛を知ると共に、己の罪を知らされて信仰に導かれます。救われて仕事にも喜びを覚えるようになり、会社から帰ると毎日お祈りを日課にしたそうです。ある土曜日の夜、祈るうちに熟睡してしまい、目覚めると朝でした。ところが目覚めた瞬間、目の前に真っ赤な字が現れて、「イエスの血、すべての罪より我らを潔（きよ）む」（文語訳）との第1ヨハネの言葉が迫って来たのです。み言葉に電撃のように撃たれ、キリストによって潔められたと感じ、喜びにあふれて朝の礼拝に行ったそうです。それ以降、み言葉がこの方の人生を変え、結婚してクリスチャンホームを作りました。

　私たちも、聖餐の杯に与る時、「イエスの血により、今やすべての罪より潔められた」と告げられます。杯を偶像のように扱うのではありません。キリストの血は、私たちの良心を潔め、罪を取り除き、力強く、活ける神を礼拝するまことの礼拝者に変えるのです。

21

ルカ 5・12 〜 13

イエスがある町におられたとき、そこに、全身重い皮膚病にかかった人がいた。この人はイエスを見てひれ伏し、「主よ、御心ならば、わたしを清くすることがおできになります」と願った。(12)

「全身重い皮膚病にかかった」とはどんな病気でしょう。今では、ハンセン病ではないとの説が強いですが、ではその病気の正体は一体何だったのでしょう。人類史上には克服しがたい病気が次々と現れてきましたが、この人の苦しみはどんなにつらかったことでしょう。

神谷美恵子さんは長くハンセン病の人たちと出会って来られた人ですが、「毎朝、目が覚めるとその目覚めると言う事が怖ろしくてたまらない人があちこちにいます」という書き出しで、「生きがいについて」という本を書かれました。

目覚めがいいとか、「今日もやるぞ」というような威勢のいいプラス思考の話が多く聞かれます。確かにそういう健康的な生活は誰しもあこがれます。しかし一方で、目覚めるのが怖いと思っている人たちが、社会の片隅の目立たない所にはいらっしゃるのです。陽の当たらない所で、苦しみや悲しみを負って生活している方々がいるということを、しっかりと覚えて生活したいと思います。

そして、そういう片隅にいる人をイエスは抱き抱えて愛された、希望を授けて連帯していかれたと、聖書は告げるのです。イエスは病のつらさを知っておられたからこそ、重荷を負う人たちに進んで近づいていかれたのです。

22

詩編 92 編

いかに楽しいことでしょう　主に感謝をささげることはいと高き神よ、御名をほめ歌い　朝ごとに、あなたの慈しみを　夜ごとに、あなたのまことを述べ伝えることは(2-3)

詩編は祈りですが、詩編を読むと、祈りには多くのタイプがあることがわかります。賛美があり、感謝があります。訴えがあり、嘆きがあり、苦悩もあります。悪との闘いに、神の正義を求める祈りがあり、罪を悔いる懺悔があります。明るい、透明感あふれる祈りがあり、重苦しく、苦渋に

満ちた祈りもあります。日本なら古今和歌集とか新古今和歌集などの歌集にあたりますが、詩編は数百年にわたるいろいろな人の祈りの詩の集まりです。

そうした中で、92編の信仰者は、「いかに楽しいことでしょう　主に感謝をささげることは」と神の偉大さに感謝します。その慈しみに魅せられ、心を高く上げて、主なる神に感謝をささげることは何と楽しくすばらしいことかと歌います。彼の心が晴々と輝いています。澄み切ってうっとうしさがありません。しかし、ここまで澄んだ喜びに触れると逆に反発して、「気持ちが悪い」と言う人もいるでしょう。私の若い頃、信仰に入ってまもない頃がそうでした。感受性の強いへそ曲がりですから、偽善でないのに偽善の匂いを嗅ぎ取ったのです。今思えば先入観です。恥ずかしい話です。あれは自分にある偽善を詩編の信仰者に投影して、偽善を嗅ぎ取ったかのように錯覚したのでしょう。

人は長い年月を過ごし、諸々の曲折を経て、み言葉によって随分変えられるものです。こんな愚かな者もキリストは赦し、慈しみをもって働いてくださったのです。60年以上の信仰の長い年月を歩んで来て、そんなことを思わされています。

23

創世記 3・1〜21
主なる神は、アダムと女に皮の衣を作って着せられた。
(21)

アダムとエバの2人は、神の戒めを破って、禁断の「善悪の知識の木の実」を食べて目が開かれます。目が開くや、イチジクの葉っぱで恥部を隠して、神から身を隠します。しかし見つかって問われると、互いに相手の非を責め始め、神をも責めたのです。

罪とは自分の恥部、都合の悪い所は隠して相手に責任転嫁して責めることです。そんなことを今日もしているのが私たちですが、それが、「善悪を知った」彼らの姿でした。やがて神は彼らをエデンの園から追放されます。ですが、追放する時、皮の衣を与えて守られたというのです。

神は裁きつつ他方で憐れみ、憐れみに値しない彼らに、親切にも肌を守

49

る衣類を与えられました。神は、罪を犯して神を避け、避けながら小さな善悪を振り回して一心に自分を守ろうとしている人間をも、皮の衣で包んで憐れまれる方です。これはやがて、神は、救いがたく罪深い者を憐れみ、キリストという愛の皮の衣を送って、私たちを赦しで包んでくださることに繋がっていきます。

　ミルトンの「失楽園」に、悔い改めたアダムとエバが出てきます。アダムが、罪を悔やんで自分を苛むエバにこう言います。「エバよ、自分で背負える分だけ背負うがいい」と。背負えない分まで背負おうとしてはならない。そこまで自分を苦しめ、深追いしてはならないとの意味です。こうも言います。「神はどんなに激しく怒り、厳しい気配を示されても、その静かなお顔には、ただ深い慈しみと恵みと憐れみの色が輝いていた。さあ、この方の許に帰ろう」。

24

詩編 92・15 ～ 16

白髪になってもなお実を結び　命に溢れ、いきいきとし
述べ伝えるでしょう　わたしの岩と頼む主は正しい方
御もとには不正がない、と。

　白髪の方も用いられます。主を褒めたたえるために用いられるのです。

　何十年もＡ教会を会場に、土曜日に開かれている朝祷会を率いて来たＢさんという方がいます。新聞社の外信部長として活躍した方です。Ｓ市に住み、電車で２時間、土曜日は毎週朝７時半の朝祷会を開いてこられました。この方は至って謙遜でキリストの香りが漂う方です。

　しかししばらく前にホームに入って今は出席できなくなりました。淋しいです。ホームに入居されましたが、日曜日は必ず娘さんが車で教会に連れて来られます。今週も出ておられるでしょう。礼拝に出て、自分の手で献金を献げたいからとおっしゃるのです。なぜなら、献金は神への、キリストへの献身の徴だからです。次の１週間も神に献身して生きたいという証しなのです。

　老人もまたナツメヤシのように茂ります (13)。ですが実の結び方は、密になってワイワイ集うような若い時の実のつけ方と違います。たわわにたくさんの実はつけないでしょう。でも味のある、少しの実をつけるで

しょう。静かな語らいの実、成熟した愛の実、静かに黙って祈りをする実かもしれません。

25

マタイ6・34
だから、明日のことまで思い悩むな。明日のことは明日自らが思い悩む。その日の苦労は、その日だけで十分である。

　1年の内に次々召された親しい6人の兄姉は皆、私たちが愛し、尊敬する方でした。私たちはこの方々の死から多くを学びました。私がまず教えられたのは、死は恐ろしくないということです。6人が次々召される前は、正直まだ死が怖いという思いがありました。ですが、この方々によって死が身近になり、逆に愛(いと)しくなりました。

　また、死はサッと訪れ、それまで明日のことを思い煩(わずら)っていた一切のものも大水のように流し去り、神のもとへと連れて行くことを教えられました。死ぬのは少しも難しくありません。変な表現ですが、不眠症の私にとっては、死は熟睡よりも難しくないでしょう。死ぬことに楽観的であっていいことを教えられたのです。

　また、長く生きるもよし、短くもよしと教えられた気がします。長寿社会ですが、「長生きしよう」は自然としても、「長生きしなければならない」となると、違う気がします。50代で死んだ人も、60代で死んだ人も敗北ではありません。1日、1日、明日のことを思い煩わず、自分の最期の日まで、できれば前向きに明るく生きて天寿を全うして召される。神が迎えに来てくださる。それ以上に幸いはないし、家族に喜ばれることはないと思いました。何を残そう、そんなこともどうでもいいことです。亡くなれば後の人たちに一切任せればいいのです。実際6人は、今は、天国で呑気に知らん顔して子どものように戯(たわむ)れておられるでしょう。

26

マタイ 6・9 〜 13

だから、こう祈りなさい。「天におられるわたしたちの
父よ、御名が崇められますように。……」(9)

「主の祈り」は、「キリスト教の小さな学校」だと言われるほど、キリス
ト教信仰がこの短い祈りに凝縮されています。「主の祈り」は学べば学ぶ
ほど深みがあり、この小さな学校で学べば、聖書全体が告げている福音の
真髄にまで突き進めるのです。敬愛する福田正俊先生はこの祈りについ
て、「主の祈りの言葉は極めて単純である。しかし内容に至っては汲み尽
くせないほど深い、無尽蔵と言ってよいほど深い。そこに埋蔵される宝石
の数々を見いだすためにはたゆみない発掘作業が必要なことはいうまでも
ない」と語っておられます。

新約時代当時はアラム語を話したので、イエスは「主の祈り」をアラム
語で教えられたのです。そのアラム語の「主の祈り」は美しい韻を踏ん
だ、簡潔な詩のような言葉であったと言われます（福田正俊著「主の祈り」)。
恐らくイエスご自身が、普段からそのような美しい簡潔な「主の祈り」を
祈っておられたのでしょう。

ですが、イエスは美的追求を趣味とされたのではありません。神の御子
であるゆえに、朝顔が自然に端正な美しい花を咲かせるように、自ずと美
しい言葉となって唇からほとばしり出たのでしょう。私たちの信仰や祈り
の言葉に、宝石のような美的なものを求めておられるのではありません。

27

Ⅰコリント 15・57 〜 58

愛する兄弟たち、こういうわけですから、動かされない
ようにしっかり立ち、主の業に常に励みなさい。主に結
ばれているならば自分たちの苦労が決して無駄にならな
いことを、あなたがたは知っているはずです。(58)

堅く立って動かされず、全力を注いで主のみ心を行い、誘惑にも負けな
い。これは人生が祝福されるための道です。と言っても、人は皆、迷いの
中にあります。右に行くべきか、左に行くべきかで迷います。J.バニヤン
は「天路歴程」で、「迷わぬ者に救いなし」と語り、「善人は悩まなければ
ならない」と言っています。それが凡人の私たちの姿です。だから、迷っ

ても気落ちしてはなりません。落ち込んでいるとサタンの手が伸びてきます。

　誘惑よ、来いと言うのは勇み足です。しかし誘惑にはまってしまったなら、それに気づくや、面子(めんつ)を捨てて、直ちに悔い改めて出直したいと思います。寛大なお方の前では決して遅くはありません。

マタイ6・10
御心が行われますように、天におけるように地の上にも。

28

　「イエスは、何が人間の心の中にあるかをよく知っておられた」とヨハネ福音書は語ります（2・25）。この何気ない言葉は人類にとって大きな慰めではないでしょうか。人の心をそこまでご存じでありつつ、なお、イエスは地上に神の国が来ること、この世に信頼と希望が訪れることも祈りなさいと語られたのです。悪がどんなに巧妙で深刻でも、イエスは未だ人類に絶望しておられません。それでも、希望に生きられるのです。

　これは、「御心が行われますように、天におけるように地の上にも」という祈りに繋(つな)がります。神の御心が地上でも行われるように求め、願う。この祈りが切実である時、地上の文化は良い方向に向かうでしょう。ですが、この祈りがおざなりなら地は後退し、堕落するでしょう。イエスは、私たちキリスト者に極めて大切な祈りの使命を委ねられたのです。

　シュバイツァー博士は、「戦争によって文化が衰弱したと言うが違う。人間の文化が退廃したから戦争が起こった」と言います。経済が悪くなる時、人類の成熟度が試されます。多くの人は自分のこと以外考えなくなり、隣人を思い遣る心が退き、それを当然だと考えていくからです。実は、それが自分自身の成熟度の浅さのためだと気づかないのです。ですから、人類の成熟度は、主の祈りを真剣に祈る人がどれだけ増えるかにかかっていると言っても、過言ではないでしょう。

Ⅰコリント 15・42〜44

死者の復活もこれと同じです。蒔かれるときは朽ちるものでも、朽ちないものに復活し、蒔かれるときは卑しいものでも、輝かしいものに復活し、蒔かれるときには弱いものでも、力強いものに復活するのです。

　すばらしい洞察です。自然の命の体が「蒔かれ」て、霊の体が新しく復活するというのです。体が「死んで」とか「葬られて」というのではなく、蒔かれるというのです。死が種蒔きに譬えられ、死ぬとは蒔かれることだと語っています。ここが非常に新鮮な見方です。もちろんこれは死の通常の理解とは異なりますが、多くの示唆を含み、人生の真実を射抜いた見方だと思います。

　私たちが蒔かれて復活するということは、死の手前も向こう側も、復活において人格は続いているということでしょう。死を挟んで人格は変わらず、死は無に帰すのではなく、永遠の世界に向かって蒔かれる時なのです。蒔かれて元の種は朽ち果てますが、朽ちた瞬間に新しい芽が力強く生まれます。死の瞬間は未来へと進み行く時であると語るのです。

　ルターは、「死は完成だ」と言っていますが、彼の言葉も死の解明に示唆を与えます。死は、死を通って新しい命が芽生える完成の時と見るのです。元の種から見れば、まさか自分が死んだ時に新しい芽を出して麦に成長するとはよもや思わないでしょう。元の種は死にますから、新しい芽や新しく育ちゆく麦を見ることはできません。

　私たち人間もそうです。死んでいく私は、この後に神の国において今は目に見えない復活の体に、新しく、力強く生まれるとは到底信じられません。しかし、死を通って新しい復活の体が神の国に現れるのです。それがキリストによる甦りだというのです。

3月

ルカ 5・37〜39

1

だれも、新しいぶどう酒を古い革袋に入れたりはしない。そんなことをすれば、新しいぶどう酒は革袋を破って流れ出し、革袋もだめになる。新しいぶどう酒は、新しい革袋に入れねばならない。(37-38)

　自家製ワインを作ったことのある方は、イエスがここで言われたことはすぐおわかりになります（注：残念ですが、日本では無許可ワイン作りは犯罪です）。ワインはブドウを潰し、そこにワイン酵母を入れて作りますが、酵母を入れてしばらくするとブクブクと炭酸ガスの泡が湧き立つように発生します。こうして何日もかけて糖分をアルコールに変えて、やがて数週間後、馥郁と薫り高い新酒のワインができます。この新酒のワインで名高いのが、フランスのボジョレー・ヌーボーというワインです。

　作りたての新酒のワインは若々しく、まだまだ湧き立つようにガスが発生するので、もし古い革袋に貯蔵して固く栓をすれば、革袋がパンパンに膨らんで破裂する危険があります。ですから、新酒のワインは必ず新しい革袋に入れるのが鉄則です。古いものに入れれば、革袋もワインも両方ともダメになります。

　古く硬い心のままに、新しい福音だけを受け入れて、上辺だけの生活をしようとしても、心が破けてうまくいきません。せっかくの喜ばしい福音が無駄になってしまいます。でも初々しい心で受け入れるなら、内側から香気が湧き立つでしょう

　37、38節の革袋は、原文では複数形で書かれています。これは実際のワイン作りを知る人の言葉です。向こうでは大量にブドウ酒を作りますから、大昔なら何袋もの複数の革袋に入れて貯蔵したのです。そんな大量のブドウ酒も革袋もすべてダメになれば、一体どうなることでしょう。

ルカ 17・7〜10

2

自分に命じられたことをみな果たしたら、『わたしどもは取るに足りない僕です。しなければならないことをしただけです』と言いなさい。(10)

　Ａさんをはじめ６人の方が次々と召され、葬儀までは気が張っていたのに、焼き場から帰り、無性に居ても立ってもおれず、どこか遠くへ行きた

いと思いました。フラッと知らない街か大自然の中を、道に迷っても迷ったまま歩き回りたいと思いました。それで夜に街を歩きました。でもどこを探せど、またどの街角に立って呼べども、Ａさんの姿はないのです。痛いほど悲しく、マンション付近も歩きましたがＡさんが住んでおられた最上階のお部屋は真っ暗でした。

動脈瘤破裂の報に急いで病室を訪ねた時、Ａさんは静かに眠っておられました。耳元で何度も呼び掛けました。でもあの輝いたお顔のＡさんは黙って返事をなさいません。大きな目をぱっちり開けそうなのに一言もなく沈黙のままでした。額に触れると思いがけない冷たさでした。

Ａさんだけではなく、ハッピーロードを歩いてもＢさんの姿は１年前から消え、「ダルマ市場」にＣさんの姿を探しても１月以来見ることができません。たとえ遠くに行ってでもいいから、この信仰の友らを見つけられたらと思うのです。

心の暗雲が晴れぬまま、やるせない思いを抱いて床に入りました。翌朝、数日遠ざかった祈りの時を持ち、テゼの歌を歌い、聖書を読み、やっと曇っていた心が晴れてきました。こういう歌詞です。「闇路の中、闇の中にあなたの消えぬ灯輝き、闇路の中」。何度も繰り返して歌い、聖書を読んでから、「とわに歌おう、主に向かって、命の限り主を讃えよ、私の喜びは、神から溢れ出る」と、これも繰り返し歌いました。すると、この状況を「恐れるな、たじろぐな」という声が聞こえたのです。一晩寝て、主の前に出て、み言葉が聞こえてきて、やっと気が晴れてきました。

心が折れる時も恐れてはなりません。負けてはいけません。たじろいではなりません。今は試練の時でも、試練の中に必ず神の光が現れてきます。私は「取るに足りない僕です」を痛感しています。

マルコ 8・1 〜 10

3

群衆がかわいそうだ。もう三日もわたしと一緒にいるのに、食べ物がない。空腹のまま家に帰らせると、途中で疲れきってしまうだろう。中には遠くから来ている者もいる。(2-3)

マルコに２つの給食の出来事が出てきます（6 章と 8 章）。理由は諸説ありますが、6 章はユダヤ人たちへの給食の事件で、今日の 8 章は外国人が

住む地方での話です。2つの事件は場所が違い、給食の相手が違うのです。その証拠の一つは、6章のパン屑を集めた「籠」という言葉と、今日の「籠」という言葉は、日本語では同じでも原文では全く違います。6章の籠はκοφινος（コフィノス）といって、柳で編んだ籠でユダヤ人が使いましたが、今日の籠はσπυρις（スプリス）といって、イグサで作った柔らかい籠で、当時の外国人が使ったものです。

イエスは、3日も食べていない群衆を見て「かわいそうだ」と言われました。彼らはユダヤ人から差別されていた外国人です。でもイエスは彼らを見て断腸の思いと言いますが、腸が痛んで千切れるほどかわいそうに思われたのです。6章と8章は類似した事件ですが、イエスはユダヤ人にも、外国人にも、真に公平であったことがわかる事件でした。

「空腹のまま家に帰らせると、途中で疲れきってしまうだろう」とは、疲れて潰れてしまう、気絶するとの意味です。今なら直ちに病院に救急搬送されるほど危険な状態だという意味になるでしょう。炎天下で空腹の上、水も少ない乾燥地ですから熱中症になるかもしれません。イエスの愛は実に現実的であることがわかります。

イエスは抽象的な場所で生きておられません。外国人も、世界のいかなる民族も隔てなく愛し、食の問題、生命の維持、正義と命の尊厳を真剣に考え、共に苦しまれたのです。

4

ヨハネ 12・20 ～ 26

わたしに仕えようとする者は、わたしに従え。そうすれば、わたしのいるところに、わたしに仕える者もいることになる。わたしに仕える者がいれば、父はその人を大切にしてくださる。(26)

「父はその人を大切にしてくださる」とありました。明治以前、日本ではまだ現代のような意味で「愛」という言葉が使われていなかった時代、愛は執着や煩悩を意味する否定的な仏教語でしたから、戦国時代に来日したカトリックの宣教師らは神の愛を、「お大切」と訳したと本で読んだことがあります。

子どもたちが自信を持ち、しっかり生きていくためには自分は大切にされている、愛されているという実感がなければなりません。それは自信を

持って生きる十分条件とは言えませんが、欠かせない必要条件です。大切にされているということが、実感となって子どもの心に届いていること。そのようにされて初めて子どもたちはよく育ちます。

　自分は神さまから大切にされている、キリストは私を大切に扱ってくださり、いつも私と共にいてくださる……。それを感じ、感謝している人は幸いです。反対に、自分などイエスから鼻もひっかけられない者だ、自分などどうなってもいいと神は思っていると考える人は、強がりを言っても、どんなにか寂しくつらいでしょう。ですが、それは神の心を誤解しています。神は愛です。1人ひとり、皆さんをかけがえのない人として大切に思ってくださっているのです。

5

Ⅰコリント 12・1～11
賜物にはいろいろありますが、……それをお与えになるのは同じ主です。働きにはいろいろありますが、すべての場合にすべてのことをなさるのは同じ神です。(4-6)

　各自が持っている賜物は神からの贈りものです。各自の努力もありますが、基本は授かったものです。意志の強さもその一つ、慎重さも細心さもそうでしょう。美声も健脚も剛腕もしかり、知性や感性の鋭さも賜物です。優しさも思いやりもユーモアも賜物に属するでしょう。

　最初に赴任した教会に、純朴で、心の清さを持った若い女性がいました。パッと顔を赤らめる人でしたが、洗礼を受け、やがて職人と結婚しました。夫はキリスト者ではありませんが、彼女は毎週、電車で近所の子どもたちを教会学校に連れて来ました。簡単なようですがなかなかできるものではありません。素朴で、飾らず、ごまかさず、愛とまごころを持つ人でした。約50年間、今も教会の中心の1人として支えておられます。

　その教会が新しい牧師を迎えました。他教会も担当する兼牧の牧師さんです。彼女らは喜びのうちに牧師就任の案内状を100枚出したそうです。ところが私たちにも届いた案内文に間違いがあり連絡したところ、100の教会や個人に訂正の連絡をすると共に、ぜひ就任式に来て励ましてくださいと、あらためてお誘いしたのです。間違いにほっかむりしないで、詫びて再度の案内をしたのです。

59

間違いが、かえって教会の真実を証しするものになりました。この教会は神の栄光をたたえ、宣教の愚かさに懸けるすばらしい人たちの群れであることが結果的に証しされたのです。ブキッチョでもいいのです。欠けがあることも含めて神はふさわしい賜物を与えてくださっています。

6

マルコ9・49〜50
人は皆、火で塩味を付けられる。塩は良いものである。だが、塩に塩気がなくなれば、あなたがたは何によって塩に味を付けるのか。自分自身の内に塩を持ちなさい。そして、互いに平和に過ごしなさい。

火は清めの象徴です。イエスの弟子たちは火のような迫害に遭い、その後の歴史を見れば、実際に火責めに遭う弟子もいました。しかし、火のような試練は私たちに塩味をもたらします。それはキリスト者をキリスト者として鍛え、清め、引きしめ、腐らぬようにし、新鮮さを保たせるのです。この言葉は迫害時代には、苦難を引き受ける決意を促したでしょう。

それと共に、「自分自身の内に塩を持ちなさい」とあるように、私たちの内面が塩で味つけされていることが、いつの時代、どんな状況においても大事です。難しい人間関係に傷つきやすい現代社会においても、平和を創り出す塩味を内に持ち、真心のこもった優しい言葉を内に宿して生きたいと思います。

7

創世記15・1〜6
「天を仰いで、星を数えることができるなら、数えてみるがよい。」そして言われた。「あなたの子孫はこのようになる。」アブラムは主を信じた。主はそれを彼の義と認められた。(5-6)

星の数は、海辺の砂の数と同様に無限です。21世紀になっても星の数は数え切れません。宇宙の背後に宇宙があり、その背後に更に宇宙があって、小さい星クズともなればその数億倍、数兆倍に達します。しかも宇宙の奥は深く、どこまでも尽きないようです。そこに科学者が魅せられるのでしょう。もしかすると、それは神の懐につながっているのかもしれません。

いずれにせよ、アブラムは満天の星空を仰いで神の言葉に圧倒されたの

です。神は、「あなたの子孫はこのようになる」と言われました。すると、「アブラムは主を信じた。主はそれを彼の義と認められた」のです。彼は99歳、サラは89歳。人間的に考えるなら、今から数え切れないほどの子孫など不可能です。逆立ちしてもあり得ません。絶対という言葉をつけてもいいでしょう。ところが絶対不可能にもかかわらず、それに逆らって信じたのです。

　この聖句はいったい、何を語ろうとしているのでしょう。アブラハムという約3800年前の人物を、今も多数の人が知っています。普通なら他の無数の人と同様、忘れ去られて当然です。ですが、キリスト教徒もユダヤ教徒もイスラム教徒も、無神論者も無宗教者も彼の名を知る人が多くいます。彼に、何かしら私たちの心を打つものがあるからでしょう。中東の一角に生きた古代の一遊牧民が、どうして現代人の心をも捕らえるのでしょう。

　秘密は、「アブラムは主を信じた」という、小さな言葉に秘められています。

箴言 28・21
人を偏り見るのはよくない。だれでも一片のパンのために罪を犯しうる。

　箴言は「だれでも」と語ります。これは真実です。

　今から2600年ほど前、都のエルサレムが陥落し、多数の人がバビロニアに強制連行されました。これまで人であふれていた都が閑散とし、誰も住む者がない瓦礫の都になったのです。山犬やジャッカルが住む所になったと書かれています。わずかに生き残った母や子がいましたが、都に食糧が尽き、助かった彼らも傷つき、衰え、「パンはどこにあるの？」と言いつつ子らが息絶えていきました。そういう状況の中で哀歌はこう記します。「憐れみ深い女の手が自分の子供を煮炊きした。わたしの民の娘が打ち砕かれた日　それを自分の食糧としたのだ」（4・10）。耳を疑います。何とひどい人々だと思うでしょう。

　もちろん、空腹のつらさの中でもそんな道を選ばない人もいますが、残

酷な道を選ぶ人もいます。それが人間というものです。そら恐ろしい姿を持つのが、われら人間です。そして自分の子どもを煮炊きして飢えをしのいだ人が生き残り、平和な時代になるとコロッと変貌して、「憐れみ深い女や男」として生きたかもしれません。実に恐ろしいことです。人間として全くたまらない事実です。そこまで罪を犯すのが私たち人間だということを、聖書は直視するのです。

　先の大戦で日本人兵士が戦地で行った残虐行為。そのことについて決して口を開かずに平和な戦後を生きた人が何千人もいました。残虐行為に関する公的な機密文書を真っ先に焼却させ、決して足がつかないようにした士官らもいました。いずれも戦後の家庭では穏やかな良い父であったのです。事実に正直であってくれていたらどんなに良かったことでしょう。事実を消したり歪めては人の貴い失敗が無駄になります。ですが、そこが難しいのです。「だれでも一片のパンのために罪を犯しうる」、だから救いが必要なのです。

9

マタイ 6・33 〜 34
何よりもまず、神の国と神の義を求めなさい。そうすれば、これらのものはみな加えて与えられる。(33)

　あるクリニックの待合室に、今年（2024 年）亡くなった星野富弘さんの詩画集がありました。そこにはドングリとそれを取り囲む何枚もの葉っぱが描かれた作品があり、こんな詩がありました。「そこから落ちて／斜面を二 三回／転がって止まったところ／そこから君は／自分の未来を／造って行くんだ」(「ミズナラ」、「花の詩画集　種蒔きもせず」偕成社より)

　ドングリがコロコロ転がってやがて止まった所。そこで芽を出し、自分の未来を造っていく。ドングリに託して人間のことを歌ったのです。彼自身、まだ若い青年時代に首の骨を折って寝たきりになり、首から下が動かない生活の中、そこから自分の未来を造っていきました。イヤだ、イヤだ、こんな人生はイヤだと、何度声を荒げたでしょう。でも聖書に導かれて、止まった所から生きていくと、未来はそこにあったのです。彼の場合、いったい何を見、どこを向いて生きてきたのでしょう。

「苦界浄土」などを書いた石牟礼道子さんが 2018 年に 90 歳で亡くなりました。その石牟礼さんがある本で、天草の切支丹資料館を訪ねて数々の遺品を見て感じたことを書いておられます。「人は金銭欲や名利の欲とは無縁の所で死ぬことができる。魂の浄化を求めて、死ぬことができるのだという畏怖すべき発見」をしたというのです。彼らは、「上下関係に縛られた、当時の武士社会とは全く別な倫理に生きた人々」であったと……。

両者ともに、「何よりもまず、神の国と神の義を求めなさい」という言葉に従ったのだと、私は思いました。

10

I コリント 12・12 ～ 14

つまり、一つの霊によって、わたしたちは、ユダヤ人であろうとギリシア人であろうと、奴隷であろうと自由な身分の者であろうと、皆一つの体となるために洗礼を受け、皆一つの霊をのませてもらったのです。(13)

パウロは、私たちは皆、キリストにおいて、「一つの体となるために洗礼を受け、皆一つの霊を飲ませてもらった」と語ります。

彼は教会を有機体に見立てました。部分部分は互いに関係し合い、補い合って生きる体に似ているからです。ですから一つの部分が何かの理由で欠ければ、体に大きな痛みが走ります。一つが傷つけば体全体が痛みます。痛むどころか真っ赤な血が吹き出します。互いに祈り、信頼し、愛し合っているからです。

一つの部分が欠ければ、たとえ欠けた部分の方は気にしなくても、体である教会の方は苦しみ、欠けた者のために日夜祈り、嘆くのです。欠けた者たちへの純粋な愛のゆえに嘆きが起こるのです。金銭関係や利害関係また上下関係があるわけではなく、教会は全くのところ純粋に人格関係だけで成り立っているからです。恐らくこういう所は他に少ないでしょう。これは教会の弱点ではなく、教会の持つ優れた特性です。

教会は企業ではありません。教会の本質は祈りと愛です。生きたこの本質を知らなければ、一つの部分が欠けても痛くも痒くもありません。ですが教会とは何かを知る人なら、悩み苦しみは巨大です。いなくなった羊を探して、羊飼いが懸命に探すのに似ています。教会はそのことのために悩み苦しんでいいのです。もし教会が一つの部分のために苦しみ叫ばなくな

63

れば、恐らくもはや教会ではなくなるでしょう。

11

ヨハネ 12・20〜26
自分の命を愛する者は、それを失うが、この世で自分の命を憎む人は、それを保って永遠の命に至る。わたしに仕えようとする者は、……わたしのいるところに……いることになる。(25-26)

「仕える」(ディアコノー) は、ギリシャ語でディアコノス (奉仕) に由来する言葉です。

ディアコニッセ運動というのがあります。ドイツの教会で始まり、1954年に日本に入って来た、神と人とに奉仕する女性、奉仕女らの働きです。深津文雄先生を中心に盛んになり、日本初の長期婦人保護施設、「かにた婦人の村」が作られ、そのために教会と多くの人らが支えました。戦争責任の一端でもありました。今も「村」は千葉県で活動中です。

第2次世界大戦直後の混乱期、生きるすべを失った多くの女性が暴力団によって「赤線」と呼ばれる売春街で働かされていました。中には日本軍の従軍慰安婦として働かされていた女性もいました。その人たちが人としての尊厳を回復するために奉仕女らが奉仕したのです。これがディアコニッセ運動です。

ディアコノスは、塵、石灰、泥という言葉（コニア）と、「ディア」＝通る、かぶるという言葉の合成語です。奉仕とは、地中に入り込み、塵をかぶり、泥をかぶり、泥まみれになって働くこと。自ら地の中、世の中に入り込んで、汗を流し、泥をかぶることなしにイエスへの奉仕はないのです。人に泥をかぶらせる人間は多くいますが、自ら泥をかぶる人間は少ないのです。

また、永遠の「命」はゾーエーという語で、まことの命を指します。イエスに従って地の中に入り込み、イエスと共に汗を流し、泥まみれになって働く。そこに永遠の命に至る道が垣間見えて来るということ。その新しい生き方を、イエスは十字架に付けられる直前に弟子たちにお示しになったのです。

12

Ⅰコリント 12・23～26

神は、見劣りのする部分をいっそう引き立たせて、体を組み立てられました。それで、体に分裂が起こらず、各部分が互いに配慮し合っています。(24-25)

　ある英語訳では、見劣りする部分に「気品を与えるため」とか、「名誉を与えるため」となっています。どういうことかと言いますと、神は見栄えする部分や見劣りする部分など、いろいろな部分で体を組み立てられましたが、それは、各部分が配慮し合って、「見劣りのする部分をいっそう引き立たせる」ためなのです。神の創造の意図は、体の弱い部分が引き立つように、各部分が配慮し合い、協力することでした。協力、配慮、ここに神のご計画があるというのです。これは非常に面白いみ言葉です。

　私たちは競争社会に生きているので、いろいろなことを競争で考えます。誰が一番か、誰が優れているか、誰がトップか、あいつには負けられない、と。スポーツだけではなく、暮らしの中で、四六時中、競争で考えているところがあります。競争で考えるとは、効率で考えたり、利益で考えたりすることでもあるでしょう。

　しかし神は、競争して勝者と敗者を作って順位をつけるために私たちを造られたのではなく、単純に各部分が協力するために、つまり協力の美しさ、尊さを皆で生み出すために造られたと告げているのです。

13

マタイ 6・25～31

だから、「何を食べようか」「何を飲もうか」「何を着ようか」と言って、思い悩むな。(31)

　イエスは、野の花、空の鳥を見なさい、「思い悩むな」と語られました。「思い悩む」、これはメリムナオーというギリシャ語で、部分に分けるという語から派生した言葉です。小さく分けた細かい部分に心を留め、それに気を配りすぎて、思い煩うのです。細部を気にして森全体に目が行かず、泰然としておれない。個々への情愛は深いのです。ちょっと突き放して森全体の中でバランスよく見ればいいのですが、細部にこだわりすぎるとバランスが崩れて、気に病むのです。

65

これは現代人の傾向で、大人だけではなく10代の子どもにも広がる現代病の一つです。そんな私たちにイエスは、野の花、空の鳥を見よ、「何を食べようか」「何を飲もうか」「何を着ようか」と言って思い悩むな、天の父は、これらがみなあなたがたに必要なことをご存じだ、何よりもまず神の国と神の義を求めなさいと言われたのです。一言で言えば、最も大事なものに心を向け、神の前に手ぶらで生きなさいということです。

薬物依存症の人たちと接していると、一旦欲求につかまればそれから抜け出すのが容易ではないことがわかります。ところが、ＮＡ（薬物依存からの回復を目指す人たちの集まり）の集まりで1時間半、薬物をやめようと悪戦苦闘したり、長くクリーンである人の話を聞いていると、いつのまにか欲求が消えているのです。再び薬物依存に戻らないために大事なことは、最初の1回に手を出さないこと。「最初の1回はそれだけで多すぎ、千回やっても足りないことを知っているはずだ」と、ＮＡの冊子にあります。

思い煩いと依存症は違いますが、思い煩いが始まっても考えを切り変えて深みにはまらないことが大事です。先に言ったように、思い煩いは、しなければならない多くのことに心が分かれる状態です。その結果、一番肝心なことを見失うのです。

14

Ⅰコリント 11・17〜22
それとも、神の教会を見くびり、貧しい人々に恥をかかせようというのですか。(22)

教会とは何でしょう。それは宗教的な同好会や自主活動団体でしょうか。癒しを求める人の集まりでしょうか。聖書好きの会でしょうか。教会という建物や制度や組織のことでしょうか。献金は会費でしょうか。

基本のことですが、ギリシャ語で教会はエクレシアと言います。エクレシアは、キリストによって呼び集められた集まりの意味です。教会の基本はキリストに呼ばれ、召された者らの集団であって、人の考えで自発的に集まって何かをする所ではないのです。あくまでもキリストに聴く。ここから教会が生まれます。この方によって世に派遣されて活動し、絶えずこの方に帰って来る。それがキリスト教会です。別の言い方をすれば、キリ

ストが教会を主宰しておられ、キリストが教会の頭、指導者、主なのです。繰り返しますが同好会や会員制の集団ではないのです。

　もちろん集められたのは人間ですから、人間が運営しますが、キリストに聴きつつ運営するのです。ですから聴く耳を持つ人は幸いだとあるように、キリストに聴かない教会はキリスト教会ではありません。

Ⅰコリント 13・4 ～ 7

15

愛は忍耐強い。愛は情け深い。ねたまない。愛は自慢せず、高ぶらない。(4)

　まず、ここにある「愛」を、「私」に置き換えて読んでみます。「私は忍耐強い。私は情け深い。ねたまない。私は自慢せず、高ぶらない。礼を失せず、自分の利益を求めず、いらだたず、恨みを抱かない。不義を喜ばず、真実を喜ぶ。すべてを忍び、すべてを信じ、すべてを望み、すべてに耐える。私は決して滅びない」(4-8)。どう思われましたか。

　私自身は、「私」に入れ替えて読むと、恥ずかしくなります。途中で、穴があれば入りたくなりました。一区切り進むごとに、自分のこれまでのいろいろな場面が思い出され、自分はあの時こうではなかった、この時もこうではなかった、この時は言われている通りであったなどと、悔いや恥ずかしさを思い出しました。それは、愛を自分の資質や性質として、自分の持ち物として読んだからで、自分は何と情けない人間だろうと思ったのです。

　もちろん時々自己を顧みるために自分に照らして読むのもいいでしょう。しかし落ち込むのではなく、もし自分が愛に欠けるのなら、神から愛を求めればいいでしょう。では、「イエス」に変えて読みましょう。「イエスは忍耐強い。イエスは情け深い。ねたまない。……自分の利益を求めず、いらだたず、恨みを抱かない。不義を喜ばず、真実を喜ぶ。すべてを忍び、すべてを信じ、すべてを望み、すべてに耐える」。思わず、イエスさま、あなたをあがめます、哀れな者を助けてくださいと祈りたくなりました。

16

マタイ 6・1〜4

施しをするときは、右の手のすることを左の手に知らせ
てはならない。（3）

イエスが言われるのは、善行の自慢をしないだけではなく、心の内で、
右手がした善いことを繰り返して反芻するな、自画自賛して自分に浸るな
ということでしょう。むしろ、隠れたことを見ておられる神との関係で生
きなさいと言われるのです。

ここに、本物で、爽やかな生き方があります。日本で今は忘れられつ
つある、「奥ゆかしい」生き方だと言っていいでしょう。奥ゆかしさとは、
深い心遣いがあること、奥深くて慕わしい在り方を指しますが、本当の奥
ゆかしさは、奥深く隠れた所で見ておられる神の前で生きるところから生
まれるのです。他国をおとしめて「美しい日本」などと日本賛美を繰り返
している人たちこそ、こういう奥ゆかしさを持ってもらいたいと思います。

今も、Kさんを時々思い出します。Kさんは、「右の手のすることを左
の手に知らせてはならない」という生き方をされました。亡くなる1、2
年前は、お体の調子を崩されましたが、お元気な頃ははつらつと率先して
いろいろなことをされ、しかもそれをソッとされたのです。一つだけ紹介
すると、ある日曜日の朝教会の玄関を開けると、Kさんが玄関前や牧師館
の前、また坂の下まで掃き掃除をしておられたのです。トイレを掃除して
おられることもありました。見かけて感謝すると、「今朝は早く着き過ぎ
たものですから」などとおっしゃるのです。

いろいろと人間関係でもまれ、神のみを見上げて生きるようになり、夫
も信仰に導かれました。その信仰がこういうKさんを作ったのでしょう。

17

Ⅰコリント 13・8〜13

信仰と、希望と、愛、この三つは、いつまでも残る。そ
の中で最も大いなるものは、愛である。（13）

人生の足場をしっかり築こうとするなら、神の愛の上に築くことをお勧
めしたいと思います。本当に確かなものがあるとすれば神の愛です。いつ

までも続く永遠不滅なものは愛だけです。

　ただ、人の愛は移ろいやすく、やがて薄れたり、萎んだり、歪んだり、ややこしくなったり。時には憎しみに変わって愛憎無限。傷ついたり、傷つけたり、満身創痍になったりします。一時の情熱で互いに「自分たちの愛は決して滅びない、変わらない」と誓い合うことがあるかもしれません。ですが人間に根差している限り、それは薄れ、萎み、頼りなくなり、変化します。

　変化しないと思われる巨大な大陸すら地殻が徐々に移動します。エベレストの山頂近くにたくさんの貝殻の化石があります。それは数億年前の太古の海底が隆起してエベレストの山頂近くに押し上げられたからです。人の目には不変と思える大陸さえそうなのですから、まして人の愛など決して不滅ではありません。しかし神の愛は滅びません。永遠に消えることはありません。ここに最高にして不滅のものが存在します。

ルカ 24・13〜35

18

一緒に食事の席に着いたとき、イエスはパンを取り、賛美の祈りを唱え、パンを裂いてお渡しになった。すると、二人の目が開け、イエスだと分かったが、その姿は見えなくなった。(30-31)

　エマオへの道で、2人の弟子が復活のイエスに出会いましたが、彼らはイエスに気づかなかったのです。宿に入って、一緒に食事をして、イエスがパンを取り、賛美の祈りを唱え、パンを裂いて渡された時に、やっと2人の目が開けてイエスだとわかりました。わかった時に、復活のイエスの姿がいずこともなく消えてしまったのです。

　私たちも、今イエスが近くにおられてもわからないかもしれません。いやほとんどわかりません。ですがほんの一瞬、目が開かれ、身近に感じ、イエスと出会ったと思う時があります。ところがわかった時にイエスがいなくなる。いずこともなく消えてしまって、つかまえられないのです。

　レンブラントはこの場面を数枚描いています。いずれも、宿のおかみさんが何かを持って給仕している場面です。弟子たち2人はイエスに気づいて顔を輝かせますが、おかみさんはまったく何も変化がありません。この後、弟子たちからもイエスの姿は消えますが、たとえ消えても心に燃える

ものが残って、その後の彼らを力強く導きます。でも、おかみさんはイエスの近くにいたのに、この後もなんの変化もないのです。

19

Ⅰコリント 13・13
信仰と、希望と、愛、この三つは、いつまでも残る。その中で最も大いなるものは、愛である。

愛は与えてもなくなりません。物はなくなりますが、愛は尽きるほど与えても、泉のようにまた湧いてきます。キリストの命につながっているかぎり湧いてきます。愛は与えれば与えるほど増えるのです。

ハレスビーという人が、「キリスト者であるとは、神の愛に自己を任せることだ」と書いています。子どもはまだ何もすばらしいことをしたわけではなかったとしても、両親の愛を受けてすっかり身を任せています。値打ちがないのにまるでそうされる値打ちがあるかのようです。

私たちはこうした子どもから信仰者の姿を学ぶのです。私たちは、どんな状態にあっても、神の子どもであるということを忘れてはならないでしょう。神に一切を任せ、その愛に身を任せればいいのです。両親は子どもに愛情を注ぐことを喜びます。それと同じように、私たちを愛することに、神は深い喜びを見いだしておられるのです。ここに最高のもの、最大のもの、さらに私たちに与えられる不滅のものがあります。

もちろん、確かに私たちは神に造られ、神に愛されていますが、まだ完成された者ではありません。信仰的にまだ子どもで大人ではありません。ですから、自分の未熟さを痛感させられることがしばしばですが、自分に失望してそこにとどまるのではなく、子どものように再び神の愛を求めればいいのです。

20

Ⅰコリント 14・1
愛を追い求めなさい。

2018年のノーベル医学・生理学賞に輝く本庶佑さんの原動力は好奇心

でした。数年で結論が出なくても、10年、20年で結果が出る場合があり、納得するまで諦めず追い求めたそうです。

　パウロは科学研究者ではありませんが、「愛を追い求めなさい。霊的な賜物、特に預言するための賜物を熱心に求めなさい」と書きました。追い求めるというギリシャ語 ζηλω は、沸騰せんばかりに求めることです。生ぬるくなく、愛を熱く抱いてほしいと語るのです。愛の求めにおいて沸騰するような求め方をしたいと願わずにおられません。

　賀状を交換しているS牧師の教会に、97歳で召された女性がいたそうです。昔、仕事でイタリアに行き、ミケランジェロの「ロンダニーニのピエタ」を見て、心動かされて絵葉書を買って帰り、老人ホームに入ってからは狭い一室に飾っておられました。

　ミケランジェロは生涯で4つのピエタ像を制作しますが、「ロンダニーニのピエタ」は、有名な他のピエタと違い、彼が亡くなる前日まで鑿をふるって彫り続けたもので、精緻な技巧は皆無です。腰が曲がり頭を上げることもままならず、すでに視力を失いながら手探りで彫ったといいます。ピエタは普通、悲しむ母が十字架から降ろされるイエスをだき抱えていますが、ロンダニーニのそれは、イエスが母を背負っているように見えます。ミケランジェロは、自分の89年の人生はイエスに負われた生涯であったことを証ししようとしたのだろうと言われています。

　この女性は体が徐々に弱る中、この絵葉書からいつも慰めを得、自分もイエスに負われて御国に導かれたいと願っていたそうです。年老いて体が弱ってベッドに横たわっても、なお魂は静かに沸騰するかのように神を求める信仰者の姿がそこにあったと思います。

21

ローマ7・18〜21

わたしは……善をなそうという意志はありますが、それを実行できないからです。わたしは自分の望む善は行わず、望まない悪を行っている。(18-19)

　イエスが完全に葬られたことによって、神の愛が私たちに届くのです。イエスが葬られなければ、私たちの罪も愚かさも葬られません。本来私こそ葬られなければならないところを、代わって葬られてくださった、ここ

に尽きない私への恵みがあります。

　私などは愚かで、高校時代は性の問題が毎日のように頭の中を占めました。愚かで、軽蔑されるかもしれませんが、心の9割以上を女性のなまめかしい身体が占める日もありました。ですが、これでいいのかと内なる声が咎めるのです。それでも良心の声に反して心が動きます。「善をなそうとする意志はあるがそれが実行できない。自分の望む善は行わず、望まない悪を行っている」。心の闇に、こんな自分が無数に蠢いていました。

　ドストエフスキーが「地下室の手記」で、どんな人の思い出にも、誰彼なしに打ち明けられず、本当の親友にしか打ち明けられないような事があるものだ。また、親友にも打ち明けることができず、自分自身にだけ、それもこっそりとしか明かせないような事もある。更に、最後に、もう一つ、自分にさえ打ち明けるのを恐れるような事もあり、しかも、そういう事は、どんなにきちんとした人の心にも、かなりの量、積もり溜まっているものなのだと語ります。

　これが人の姿です。誰にも言えぬ、自分にも打ち明けられない罪と愚かさをどう解決するのか。深いこの闇の部分で、イエスに出会うと光が射し始めます。それがないと、結局うやむやの内にほっかむりして、善人づらしたり、悪人ぶったりして、朽ちていくのです。イエスはこのような、誰にも言えぬ問題を解決するために来られたのです。

Ⅰコリント 15・10

22

そして、わたしに与えられた神の恵みは無駄にならず、わたしは他のすべての使徒よりずっと多く働きました。しかし、働いたのは、実はわたしではなく、わたしと共にある神の恵みなのです。

　パウロという人物は、言わば、畑の中に高価な真珠を発見した人だと言っていいでしょう。キリストに反対して迫害し、大罪を犯した極悪人。そういうパウロという悪しき畑に、高価な真珠が隠されていると誰が思ったでしょう。本人自身も思いませんでした。

　ですが、彼は復活のキリストに出会って高価な真珠を発見したのです。それで持ち物を売り払い、その畑を、キリストを信じる道を買ったのです。そして知ったのは、「神の恵みは無駄にならない」ことでした。そしてそ

の結果、彼は誰よりも多く働いたと述べます。しかしその彼が「しかし」と続けて、今までは神の恵みによって自分が働いたのだと思っていたのですが、実は、働いたのは「わたしではなく、わたしと共にある神の恵み」の方だったと述べるのです。

　私たちの信仰生活もこうした恵みの発見の生涯でありたいと思います。働いたのは、実は私ではなく、私と共にある神の恵みだったのです。ここに一段深まった恵み理解があります。単なる謙遜ではなく、神と現実に出会って知らされた恵みの理解です。

　パウロが今日のところでぜひわかってもらいたいと思うのは、もしあなたがたも、私が告げ知らせた福音にしっかりと立って生きるなら、それはあなたがたの恵みになり、力になり、さらに救いとなる、だからあなたがたの信仰は決して無駄になることはない、ということです。この信仰を継承してほしいと彼は言います。

　物やお金や知識やステイタスではなく、もっと大切なものをイエスの救いの歴史から受け継いでくださいと語るのです。

23

Ⅰコリント 15・30〜32
わたしは日々死んでいます。……もし、死者が復活しないとしたら、「食べたり飲んだりしようではないか。どうせ明日は死ぬ身ではないか」ということになります。
(31-32)

　もし復活がなく、仮そめのこの世だけなら愛の忍耐は何のためでしょう。すべてを忍び、すべてを信じ、すべてを望み、すべてに耐えるなどという愛の生き方も、何の意味があるでしょう。むしろ勝手気ままに生き、自己中心的にわがまま放題に振る舞う方が、よほど気が晴れるのではないでしょうか。人のために苦労するなどといった生き方はおそらくまれになるでしょう。

　自分だけがよければ、自分と仲のいい仲間だけがよければ、自分の家族だけがよければ、という人が増えています。人生はこの世だけというこの世主義の蔓延です。

　復活がなく神がいないなら、愛は自慢せず、高ぶらず、礼を失せず、自分の利益を求めず……などといった、相手を尊重する生き方も単なる処世

術に留まるでしょう。それ以上の根拠がなくなります。しかし、益になるときだけ相手を尊重するといった処世術では、聖書が語るような愛の生き方は生まれません。復活の希望があるからこそ、「愛は決して滅びない」と断言できるのですから。

パウロは今日の箇所で、同じことをいろいろな方面から語ります。それほど復活はキリスト教信仰の根幹であるからです。復活信仰があるから、右手のする善を左手に知らせず、無償で与えることに意味が生まれます。隠れたことを見ておられる方がおられるから、目に見える報いだけを望まないのです。この世的な採算なきところにも、神は採算を与えてくださると信じ得るのです。

24

マタイ9・9〜13
医者を必要とするのは、丈夫な人ではなく病人である。
……わたしが来たのは、正しい人を招くためではなく、罪人を招くためである。(12-13)

私たちの先輩には、志半ばで伝道者になれなかった方がいます。懸命に学んだがついに牧師になれず、途中、88歳で召されたＡさんです。それまでは体の医者として長年働き、80代になって、魂の医者になりたいと志を新たに神学校に行かれた方です。しかし、道半ばで天に召されました。

さて、今日の箇所は、キリストとはどういう方か、何を説き、どう生きられたかを豊かに教えてくれますが、またＡさんのように、先に召された方々は、どういうお方を慕い、どういう生き方を求めていたのかを教えてくれる箇所でもあります。求める生き方に実際にどこまで達したかということはさておき、その魂が何を切に求めて生きたかを教えてくれます。

これらの方々はキリストに心惹かれた方でした。イエスの愛の姿に尊敬を寄せ、ここにこそ人の本物の姿があると確信しておられました。それで、この道にご自分の魂を向けて、徴税人マタイと同じように、自分の場所から立ち上がってイエスを信じて従いました。

私たちが人に接するとき、その方の魂が何に向かっているかを正しく理解したいものです。目にし、耳にする表面の姿だけではなく、その方の魂の方向性を見抜くこと。それがその人を愛するということでしょう。

25

Ⅰコリント 15・42 ～ 50
兄弟たち、わたしはこう言いたいのです。肉と血は神の国を受け継ぐことはできず、朽ちるものが朽ちないものを受け継ぐことはできません。(50)

　私たちはキリストに罪を贖われれば、清いもの、聖なるもの、強いもの、信仰深いものになると思っていないでしょうか。確かに、キリストに恵みによって結び付けられたからには、清く聖なるものにされたことは間違いありません。でも、それはキリストにつながっていればこそ、です。

　貨車は力強い機関車に連結されて、険しい山坂を力強く登っていきます。遠目には、まるで貨車自体が力強い動力を持っているかのように見えます。それと同じように、キリストに結びつけられた私たちも、罪が贖われてすっかり清くすっかり身軽になったように見えます。

　でも考えてみると、それは月のように太陽の光を反射しているに過ぎません。太陽から離れるようにキリストから離れれば、見る見るうちに光を失い、清さを失い、卑しさが現れます。いや、今も卑しさがあり、光がしばしば陰っているのが私たちではないでしょうか。今も私たちは朽ちるものであり、弱く、土に属しています。それが私たちの実情であり、実態です。

　機関車との連結を解かれた貨車は、草ぼうぼうの停車場のレール上に放置されたままです。ですが再び連結されれば力を発揮するように、朽ちるものの私たちでもキリストにつながれれば再び力を発揮します。

26

ルカ 6・47 ～ 48
わたしのもとに来て、わたしの言葉を聞き、それを行う人が皆、どんな人に似ているかを示そう。それは、地面を深く掘り下げ、岩の上に土台を置いて家を建てた人に似ている。

　3月24日で紹介した医者のＡさんは、約2時間かけて教会に通っておられました。いつも体を二つ折りにして歩いておられたそうです。ヨチヨチ歩きで、休み休み歩く。雨の日、風の日、雪の日もあったでしょうが、バスを乗り換え、休まず教会に通われたのです。きつい姿勢でご苦労だったでしょうが、二つ折りで歩くので、人が気づかない道端の小さな花や、

虫のことを取り上げてよくお話になったというのです。

　腰が曲がっている分、人と違うアングルで物事を見る。それが体の医者だけではなく、心の医者（牧師）になりたいということにもつながったのでしょうか。医者でありながら病を治せない自分がいる。時には、苦しめてしまったかもしれない。医療の発達自体が患者を苦しめている場合がある。いろいろと考えられたのでしょう。ものの見方はやはり大切です。

　Aさんの兄は、後の東京工業大学の学生でした。その方は、やがて東工大をやめて牧師の道に進みましたが、結核で倒れて早逝しました。そんなことも、Aさんが心の医者を志す要因になったようです。いずれにせよ、私はここに、地面を深く掘って、「み言葉を土台にして生きた」人がいたと思います。体が二つに曲がり、苦労して生きていても、み言葉に生きていれば、どんな十字架を負っても雄々しく強くあることができることを証しされたのです。

　ご長男と話したことがあります。言葉の端々から、父親の学ぶ姿に心打たれ、父の姿にどこか神々しさを垣間見ておられたように思われました。

27

マタイ9・9〜13

イエスはそこをたち、通りがかりに、マタイという人が収税所に座っているのを見かけて、「わたしに従いなさい」と言われた。彼は立ち上がってイエスに従った。
(9)

　当時の収税所は今の税務署とはだいぶ違います。徴税人はユダヤ人ですが、ローマ帝国の手先になり、徴税を請け負って働きました。彼らはローマ帝国の威光を笠に着て大抵法外な取り立てを行い、民衆の憎悪をかっていました。

　もちろん、そんな彼らが働く収税所も人々に嫌われる場でした。税金を納める人はしかたなく収税所に立ち寄りますが、普段は、収税所に近づけば顔をそむけて、サッと通り過ぎていたのです。そうすることで、ローマ帝国への反感、徴税人への憎悪を表したのです。

　ある建築関係の営業をしている人と仕事以外の場所で話していて、一戸建て住宅の値段というのは相手のふところ具合を見て、落し所を見つけて決めるものだと言っていました。恐ろしいことです。要するに舌先三寸で

数十万円から百数十万円の儲けが増すと言うのです。それでも不正とは言えない行為です。

　徴税人マタイもそんなことをして、いや、もっとボロイことをして、ゴロツキを連れて強制取り立てをしていたかもしれません。ところが、イエスはそんなマタイに声をかけ、弟子に加えました。徴税人という人から嫌われる職業の彼の心の中にさえ、真理を求める心があることを、イエスは見抜かれたのです。

28

マタイ9・9〜13

イエスがその家で食事をしておられたときのことである。徴税人や罪人も大勢やって来て、イエスや弟子たちと同席していた。(10)

　イエスは高みに立たれません。徴税人や罪人の所に行かれるのです。癒しが必要な人がいれば、喜びをもって低くなられました。お高くとまりません。孤高の人ではなく、民衆の間に入り、罪人と交わって友となっていかれた人です。

　上昇志向の人が社会に増えていますが、現実は経済状態が良くないので上昇を望めず、イライラする人が増えています。それと共に、大儲けする人とそうでない人の格差が広がっているので、夫の給料は上がらないのに、近所の人や同級生の給料がグンと上がったなどと聞くと、心穏やかではなく、イライラがさらに募るという始末です。

　幸福になりたいことへの焦りが若者の間にもあります。大抵は経済的価値観から来る幸福です。セレブの人たちは保険がきかない高額診療のクリニックに行くので、自分もお金さえ出せば幸福になれるのにといった、安易なストーリーが作られてしまいがちです。

　イマヌエル・カントは言います。「いかにして自分を幸福にすべきかではなく、自分をいかに幸福に値する人にするか」が肝心である、と。お金をたくさん儲けた人が幸福に値すると考えているなら、実に貧相な見方です。

29

イザヤ書 55・10〜11

そのように、わたしの口から出るわたしの言葉も　むなしくは、わたしのもとに戻らない。それはわたしの望むことを成し遂げ　わたしが与えた使命を必ず果たす。
(11)

　アメリカの元大統領、オバマの妻ミッシェルさんが、イギリスでこんな話をしていました。バラク・オバマの８年間で、過去数百年のアメリカの黒人の歴史が塗り替えられると思っていた。だがその考えは甘かった。間違っていた。トランプ政権が登場したから。それで今は、たとえ一時は後退しても、かつての前進がなかったわけではないというところに、しっかり足場を据えているというのです。

　変化は真っすぐに進むわけではありません。神のみ心を疑わないなら、一時は後退に見えても、後退がかえって前進への備えになります。イザヤ書のみ言葉は「希望を失うな」という貴い呼びかけでもあります。イザヤが語るように、主の言葉は決してむなしくは天に戻らないのです。

30

Ｉコリント 16・15

兄弟たち、お願いします。あなたがたも知っているように、ステファナの一家は、アカイア州の初穂で、聖なる者たちに対して労を惜しまず世話をしてくれました。

　「ステファナの一家」は、この地方で初めて信仰に入った信仰の初穂であること、それだけではなく、「聖なる者たちに対して労を惜しまず世話をしてくれました」と記します。信仰は単なる長さではありませんが、長きにわたってこの一家は信仰に堅く立ち、労を惜しまず伝道者を支えたのです。この一家は真に信頼でき、頼りがいのある人々でした。

　伝道者は１人では何もできません。背後で支える人たちがいて伝道の業(わざ)は進展します。竈(かまど)は、丸太１本をくべても燃えません。太い薪(まき)と一緒に燃えやすい細い木や枝々がくべられ、数本の太い薪も協力していけば、勢いよく長く燃えるのです。伝道者を支える人が何人かいて一緒に燃えると、初めは弱くてもやがて勢いが増していきます。ステファナ一家はまさに、伝道者と一緒に働き、労苦を共にした一家でした。そして彼らだけではなく、そういうことをしている「すべての人々に従ってください」(16)

とパウロはコリントの兄弟たちに語ります。私たちはどこにいても、労を惜しまず頼り甲斐のある人になりたいものです。

Ⅰコリント1・25
神の愚かさは人よりも賢く、神の弱さは人よりも強いからです。

31

今は人の賢さの時代ですが、神の愚かさとはなんでしょうか。

イギリスは自然保護運動の発祥地です。その運動は、日本でいえば明治初期まで遡ります。自然保護運動の根幹は、「世の知恵によらず、愚か者になれ」ということだと言えるでしょう。それが今、世界で発言権を持つようになったのです。

ワーズワースという世界的詩人がいました。彼は実に愚かです。彼はイギリス北部の湖水地方に住んでいましたが、そこに鉄道敷設計画が生まれると猛反対をしたのです。170年前です。その30年後にも計画が起こると今度は思想家のラスキンが反対し、その後、ラスキンの教え子であるローンズリー牧師が本腰を入れて自然保護運動を行い、湖水地方すべての鉄道計画を撤回させることに成功しました。ピーター・ラビットのビアトリクス・ポターも強力な担い手で、彼女は広大な土地と財産を匿名ですっかり寄贈しています。

彼らは、「湖水地方の番犬」と呼ばれ、この番犬らの運動がナショナル・トラスト運動の始まりになり、日本にも30年ほど前に入って来ました。イギリスのナショナル・トラストは東京都の面積より広大です。ナショナルと言っても国ではなく、国民の意味です。国に頼らず、有志の年会費でイギリスの大事な土地や建物を管理しているのです。現在350万人が会員です。近年、なぜこれだけ急増したのかの理由として、バーチャルでない本物に触れたいという人々の強い願望が反映していると言われます。

この運動があって自然保護の世界的ブームが起こり、イギリスは世界から観光客を迎えています。私が申し上げたいのは、このナショナル・トラストや自然保護活動は、人の賢さでなく、愚かさから発したもので、今日の聖書にある神の愚かさに発した考えであったということです。

4月

1

ルカ 24・36〜43

> そこで、焼いた魚を一切れ差し出すと、イエスはそれを取って、彼らの前で食べられた。(42-43)

　復活のイエスが、彼らの目の前で焼魚をムシャムシャ食べられたのです。弟子たちはわが目を疑ったでしょう。復活のキリストの体は、焼魚も食べられる体なのです。霊の体は、心や精神や物体の世界を越えて、それらを包み込んでおられるからです。死を越える究極のお方は、究極以前のものから自由であり、焼魚をも自由にムシャムシャと摂取されるのです。究極の方から見れば、究極以前のものは何ら障害となりません。現実世界を遥かに越えて存在されるからです。

　いわば、イエスが弟子たちの前で愉快に遊んでおられるのです。ご自分の実在を示すために、肉体を越えて自由であるのを、焼魚を食べることでユーモラスに示されたと言っていいでしょう。超越者の自由さです。私たちにはもどかしいのですが、人間には絶対できません。ですが、絶対は私たちになくていい。絶対はただ神だけです。私たちは絶対の手前で生きる者であり、焼魚を食うイエスを絶対に理解できないのですが、イエスはムシャムシャと食べて、絶対とは何かをユーモラスに示されたのです。

　イエスが彼らの真ん中にいる。そのことがもうユーモアです。ユーモアの源は紛れもなくイエスにあります。ですから、復活のイエスの実在をわかってもらうには、焼魚でも食べるしかないのでしょう。漫画のようなユーモラスな姿で、復活のイエスはご自分を現し、気落ちする彼らを元気づけられたのです。弟子たちがうろたえるのを見て、イエスはクスクス笑っておられたのではないでしょうか。

2

マルコ 16・1〜8

> 若者は言った。「驚くことはない。あなたがたは十字架につけられたナザレのイエスを捜しているが、あの方は復活なさって、ここにはおられない。御覧なさい。お納めした場所である。(6)

　女性たちの恐怖心は、6節の、「あの方は復活なさった」と若者が告げたただ一語から来ました。ところが、やがて復活信仰が明瞭になると、

「あの方は復活なさった」という短い一語が希望を授ける力になりました。宣教の中心は、イエスの生前の愛だけではなく、「キリストは甦られた」「復活された」「死に打ち勝たれた」「もはや墓にはおられない」「私たちも死に打ち勝ち復活する」という力強い言葉となって信仰に発展していきました。

　こうしてキリスト教は、キリストが復活したということを原点にして、新しく始まったのです。

　ギリシャ正教会は、古く初代教会からの伝統を受け継いでいます。正教会では、イースター礼拝で、司祭と会衆が交互に、「イエスは復活された」「復活された」と、3回力強く繰り返して呼び交わします。数人ではあまり迫力は出ませんが、数百人、数千人が、司祭の「イエスは復活された」との言葉に、「復活された」と力強く応えると、圧倒的なリアリティを持って迫って来ます。私たちは、復活が圧倒的なリアリティであることをどれだけ真剣に理解しているでしょうか。

4

マルコ 16・1〜8
さあ、行って、弟子たちとペトロに告げなさい。(7)

3

　白く長い着物を着た若者が、「弟子たちとペトロに告げなさい」と言いました。ここは、弟子たちと、「特にペトロに」と訳すほうが本来の意味に近いでしょう。弟子たちに言いなさい。だがペトロを抜かしてはなりません。彼には必ずイエスの復活を伝え、くれぐれもガリラヤで再びお会いできると告げなさい……。

　なぜでしょう。それは、大祭司の屋敷の庭までついて行きながらイエスを勇敢に証しできず、3度も否定した彼への赦しが、この言葉には含まれるからです。彼はこのままでは滅びてしまう可能性があります。ですが、イエスは彼の涙をご存じです。彼の愛も挫折も、勇敢さも、弱さも、慚愧の念も、大祭司の庭での情況も、イエスを慕う思いも、ことごとく知っておられます。彼はもう一度立ち直らなければなりません。

　挫折の向こうに、復活のイエスが立っておられるからです。そのイエス

と共に、彼の人生が真の意味で新しく拓けていくでしょう。私たちもイエスと共にいれば、挫折の先に人生の本番が待っています。

4

Ⅰコリント 16・13～14
目を覚ましていなさい。信仰に基づいてしっかり立ちなさい。雄々しく強く生きなさい。何事も愛をもって行いなさい。(13-14)

「目を覚ましていなさい」とは、ギリシャ語で眠らず見張ること、寝ずの番をすることを言います。いわば夜警です。そこから、油断するな、危険に備えて警戒せよという意味が生まれました。

ここでは、キリストは再び来られる、再臨される、そのことに目覚めていよ、という意味です。クリスチャンは目に見える世界だけで勝負をしているのではありません。最後にキリストが来て、最終的に裁いてくださる、決着をつけてくださる、そのことに目覚めて、現在を生きるのです。今すぐ報われなくても、諦めず、キリストのために人に尽くすのです。

「信仰に基づいてしっかり立ちなさい」とあります。すでに15章58節で、「わたしの愛する兄弟たち、こういうわけですから、動かされないようにしっかり立ち、主の業に常に励みなさい。主に結ばれているならば自分たちの苦労が決して無駄にならないことを、あなたがたは知っているはずです」という言葉を聞いています。

信仰に基づき、キリストに結ばれているなら、労苦は決して無駄にならないのです。この確信に立ち、ここに留まり続けること。このことはいかに強調しても強調しすぎることはないでしょう。

5

ルカ 1・5～25
ザカリアはやっと出て来たけれども、話すことができなかった。そこで、人々は彼が聖所で幻を見たのだと悟った。ザカリアは身振りで示すだけで、口が利けないままだった。(22)

かつてこの夫婦は、子どもを授かるように熱心に願い祈っていましたが、高齢になり、すっかり諦めたのです。ところが、その願いが思いがけない時期に実現しました。神が祈りをかなえてくださったのです。ですが、聞

き上げられたものの、同時にものが言えなくなり、不信仰が明らかにされました。口が利けなくなったのは彼への教育のためでしょう。信仰者ですが不信仰を体で明白に示されたのです。いろいろと考えさせられる箇所です。

　ここで語られているのは、要するに、イエスの誕生はいかに深く、隠れた、人が予想もしないところでの準備があって起こったかです。イエスの名は一度も出てきません。隠れています。神が人類の歴史に介入して来られますが、まだイエスが登場する前、人が気づかない時から、ひそかに介入が始められたと語ろうとしているのでしょう。

　私たちもたとえ気づかなくても、神の恵みの支配下にあるのを忘れてはなりません。足音もせず、神の恵みと支配は密かに存在しています。

4

イザヤ書53・7

6

苦役を課せられて、かがみ込み　彼は口を開かなかった。
屠り場に引かれる小羊のように　毛を刈る者の前に物を
言わない羊のように　彼は口を開かなかった。

　イエスは苦しみを受け、虐待されたが、口を開かなかったのです。屠場に引かれる小羊のように、毛を刈る者に黙って任せる羊のように、決して口を開かなかった。私たちの罪を訴えず、私たちに向き直って責任を追及したり、なじることはされなかったのです。ただ深く沈黙し、私たちの罪と過ち、咎の責めをそっくり我がこととして身に受けられたのです。それが十字架であり、受難節の最後の週である受難週は、この十字架の道行きを想う時です。

　彼はレビ記16章にあるアザゼルの山羊のようです。山羊は、民の罪をすべてその身に背負い、荒れ野に放たれました。アザゼルに差し出された生贄です。イエスも私たちの罪をすべて背負い、罪を贖うために生贄として捧げられたのです。受難週は、このイエスを黙想する期間です。私の救いは、イエスの贖いの上に立っている。私の背後に、イエスの十字架がいつもあります。彼が神に裁かれたから、私の罪が完全に贖われたのです。

　罪の赦しの福音、イエスの喜びの福音の陰には、裁かれたイエスが常におられます。しかし、それを重苦しく思う必要はありません。イエスはま

85

ことの愛をもって私たちを罪から解放し、ただ私たちがそれから解放されることを単純に喜びとされたからです。私たちに恩を売ったり、負担をかけるためではありません。

　欧米の人たちは、イースターに喜びの笑顔を満面に浮かべ、「ハッピー・イースター」と挨拶し合います。イースター、おめでとう。主の復活、混じり気のない喜び、心の底から純粋な、ハッピー・イースターと言って復活祭を毎年迎えたいと思います。

7

ルカ6・46〜49
しかし、聞いても行わない者は、土台なしで地面に家を建てた人に似ている。川の水が押し寄せると、家はたちまち倒れ、その壊れ方がひどかった。(49)

　体にメスを入れるのは痛いです。手術は痛さを伴います。しかし患部が除かれて健康体になるにはどうしても手術が必要な場合があります。

　イエスは心と生き方を真に癒す医者だからこそ、痛いことを語られるのです。たとえイエスの言葉によって、未熟さを指摘され、砂の上に人生を築いてきたことを痛烈に知らされても、イエスを恨むのは筋違いでしょう。イエスは私たちをどの人よりも強く愛するゆえに、患部を摘出しようとされるのです。これまで怠けて自分に勝てずに逃げ回り、イエスに従うことを後回しにして来た自分に、「それは君、砂の上に家を建てようとすることだよ」と厳しく指摘されたのです。それはイエスの愛ゆえの叱責です。あなたが愛されている印なのです。

　ヘブライ人への手紙12章に、「あなたがたはまだ、罪と戦って血を流すまで抵抗したことがありません」(4)とあります。時にはそうした自分との悪戦苦闘、自分の罪への血を流すような抵抗、戦いが伴ってこそ、人生も信仰生活も生きてきます。

Ⅰコリント3・16〜17
あなたがたは、自分が神の神殿であり、神の霊が自分たちの内に住んでいることを知らないのですか。(16)

　エフェソ書に、「わたしたちは神に造られたものであり」(2・10) とあります。口語訳では、「わたしたちは神の作品であって」となっていました。作品とは神の傑作であるという意味です。
　ある方に子どもが生まれました。ちょうどその頃、その子の曾祖母が病院にいて、もう先が長くないので見せに行ったそうです。そしたら、起き上がることができないおばあちゃんが、手助けしてもらってやっとのこと起き上がって生れてまもない曾孫を見るや、「天下一品じゃ」と言ったのだそうです。私たちそれぞれは、天下一品、神の傑作として作られたのです。そのことが、ここでは「あなたがたは、自分が神の神殿であり」と表現され、あなたの内に神が住んでくださっていると告げているのです。このことは人間の奥義、すべての人間にある秘義です。
　こう考えると、私たちの苦手な人の中にも神が住んでおられるなら、いくら苦手でも、その人の中のキリストに話しかけ、その人のキリストを愛すること、相手の良心に呼び掛けるようにと導かれないでしょうか。もちろんキリストまで届かず、肉の相手の表面にしか届かない場合が多くあります。それでもその人の奥深くに住んでおられるキリストに向かって語るのです。これは信仰によってしかできないことです。

Ⅰコリント3・21〜23
だれも人間を誇ってはなりません。すべては、あなたがたのものです。……一切はあなたがたのもの、あなたがたはキリストのもの、キリストは神のものなのです。

　中国の大学を卒業し、4月から北海道大学の大学院に進む青年が教会におられますが、北海道大学と関係の深い内村鑑三の、「私は日本のために、日本は世界のために、世界はキリストのために、そしてすべては神のために」という有名な言葉は、22〜23節から生まれたのかもしれません。少なくともこれが下敷きでしょう。

「一切はあなたがたのもの」です。私の手足や体はむろんですが、家族も友も、です。知力も努力もそうですが、この世界も今生起している事柄も、将来起こることも、一切は私たちのもの、私たちに授けられたものです。私たちを取り巻く環境、人々、社会、一切は私に与えられているものです。何か自己中心の考えに聞こえますが、そんなことを言おうとしているのではありません。この後の23節で、私たちはキリストのものであり、キリストは神のものであると語っているからです。それらをどう用いていくのか、私たちに責任があります。

いずれにせよ、一切は主なる神に収斂していきます。神に属し、神に帰って行きます。帰天という言葉がありますが、私たちは最後に神なる天に帰るのです。

10

マタイ7・1〜5

人を裁くな。あなたがたも裁かれないようにするためである。あなたがたは、自分の裁く裁きで裁かれ、自分の量る秤で量り与えられる。(1-2)

妻はテレビを見ていて時々、「あんな人、見たくない」と言ってチャンネルを切り替えます。しかし私も、簡単に人を裁いています。「人を裁くな」との教えは、一番苦手な、痛い教えです。たとえ口で裁かなくても、心の中でしばしば裁いています。若い頃はこうではなかったと思うのに、年齢と共に増えている気がして、これはいけないと自戒しています。

たとえば、道を歩いていて、その人の中身をまったく知らないのに、服装や歩き方、人相までチェックして、丸やバツをつけている自分がいます。実に浅ましい、厚かましい振る舞いです。先入観のない、澄んだ、清い心を持たなければならないと思います。

この聖句の原文は、「裁くな。裁かれないために」と簡潔で力強い言葉です。率直です。この場合はどうの、あの場合はどうのと条件をつけません。イエスは裁きそのものを禁じられたとしか思えません。裁きは神の領域であり、神の御手の中にあるもので、人への裁きは越権行為になりかねません。また裁くことは裁かれることになります。身から出た錆は口に苦く、痛さが身に沁みます。

11

マタイ7・6
神聖なものを犬に与えてはならず、また、真珠を豚に投げてはならない。それを足で踏みにじり、向き直ってあなたがたにかみついてくるだろう。

「神聖なもの」とか「真珠」とあるのは、もちろん実際のそれではなく比喩です。イエスの教えや福音の真髄を指しているのでしょう。例えば5節までのイエスの教えと見てよいでしょう。

犬とか豚と言うのは、異邦人や異教徒を指すという解釈がありますが、これはイエスの福音の価値のわからない者たちのことを指しているのでしょう。与えても真価がわからないので、尊い物や教えを踏みにじるのです。それだけではなくハタ迷惑だとさえ思うので、踏みにじった挙句、口を開けて嚙みついてくるのです。

イエスは命の言葉を語られました。イエスご自身が命の言葉でした。そこに私たちを養う多くの大事な宝が隠されていますが、不要な人には、耳障りな言葉以外ではなく、罪を指摘されて自尊心を傷つけられる言葉と映るかもしれません。そうなれば、イエスもイエスの言葉も踏みつけ、攻撃してきて、あなたをズタズタに引き裂くかもしれません。現実にありうることです。イエスはお人好しではありません。世の現実をよく知っておられました。犬や狼のように牙をむき出す人たちが、あちこちにいるのを知っておられたので、いわば真の羊飼いとして、羊たちを守るためにこう言われたのです。

ヤフーやグーグル記事へのコメント欄を読めば、人の腹からどんなにひどく人を傷つける言葉が飛び出て来るかがわかります。ただ、その人がまだ神の愛に接したことがないだけで、愛を知れば別の人間に必ず生まれ変わるでしょう。

12

ルカ10・25〜37
翌日になると、デナリオン銀貨二枚を取り出し、宿屋の主人に渡して言った。「この人を介抱してください。費用がもっとかかったら、帰りがけに払います。」(35)

善きサマリア人は、自分に迷惑が降りかかっても、「人にしてもらいた

いと思うことは何でも人にした」人（マタイ7・12）でしょう。彼は翌朝、宿の主人に、「最善のことをしてあげてください。費用が余分にかかれば帰りに支払います」と言い残して、旅を急ぎました。犠牲を払ってでも私は致しますという愛は、愛された人でなければ中々出てきません。自然に湧いたものではなく、キリストに出会って初めて生まれる新しい生き方、愛の態度です。キリスト譲りの愛とでも言いましょうか。

　こんな意味の文を読みました。車を運転する人は誰でも人に怪我をさせないように運転する。自分がしてほしくないことを人にしない。これは当然であり、自然に生まれる。だが、運転中に道路で誰かが足を痛めて倒れているのを見たので、自動車を止め、その人を乗せて病院に運ぶ。これはしなくてもいいかもしれないが、するのは自発的だ。犠牲を払ってでも人々に親切にすること。ここに愛があり、これが人の美しい姿だ。そのために勇気が必要であり、犠牲を払う覚悟、手間を取らせられる覚悟、意志が必要であり、愛だけがこれをする、と。

　これは現実に、アヴィニョンの街を旅行者として歩いていた妻に起こった出来事です。重いスーツケースを持って前のめりに転倒し、顔面が血だらけになった時、通りかかった反対車線の車の人が、十字路ですぐUターンし、車を降りて急いで手当てをしてくれただけではなく、救急車を呼んでくれたのです。何人もの人だかりができました。これは記念になると、私は写真を撮っていて後から叱られました。車の人に、「あなたは現代の善きサマリア人です。ありがとう」と言ってお礼を言いましたが、名前も住所も聞くのを忘れました。

マルコ11・1〜3

13

向こうの村へ行きなさい。村に入るとすぐ、まだだれも乗ったことのない子ろばのつないであるのが見つかる。それをほどいて、連れて来なさい。(2)

　「まだだれも乗ったことのない子ろば」という言葉は、強調された言い方です。イエスは、その生涯のクライマックスに、いわばズブの素人である子ろばを用いられたのです。人間なら素人でも多少は心構えを話して聞かせることもできますが、相手が動物では致し方なく、出たとこ勝負です。

初めて人に乗られて、子ろばはびっくりして飛び上がったかもしれません。少し歩けてもヨタヨタしたでしょう。それでも少しずつ慣れて、オリーブ山の平坦な所は歩けるようになったでしょうが、エルサレムに入城するには急峻な場所もあります。人を乗せて、そこで転べば足を折るかもしれません。

　私たちは、まだイエスをお乗せしたことがない子ろばかもしれません。イエスのためにまだ献げ切ったことがない存在。洗礼を受けて何年にもなるのに、一度も献げ切っておらず、イエスのご用のためにお仕えしたことがないと思っている方もいるでしょう。

　思い切って献げ切る時に、自分の力を越えて歩むことが可能になります。神の不思議な力が与えられて、バランスを取って進むことができるのです。後から考えれば、そこには「神の働きがあった」「聖霊がお支えしてくださった」としか言えないようなことが起こります。イエスに用いられる時に、「ああ、これでいいんだ」と、心に平和が訪れます。また喜びを知ります。人生とは何かを、魂の方向性を、その目的を知るからです。私たちの本当の源はどこにあるかを知るのです。

　私自身、サラリーマンをやめ、約50年の牧師生活でそれをいろいろな場面で味わいました。これは人の業ではありません。ただ神の憐れみでした。神のお導きであったとしか言えません。

14

ヨハネ10・1〜6
門番は羊飼いには門を開き、羊はその声を聞き分ける。羊飼いは自分の羊の名を呼んで連れ出す。(3)

　羊飼いの大切な仕事の一つは羊を集めることです。
　イエスは太い釘で十字架に磔にされ、強烈な痛さで一切身動きできず、何もできない状態に置かれました。万事休すとはこのことです。ところが、この空気の流れすら止まった状況にあって、イエスは、苦しめる人らを敵視するのを拒んで（ルカ23・34）敵をも救し、ゴルゴタに集まった人たちのために祈られたのです。
　いわば学校の先生が、運動会で合図の笛で子どもたちを集めるように、

イエスは十字架の上から全世界に向かって愛の笛を鳴らされたとも言えるでしょう。ご自分の命を注ぎ出しつつ、敵視する人も敵と見なさず、友よ、帰れと、愛の笛を鋭く吹かれたのです。それだけではなく、歴史の後々の人たちにまで、愛の笛を高く吹かれたのです。どんなに神から離れ、救いから遠く隔たった所まで行ってしまった人も、また神なく孤独な場所に行ってしまい、苦しみを抱えておののく人も、1人も滅びず救うためです。

　イエスが「羊の門」であり、救いの門であるとは、そういう全人類にまで広がる意味を持っています。そして、群れを集めて大きな群れになさるのは、十字架の出来事による罪の赦し、復活という新しい希望の到来以外によってではありません。そこにおいて、世界のキリスト教会は1つの群れになるのです。

4

15

出エジプト記 1・15 ～ 19
助産婦はいずれも神を畏れていたので、エジプト王が命じたとおりにはせず、男の子も生かしておいた。(17)

　養護老人ホームに入っている美子さんから手紙をいただきました。「教会でも何人もの人が次々亡くなったそうで、1人ひとりにご冥福をお祈りします。特に芳子さんが急に亡くなったとのこと、びっくりしました。皆が相談してるみたいな!!　でも教会では、（天にある者も、地にある者も）共に、一緒に礼拝をしていることを覚えながら、生きていくことができますよう祈ります。かしこ。」

　皆で相談しているみたいに逝ってしまったというのです。言われてみればそんな気がします。そして、これからは地上の私たちだけではなく天にある者も地にある者も、共に神を礼拝していることを覚えて生きていきましょうと、美子さんはキリスト教の大変重要な考え、神学を書いておられるのです。

　足が悪く、腰が曲がり、左手にも障碍がある美子さんは、幼少期に天涯孤独になり、左目も悪く、あれやこれやで青年時代から長く施設におられました。私よりも若いですが、学校に行けなかったので字も十分正しく書けません。ですがものごとを自分の頭で考え、心の澄んだ手紙を書かれま

す。心が賢いのだと思います。それで、素朴に真実なことをサッと書かれるのです。

　人間は心が澄んでいなければいけません。心が澄んで、濁っていないこと。複雑に考えすぎないこと。すると心が賢くなります。これが大切です。こういう心が、単純に神に仕えることへと導くのです。助産婦らがエジプト王の命令通りにしなかったのは、「いずれも神を畏れていた」からであったとあるのがそれを示しています。

16

ミカ書4・3
彼らは剣を打ち直して鋤とし　槍を打ち直して鎌とする。国は国に向かって剣を上げず　もはや戦うことを学ばない。

　ミュシャは100年ほど前のチェコの画家で、アールヌーボーの人物画家としてフランスで華々しく活躍しましたが、後半生は祖国に戻り、チェコやスラブ民族の歴史的場面を描いた画家です。今回東京の展覧会場に、巨大な油絵が20点ほど来ていました。驚いたことに、描かれていたのはプロテスタントの先駆者で、カトリック教会によって火あぶりの刑に処せられたヤン・フスや、彼の影響下で活動した人たちでした。ルターの宗教改革より約100年前の人たちで、牧師やキリスト者なら一見の価値がある作品です。

　フスの死後、フスの名にちなんだフス戦争が起こりますが、これはフスが起こした戦争ではなく、ローマ教皇がフス派に仕掛けた戦争です。私は、巨大な一枚の絵の前でしばらく釘づけになりました。戦争の場面で、負傷兵たちがあちこちに倒れ、憎悪の眼差しで敵への報復を唱えています。そこへ伝道者が来て、報復をやめよう、平和を造り出そうと説いているのです。フス派の人たちです。ところが、その伝道者めがけて1人の負傷兵が拳骨を浴びせるのです。多数の味方が傷ついている時、平和主義を説く人は少数です。笑い物にされ、怒りを買います。だが伝道者は、それでも恐れず、剣を鋤に打ち直そうと呼び掛けて、平和を説いている場面でした。

　多勢に無勢です。しかし1人であっても彼は説き続けるのです。イエスの福音を本当に信じる者は少数です。それでも説き続ける場面を描くこと

によって、ミュシャは世界に戦いの終結を訴えたかったのでしょう。

17

ヨハネ 12・46
わたしを信じる者が、だれも暗闇の中にとどまることの
ないように、わたしは光として世に来た。

　大塩清之助先生のお母さんは、78歳で亡くなりましたが、病弱な方だっ
たとお聞きしています。病弱ながら、夫と7人の子どもたちを信仰に導い
た方です。内には、強く剛毅な信仰の魂が燃えていたのでしょう。

　お母さんの祈りは、「枯葉の祈り」と題するこんな祈りでした。「主よ、
私は枯葉のような三文の値打ちもない者ですが、枯葉は枯葉なりの使命が
あると思います。どうかそれを示してください」。旧満州から引き揚げ後、
病弱で家も貧しく、結核で娘を失い、絶望しそうな闇を経験されましたが、
「枯葉の祈り」には、ひ弱そうに見えて、強く剛毅な、光である方への真
実な信頼が現れています。だから、神はこの方を用いていかれたのです。

18

雅歌 1・1～2
どうかあの方が、その口のくちづけをもって　わたしに
くちづけしてくださるように。(2)

　最後的にお裁きくださる方がおられるから、心に平和が生まれるのです。
楽になって気が晴れます。すると、この方にお従いするのが喜びになりま
す。また、この平和が心の中心を占めると、勇んで喜びに向かって進むこ
とができます。平和が不安の深淵を埋めてくれ、不安の深淵が埋められる
と、闇の中にあってもいきり立たず、焦らず、醒めた目で物事を見、さら
に希望を目指して進む勇気が生まれます。その姿は周りに希望をもたらす
基になるでしょう。

　旧約の雅歌1章に、ソロモンの雅歌とあり、「どうかあの方が、その口
のくちづけをもって　わたしにくちづけしてくださるように」とあります。
カトリックのある方が、「あの方は、ご自分で幾度もくちづけしてくださ
るでしょう」と艶めかしい訳をしていました。雅歌にはこういう艶めかし

ささえ漂います。

　この歌を歌うのは花嫁あるいは若い女性です。あの方とは花婿または恋人です。真実な、恋しい愛の人です。その人が私に甘いくちづけをしてくださるようにと願うのです。あるいは、「必ずくちづけをしてくださるでしょう」と信じて歌うのです。しかしこれは比喩であって、真実な恋しい方とは主なるまことの神を指し、花嫁は教会やイスラエル、また私たちを指しています。そしてこのくちづけは、「神の言葉」を指すと言われます。神はくちづけによって、愛を語ってくださるということです。くちづけで、神は愛を囁(ささや)くのです。雅歌はリアルな真実さをもって神の愛を語ろうとしたのです。

　神はまことの愛を持つ方。その愛は確かで、信頼できるものです。信頼できて、最後的、究極的にお裁きくださる方がいるから、私たちの心の最も深い所、その中心に平和が訪れるのです。

19

黙示録3・15〜16
わたしはあなたの行いを知っている。あなたは、冷たくもなく熱くもない。むしろ、冷たいか熱いか、どちらかであってほしい。(15)

　長く私を惹きつけて来たテゼ共同体は、貧しくなることを恐れず、財産を保証しようとすることから自由な、大胆な単純素朴な生き方を教えてくれました。富む者は守りの姿勢に入ります。私の知る何人かの億万長者はそうでした。富む教会も同様です。富に縛られて自由になれません。しかし、富や出世から自由で、飄々(ひょうひょう)と使命のために生きるテゼのブラザーらの生き方から、測り知れない力が湧いているのを教えられたのです。そのシンプルさが、今日も世界の若者、働き盛り、高齢者を惹きつけています。

　日本の多くの若者は保守的になり、これと正反対です。そのためか、韓国やフィリピンに比べ日本の若者はあまりテゼに行きません。人はその一生をどう生きようとするのか。保守的に暮らしを守って、自由を犠牲にするのか。そこからはコミックやファンタジーの世界でクリエイティブなものは多少生まれても、現実生活において真に大胆で創造的なものは現れない気がします。失っても、大胆にリスクも冒す。その時、真に新しいもの

95

が登場します。それに比べて富と豊かさの生ぬるさに身を置くと、人は歪(ゆが)んだ道に逸れやすいのは、古今東西、今も昔も変わらない真理です。

イエスは、「はっきり言っておく。一粒の麦は、地に落ちて死ななければ、一粒のままである。だが、死ねば、多くの実を結ぶ」（ヨハネ12・24）と言われました。このみ言葉は、当時も今も、永遠に真理です。

Ⅱコリント4・18
わたしたちは見えるものではなく、見えないものに目を注ぎます。見えるものは過ぎ去りますが、見えないものは永遠に存続するからです。

「大切なものは目に見えない。心で見なくちゃあ、大切なものは見えない」。サン・テクジュベリの「星の王子さま」に出てくる言葉です。神の国、そして神は目に見えません。一番大切なものは目に見えません。心で見なくては見えないのです。信仰の巡礼者たちも、心で見なければ見えない一番大切なものを遥かに仰ぎ見て巡礼の旅をしたのです。

ところで、なぜ教会は墓地を持つのでしょう。信仰の本質からすれば、復活を信じるだけで十分ではないでしょうか。地上に何ら証拠を残さなくても、主が私たちを受け入れてくださったのだから、地上の墓地は不要ではないでしょうか。これは一理ある考えです。ですがそれにもかかわらず教会が墓地を持つのはなぜか。それは、信仰をもって召された人がここに眠ることの信仰の証しとして名を刻むためです。

後世に身内の者が墓参に来てくれればうれしいですが、たとえ身内が誰一人来なくてもいいのです。キリスト教徒の少ないこの国、この時代に、この人たちはキリストを信じて生きたという現実の証しが墓です。1000年後の人がこの墓を見て、昔、西暦2000年前後の時代に、こういう名のキリスト者がいたというれっきとした証拠になるでしょう。子ども、孫、曾孫がここに来てくれればうれしいですが、たとえそうでなくても、私の信仰告白として、何々家にこういう人間が100年前にいた、500年前にいたという告白をここに残す。名前を刻み納骨することで、心で見なければ見えないものを遥かに仰ぎ見て人生の旅をしていた人間の、地上での最後の証しとなります。

21

Ⅰコリント4・14〜21
言葉ではなく力を見せてもらおう。神の国は言葉ではなく力にあるのですから。(19-20)

　君は信仰を実際にどう生きているかを見せてもらいたい。キリストを慕っているのか、現実生活でキリストに救われ、慰められ、救いの喜びに生きているのか。もしまだなら、謙虚になって心から道を求めてほしい。洗礼を受けても、一生求道的であってよいのだ。信仰の核心を捉えていないなら、何とか救いを得ようと求め続けるべきだ。それが洗礼を受けた者の姿だ。信仰は口先ではなく、ダイナミックに生きて働く神の力に生きることである。その力を見せてもらいたい。……このようにパウロは、父親が愛する子を諭すように愛を込めて説くのです。

　この間近くの川べりを歩いていて、太くなった桜や欅(けやき)の幹が川の頑丈な鉄柵を押して、あちこちで曲がっているのを見ました。鉄柵の方も負けじと頑張って太い幹を深くえぐり、幹に食い込んでいました。静かな川辺で鉄柵と幹との壮絶な闘いがなされているのです。10年後か、20年後か、そのうち木の力が頑丈な鉄柵を壊すでしょう。時間の問題です。木が生きていれば必ず鉄柵をねじ伏せます。

　神の国を信じる信仰も、言葉ではなく、命と力にあります。これはキリスト教信仰に対する偉大な喝破(かっぱ)です。「高ぶって」(18)とあるのは、膨れ上がること。実際の力より大きく膨張すること。しかし、膨れ上がった高ぶりから生じるのは、空疎な言葉です。内容のない言葉が空を舞います。しかしそういう言葉ではなく、み言葉から生まれる信仰と義、愛と命に満ちた力、実のなる力を見せてほしい。パウロはガラテヤ書で、御霊の実は愛、喜び、平和、寛容、親切、慈愛、柔和、節制と語りますが、神の国への信仰は、こうしたすばらしい力を着実に生み出すものだとパウロは見ています。

22

マルコ 16・1 〜 8

さあ、行って、弟子たちとペトロに告げなさい。「あの方は、あなたがたより先にガリラヤへ行かれる。かねて言われたとおり、そこでお目にかかれる」と。(7)

　白い服の若者から示されたのは、女性たちの歩みは墓で終わらず、今まで考えもしなかった新たな旅がこれから始まるということです。この人たちはこの朝、新しい一歩を踏み出したのです。それはやがて 21 世紀の今の日本の私たちにまで続く道になります。

　ある年、フランスから飛行機でロンドンに帰り、空港からセント・パンクラス駅に着きました。駅構内は威風堂々としてどこか神々しささえ漂い、思わず膝まずきたい雰囲気を持っていました。外に出てその壮大さに圧倒されました。セントとつくので昔の巨大な修道院か宮殿かと思いましたが、1868 年、日本で言えば明治初年に、西暦 300 年頃の 14 歳の少年セント・パンクラスを記念して建てられた駅舎だと知りました。

　少年は当時、ローマの官憲から信仰を捨てよと命じられます。だが断じて捨てず、頑強に信仰を貫いて殉教しました。少年にして威風堂々たる人物だったようです。それでその少年のように、イギリスは威風堂々、単純にして素朴、意志的でありたいというので駅名にその名をつけたようです。いずれにせよ、イエスの復活による新しい歩みがなければ、セント・パンクラス少年の殉教も、彼の名を冠するロンドンの圧倒する壮大な駅舎もなかったのです。むろん日本の教会も、です。

　イースターは、これまで考えることもなかった新たな旅の始まりであり、イエスに従う者らは、ガリラヤのイエスというこの新しい始まりに向かって歩み出すのです。

23

ヨハネ 12・24 〜 26

はっきり言っておく。一粒の麦は、地に落ちて死ななければ、一粒のままである。だが、死ねば、多くの実を結ぶ。(24)

　イエスは人生の真実を逆説的に喝破されました。
　ある年、「ピーター・ラビットのお話」など、多くの絵本を書いたベア

トリクス・ポターの家を訪ねました。イギリス北部の湖水地方は、今も大自然の中にポツ、ポツと家が点在する淋しい所です。彼女は今から100年ほど前、いわば一粒の麦として首都ロンドンからこの地に移って来て、この地に自分を蒔いた人だと言ってもいいでしょう。湖水地方の自然や村人から都会にないものを得て、すばらしい絵本を生みました。

今でこそ多くの人が訪れますが、当時人々がほとんど顧みない地で、彼女は物語を紡ぎ出し、この寂しい地を、100年後には世界の人を惹きつける土地にしたのです。彼女の愛読した聖書が2階の書斎に開かれていました。見ると、詩編23編から26編のページでした。

彼女は評判の絵本作家として大金持ちになり、ここに大邸宅を構えたのではありません。絵本の印税で次々と農地を買い、膨大な農地を所有しますが、やがて建物、土地、財産を一切、ナショナル・トラスト（自然保護運動）に匿名で寄付したのです。彼女は信仰に基づく、環境保護の闘士だったと言われます。「心を高く挙げ、岩のように堅く立て。信仰に立て。それは人類すべての唯一つの安らぎである」という刺繍の縫物が残っていました。

湖水地方で1人の真実な魂が生きたのです。人々は、単にピーター・ラビットという人気の絵本に惹きつけられているのではなく、その背後にある、信仰者の高貴な魂に惹きつけられているのです。

24

マルコ9・17〜24
イエスは言われた。「『できれば』と言うか。信じる者には何でもできる。」その子の父親はすぐに叫んだ。「信じます。信仰のないわたしをお助けください。」(23-24)

Aさんが旅立たれました。パスポートも航空券も持たずに、空高く彼方へと旅立って行かれました。24日の深夜、たった1人で布団の中から旅立ったのです。25日の礼拝に来られなかったのはそのためです。普段、教会から帰る時は、玄関で、「それではまた来週にお会いしましょう」と言って帰られたのに、今回は誰にも挨拶なしに、平和なお顔で旅立たれました。

個人的な事情のため、教会でお別れができませんでした。最近は犬猫で

も火葬前に読経すると言います。ならばどうして、祈りも心を込めた賛美もなく、私たちの愛するAさんを見送ることができましょう。それで私たちは葬祭場で賛美歌を歌い、祈りをしてお見送りしました。

Aさんは、私たちの中で一番、「信仰のないわたしをお助けください」と祈っていた人だと思います。「自分にはこれがある」「あれがある」「何を為した」「何を持っている」、そういう世界から締め出され、有名校を出た同級生がみな社会で活躍する中、世の片隅で入退院の生活を続けました。それでも、「信仰のないわたしをお助けください」とそのまま言えた人でした。

ところで、10章17節以下に出てくる財産家もAさんのように、「信仰のないわたしをお助けください」と、イエスの前に堅く踏み留まって助けを乞えばよかったのです。そうすればAさんのように喜びの内に永遠の命に与ったでしょう。

25

マルコ4・35〜41
弟子たちは非常に恐れて、「いったい、この方はどなたなのだろう。風や湖さえも従うではないか」と互いに言った。(41)

"You Raise Me Up" という歌があります。哀調を帯びた静かな曲ですが、欧米で大ヒットしてナンバー・ワンにチャートされ、今もあちこちで歌われています。スケートの荒川静香さんが2006年のトリノオリンピックでゴールド・メダルを取った時に流された曲です。訳してみました。一番だけ記すと、こんな歌詞です。

　　私が落ち込んでいるとき、
　　ああ、魂がひどくくたびれ、
　　トラブルが起こって重荷で心が滅入るとき、
　　黙って、ここで待ちます。
　　あなたがおいでになり、
　　私のそばでしばらくお座りくださるまで。

重荷を負って心が滅入る自分を素直に歌って、キリストがおいでくださるのを静かに待ち続ける。こういう静かな歌が欧米でヒットしたのです。

繰り返しでは、「あなたは私の心を引き上げてくださる。だから山の頂きに立つことができ、荒れ狂う海の上も渡って行ける。あなたに負われ、強くあることができ、あなたは私を奮い立たせてくださる」と、キリストが共にいてくださることの力強さを高らかに歌い上げます。

歌は日本語にも訳されていますが、「あなた」を恋人に見立てて訳しています。恋人が、私の心を引き上げてくれる、励ましてくれると歌います。そのためか、日本の歌手が美声で歌いますが、この歌が元々もつ、憂愁とあこがれと希望の響きが醸し出されず、安っぽい恋の歌に留まり、残念にも魂の深い所からのスピリチュアルな歌になっていません。

確かに私が弱った時、キリストがおいでくださるなら、風や湖さえ従い、私の心は晴れ晴れし高揚するでしょう。

26

マタイ 7・13 ～ 14
狭い門から入りなさい。滅びに通じる門は広く、その道も広々として、そこから入る者が多い。しかし、命に通じる門はなんと狭く、その道も細いことか。それを見いだす者は少ない。

中国の人権活動家でノーベル賞を受賞した劉 暁 波(リウシャオボー)さんが、欧米での治療が許されず癌で亡くなりました。この方は、社会が変わるために、非暴力という「狭い門」から入ってそれに生きた方でした。友人に牧師やキリスト者を多く持ち、キリスト教の影響を強く受けていましたし、キリスト教界に影響を与えました。天安門事件のあと、「零八憲章」（中国共産党の一党独裁の終結、三権分立、民主化推進、人権状況の改善などを求めた宣言文）が出された時は、303 名の署名者の 1 割がキリスト者でした。日本からの独立運動だった朝鮮の 3・1 独立運動の署名者たちに似ています。

天安門事件の時、騒然とする中で学生がどこかから銃を持って来ました。しかし彼は直ちに取り上げ、皆の前で壊しました。棒を持つことも禁じました。劉さんは「恨みを捨てよう。恨みは私たちの心を蝕(むしば)む。私たちに敵はいない」と訴え、「最大の善意を持って政権の敵意に立ち向かい、愛によって憎しみを消し去ることができるように望んでいる」と説き続けました。イエスが説いた、敵をも愛する精神が結晶したものと言えます。

「狭い門より入れ」。これは個人的な問題から、国や国際間の極めて今日

的な問題までを解決する鍵であると言っていいでしょう。

27

マタイ7・13
狭い門から入りなさい。

　誤解のないように注意してお聞きいただきたいのですが、キリスト教信仰というのは、神を信じることではありません。神ではなくキリスト・イエスを信じるのです。神は信じられなくてもいい。イエスを信じることです。神を信じようとしても、神はいるのか、いないのかわかりません。いったい誰がわかるでしょう。いるとも、いないとも言えます。だから、神は信じられなくてもいい。キリストを信じればいいのです。

　ところが、キリストを信じる時に、神がわかってきます。キリストに導かれ、神の愛がグングンわかってきます。そしてこのキリストを通って、神と交わり、神の命に、その喜びに至ることができるのです。

　イエスという狭い門から入って、永遠の命に与るのです。

28

エレミヤ書35・1〜19
レカブの子ヨナダブの一族が、父祖の命じた命令を固く守っているというのに、この民はわたしに従おうとしない。(16)

　エレミヤは頭の柔軟な人で、レカブ族というユダでは傍流の民族にも耳を傾け、良いものは信仰に取り入れ、主の栄光のために生かそうとしたのです。

　ある年、高野山でキリスト者を中心にした研修会がありました。高野山での研修は珍しく、他宗教にも開かれているので彼らも加わっていました。で、高野山の高僧たちから、曼荼羅(まんだら)の意味など、いわば密教の奥義中の奥義についていろいろと講義を受けました。

　高野山は弘法大師空海が開祖ですが、大師亡き後も大師は生きているとされ、生きているなら日々の食事が必要とされて、奥の院の廟(びょう)に1日2回食事をお持ちし、約1200年間1日として欠かさず続いていると説明して

いました。生きている人に出すので、供する前に必ず毒味もします。食事係は、大師に直にお仕えする役目です。メニューは、最近ではパスタやシチューもあるそうです。

いずれにせよ、頭を柔軟にすれば、私たちは高野山や空海からも教えられます。空海は今も生きているとして1200年間食事を供しているとすれば、イエスは、「今も生きておられる」と信じるキリスト教は、食事は不必要にしても、イエスの復活をもっと、もっとリアルに感じて生活し、それを語り伝えなければならないでしょう。教会は儀式化を極力排し、活き活きとキリストに触れる所にしなければなりません。

エレミヤのレカブ人からの学びの目的は、ユダの人々の信仰の活性化であったということです。

ルカ 12・24
鳥のことを考えてみなさい。種も蒔かず、刈り入れもせず、納屋も倉も持たない。だが、神は鳥を養ってくださる。

Kさんが、59歳で急逝しました。今もフッと思い出します。高校時代に心の病を発症。入退院を繰り返しました。向学心旺盛で知的な青年がこの病に一生捕まり、仕事につくことも結婚もできず、父の遺産が尽きて晩年は生活保護を受けました。その人生を唯一救ったのは、青年時代にイエスに出会ったことです。晩年、信仰のよい交わりで心に余裕が生まれました。初めは自信がなくて言葉もしどろもどろ。ですが、次第に心の落ち着きを得て主を仰いで祈る者になり、聖書研究の発題をしたり礼拝でヒムプレーヤーの奏楽を担当したりして、神からいただくささやかな喜びに生きる者になられました。少しずつ進歩する姿に、私たちも喜んでいた矢先、心臓発作で逝かれたのです。

そしてその数か月後、今度はHさんが105歳で召されました。巨星墜つ、大物が逝ったと言われました。生活習慣病という新語を作り、病気への取り組み方を変えた方です。老いを創めると語り、老い方を自分風に創ることを提唱し、75歳以上の「新老人の会」を作り、国民のホームドクターのような存在で、率直にものを言い、最後まで人生の指針を与えた功績は

大きいでしょう。よど号ハイジャック事件後、今後は他者のために命を使い、ミッション（使命）に生きようとされました。

　HさんとKさんと、どちらが善い人生だったでしょうか。投票すれば圧倒的多数でHさんでしょう。ですが、神の前ではわかりません。どちらも、善い人生だったのではないかと申し上げたいのです。もしHさんの方が善い人生で優っていたとなれば、では、私も、あの人も、この人も、Hさんの人生より劣ると結論づけられそうです。はたしてそうなのでしょうか。Kさんも私たちには決して小さくなく、多くの示唆をいただきました。彼は、何よりも神の無償の愛を指し示しました。HさんもKさんも等しく神が養ってくださったのです。

30

コヘレトの言葉3・11
神はすべてを時宜にかなうように造り、また、永遠を思う心を人に与えられる。

　ディシェイザーという宣教師がいました。1941年、日本軍によるハワイ真珠湾の奇襲攻撃を聞いて報復を決意し、日本本土への最初の爆撃に加わりました。ところが、帰路に墜落して捕まり、もの凄い拷問を受けて終身禁固刑になり、戦争犯罪人として獄中生活をしました。仲間3人は火責めと銃殺刑で殺されました。それでも彼は、国際法違反の奇襲攻撃への憎悪から、反抗し続けて看守を手こずらせたそうです。

　その彼が収容所で聖書に触れ、回心しました。人の罪を指弾する自分の中にもある罪に気がつき、神に罪を告白して救われたのです。以後、神に一切を捧げる決心をし、いかなる者にも、「憎しみを捨て、敵を愛そう」と決意。不当な仕打ちを受けても、そのまま神に一切を委ねて耐え、日本語を学んだそうです。虐待する看守にも、「オハヨウゴザイマス」と進んで挨拶をしました。一切を神に委ねた時、「私の命に新しい力が宿った。私は自制心と意志の力が弱かったが、今敵さえ愛することができる力を得た」と感じ、「世界はイエスを必要としている。キリスト抜きでは、憎しみや悲惨な戦争が起こる」と考えたそうです。戦争が終わって故国に戻ってから宣教師になる決意をして、戦後の日本に再びやって来たのです。

このディシェイザーの姿に影響を受けたのが、真珠湾攻撃の総隊長だった淵田美津雄という軍人です。彼は戦後、戦時中に日本人捕虜が米軍にいかに酷く扱われていたかを元捕虜から聞き出そうとしますが、驚くべきことに、その扱いがいかに人道的であったかを知って衝撃を受けます。日本軍の扱いと全く違ったのです。

　さらにディシェイザー宣教師を知って再び天地がひっくり返る衝撃を受けます。それからは彼も聖書を読み始め、やがて信仰を持ち、渡米して自らの証し、キリスト教への回心、罪と犯罪の告白、日本の軍国主義の問題を世界中に伝えたのです。かつての軍国主義者、淵田に奇跡が起こったのです。ディシェイザーの回心が淵田美津雄の回心へとつながり、共に永遠を思う心を与えられ、平和の使徒として証しの人生を送りました。神のなさることは実に不思議です。その時宜に適って美しいのです。

5
月

1

マタイ 19・14
イエスは言われた。「子供たちを来させなさい。わたしのところに来るのを妨げてはならない。天の国はこのような者たちのものである。」

　知人が歳を取り100歳を越えました。当時、100歳を越える人はあまりいませんでした。幼稚園の園長として、長くキリスト教保育の世界ですばらしい活動をされた方です。ですが100歳を越えた頃から認知症になり、一切キリスト教の「キ」の字も言わなくなったのです。
　信仰は、神を信じて、その信仰を自覚的に告白することが大事です。でも一切そういうことがなくなったのです。では、この方は救われないのでしょうか。
　知人はすっかり子ども返りして、母の胸にある幼な子のようになったのです。母の胸に委ね切った幼な子が、どうして自分は親から捨てられると考えるでしょうか。神の恵みへの全幅の信頼があります。一方的な恵みへの揺るがぬ確信です。認知症で、信仰の「し」の字も出なくなってもいい、イエス・キリストはそのままで救ってくださるのです。自分自身がわからなくなっても、そのまま委ねればいいのです。
　認知症になるのは耐えがたいと思う人がおられるでしょう。ですが、ご安心ください。「神は真実な方です。あなたがたを耐えられないような試練に遭わせることはなさらず、試練と共に、それに耐えられるよう、逃れる道をも備えていてくださいます」（Ⅰコリント 10・13）とは、こういう場合も含んでいます。
　認知症になろうが、再び幼児に返ろうが、イエスさまは、私がこうなったすべての理由といきさつをご存じです。認知症になって自分の名さえわからなくなった私たちをも見て、人々に、「子供たちを来させなさい。……天の国はこのような者たちのものである」と、目を細めて語られるでしょう。

> マルコ 15・37〜38
> イエスは大声を出して息を引き取られた。(37)

2

　薬物依存から抜け出すことを願って、時々NA（薬物依存からの回復を目指す人たちの集まり）に来る人たちの中に、左腕にリストカットの無数の傷を持つ女性がいます。高校時代に始まり、長い間、剃刀でリストカットを繰り返して自分を傷つけてきた若者です。人間関係など複雑な原因があったようで、気の毒で胸が締め付けられます。

　腕にたくさんの糸を雑然と巻いたような、無数の切り傷が盛り上がって、初めて見ると誰もが思わずハッと息を飲むでしょう。ある時、何十本もあって盛り上がった傷に触れさせていただきましたが、熱い涙が胸にこみ上げてきました。何重も盛り上がった傷は彼女がいかに苦しんできたかのれっきとした証しです。私はその時、涙と共に、キリストはこの傷のままのあなたを愛しておられると声を大にして叫びたくなりました。

　キリストは、2度と拭えない古傷を持つ私たちを愛し、そのまま受け入れて平和をくださる方です。愛のキリストはラザロの墓で熱い涙を流し、飼う者のない羊のような多くの群衆を、スプランクニゾマイ（はらわたが引きちぎられるほどの痛みと悲しみを持って深く憐れむ）の聖なる慈しみ、最高の慈悲をもって、深く、深く黙って愛されるのです。十字架上で大声を出された人生最後の叫びは、ご自分を救わず、万人を救うために、救ってその魂に平和を授けるために発せられた声でした。

> 詩編 131・2
> わたしは魂を沈黙させます。わたしの魂を、幼子のように　母の胸にいる幼子のようにします。

3

　幼な子を見ていると、母乳を飲みながら、時々母の目をじっと見つめていて、目が合うと急ににっこり笑ったりします。幼な子は母の笑顔を見て、自分を愛し、甘える自分を許してくれる人が抱いてくれているのを知って、にこやかに笑うのでしょう。しばらく母の目をしげしげ見て、ニコッとす

109

る。そうして安心すると、別のものに目を向けたり、他のことをしたりしています。瞬間的ですが、この一瞬の母の笑顔とのアイコンタクト。これが重要なのです。子どもは親の愛の目で育つのです。

　私たち信仰者も、自分に注がれる神の愛の目を見て喜び、感謝するのです。その時に信仰が育つのです。詩編に、「主よ、み顔を向けてください」とあるのがこれを求める祈りです。これが信仰の基本の姿だといって過言ではありません。幼な子が無心に遊べるのは、母の愛情が確信できるからです。そのような環境を作ってあげるのが大人の責任ですが、神は、イエスを遣わしてそのような環境を作ってくださったのです。

4

Ⅰコリント10・13
神は真実な方です。あなたがたを耐えられないような試練に遭わせることはなさらず、試練と共に、それに耐えられるよう、逃れる道をも備えていてくださいます。

　40数年前に妻が教師をしていた時の教え子7人が、有り難いことに先生と慕って教会に集まり、同窓会をしてくれました。50代の方々です。

　これまでで良かったことや苦しかったことを話してもらったそうですが、中に、若くして結婚し、2児をもうけ、借金を抱え、過重な労働をして合計7回も職を変わり、今も家族のために苦労している教え子がいたそうです。彼は信仰を持っていませんが、塗炭の苦しみを舐めながらも生きる道を授けられてきたというのです。またある女性は離婚し、同じ男性と再婚し、再び離婚。その後も認知症になっていた元夫の母親の世話を5年間もしているという、涙の谷を通って来た教え子もいたそうです。

　皆、逆境を投げ出さず、綱渡りの生活をしながら懸命に生きてきました。そんな中でも友だちが与えられ、克服の道も与えられて今日まできたといいます。こうした教え子の人生を聞き、すごく頑張ってきた皆の姿に力を与えられたと妻が夕の食卓で話してくれました。恵まれた環境の中ですんなりと育った優等生より、いろいろな重荷や苦労を負ってきた子の方が、人間として伸びたり、味があったりして今に至っているようです。

　パウロ自身、生きるための苦闘を散々経験し、この世の生き地獄を何度も見てきた人です。神は試練を与えられますが、それと共に逃れる道やそ

れを背負っていく道も備えられているのを、パウロは経験から知っていたのです。

5

コヘレトの言葉4・9〜12
ひとりよりもふたりが良い。共に労苦すれば、その報いは良い。倒れれば、ひとりがその友を助け起こす。
(9-10)

結婚生活が楽しく意味がなければ、誰も結婚しません。しかし現実の結婚生活は甘さだけではありません。もちろん悲観的なことばかりでもありませんが、多くの人は本音を言えば、何かと苦労があり、面倒くさく重荷になることがあります。好きで一緒になったのに、いつのまにか考えの違いが広がり、それでも折り合いをつけなければならないわけですから、気を遣わないと共同生活は長続きしません。忍耐が要ります。

確かに子どもはかわいいです。それで救われます。ところがかわいいと共に子どもが原因で心配が生まれ、苦労の種となります。夫と妻2人の教育方法の違いだけで、抜き差しならない葛藤を抱えることもあります。

コヘレト書に、「ひとりよりもふたりが良い。共に労苦すれば、その報いは良い。倒れれば、ひとりがその友を助け起こす。倒れても起こしてくれる友のない人は不幸だ。更に、ふたりで寝れば暖かいが　ひとりでどうして暖まれようか」(9-11)とあるのは本当です。苦労がたくさんあってもわかち合えば、喜びが生まれます。「わかち合われた苦労は喜びに変わる」(マザー・テレサ)のです。わかち合いです。それが家庭を幸福に豊かにします。

6

Ⅰコリント7・29〜31
定められた時は迫っています。今からは、妻のある人はない人のように、……世の事にかかわっている人は、かかわりのない人のようにすべきです。

パウロは、信仰者は世事にかかわるな、世から身を引いて生きなさいと語っているのでしょうか。そこがよくわからないという人が多くいます。

ヨハネ福音書は、「その光は、まことの光で、世に来てすべての人を

111

照らすのである」（ヨハネ1・9）と、イエスの到来を告げます。イエスは、暗い現実の世界に来て光を灯されました。私たちと連帯し共に生きられました。そうであるなら、「イエスを信じる私たちはこの世から身を引け」というのは、イエスに従う者として理屈に適いません。つまり、パウロが、妻ある者も、泣く人（30）も世事に深入りせず、ほどほどにせよとここで勧めたとは思えないのです。本当は微妙に違ったことを言おうとしたのではないかと思うのです。時が迫り、絶対的な方が来られるから、「所有する」のではなく妻を愛し、「感情的」にではなく寄り添って真実に泣き、「有頂天」ではなく落ちついて喜び、「いい加減に」ではなく、世事に「淡々と」関わるようにと勧めたのではないでしょうか。

　潜水夫は海に潜って作業をします。潜水病にならないために必ず何分かで浮上しますが、潜水時間が短い分、水中では集中して作業しなければなりません。海の中で浮上ばかり考えていたのでは作業になりません。必ず何分かで海面に上がれるから専心して作業に打ち込むのです。希望を持って打ち込めるのです。

　人は相対的な世界で生きていますが、今や絶対的な方が来られる、その時が切迫しているからこの方を知って生きなさい。「深入りするな」ではなく、イエスは深入りされたのです。主という絶対的な方が来られるから、それを確信して、私たちも喜ぶ人と共に喜び、泣く人と共に泣くほどに世に関わり、苦しむ人と共に生きなさいと説きたいのではないでしょうか。

Ⅰコリント9・13〜18

7

わたしの報酬とは何でしょうか。それは、福音を告げ知らせるときにそれを無報酬で伝え、福音を伝えるわたしが当然持っている権利を用いないということです。

（18）

　春から秋まで庭の土の上に置いていた植木鉢を動かそうとしたら、ほとんどの鉢の底から根が出ていて、鉢を持ち上げても動かないのです。バラや菊、ブーゲンビリアやアジサイの鉢でした。パウロは神とキリストという大地に本当に根を下ろした人です。そして、ここに、自分だけではなく私たち全人類が深く根を下ろせるお方がおられることを知ったのです。それを何とかして伝えたいと思い、それができることが最高の喜びでした。

イエスに赦された罪の女は、高価なナルドの香油を惜しげもなくイエスに注ぎました。すると部屋中に芳しい香りが満ちあふれました。パウロもこの女に似て、惜しむことなく自分をキリストに差し出しました。キリストの愛が熱く彼に迫っていたからです。そしてそれができるのが彼の人生の最高の喜びだったのです。

　彼にとって福音伝道はビジネスではありません。それは喜びなのです。なぜなら彼はキリストから莫大な恵みを受け、人間性が根本的に創り変えられたからです。だから自分の報酬とは、伝道者の権利を利用せずに無報酬で福音を語ることであり、その結果1人でも多くキリストを信じる者が生まれること、すなわち神の栄光のために生きることだと語るのです。彼はキリストに深く根ざし、生きるにしても死ぬにしてもキリストが公然とあがめられるようにと切に願い、獄中にいても、無一物になっても、喜びをもって生きました。

8

Ⅰコリント9・19〜23
すべての人に対してすべてのものになりました。何とかして何人かでも救うためです。(22)

　口のうまい人はいっぱいいます。滔々と自説を述べて人を惹きつける人もたくさんいます。ですが、どんな雄弁でも互いに心を通わせずには福音を伝えることはできません。相手の心に何かがいっぱい詰まっている間は、聞く耳を持ちません。ですから伝道はまずじっくり耳を傾けることから始まります。その人の心が空になるまでよく聞いて、初めて相手はこちらの言葉に耳を傾けます。相手が8割、自分は2割と何かの本にありました。気付けば喋りまくっていることがありますが、「聞くに早く、語るに遅く」ということを、鉄則にしたいと思います。

　パウロは、「弱い人に対しては、弱い人のようになりました。弱い人を得るためです」(22)と語ります。「弱い人」とは、力の欠如している人、無力な人、病める人などです。強い人には強い人のようになったとは言いません。イエスは、失われた一匹の羊を探される方です。だから弱い者やマイノリティ、少数者の所に行かれました。「わたしを信じるこれらの小

さな者の一人をつまずかせる者は、大きな石臼を首に懸けられて、深い海に沈められる方がましである」（マタイ18・6）と語り、弱い者、小さい者、力の欠如した者の側に立たれました。パウロもキリストに従ってそのように低くなろうとしたのでしょう。

そしてこれらはすべて、「何とかして何人かでも救うためです」と語ります。「何とかして何人か」をです。私たちが、何とかしてこの方を救っていただけないかと願う時は、いつのまにかその人のために祈っています。神に執り成しています。いろいろその人に問題点があると思っても、悪口を言わずに祈ります。伝道は祈りから始まるのです。その人のために祈ることなしに伝道はありません。

Ⅰコリント9・24〜27

9

あなたがたは知らないのですか。競技場で走る者は皆走るけれども、賞を受けるのは一人だけです。あなたがたも賞を得るように走りなさい。(24)

「知らないのですか」とは、もちろん、「よく知っているでしょう」という意味です。古代オリンピックは約1100年間続きました。紀元前770年頃にギリシャのオリンピアで始まり、西暦393年までの間です。ギリシャ人なら、オリンピック競技は誰でもよく知っていたのです。競技に大勢が参加しましたが、むろん栄冠を得るのはただ1人です。

彼は競争をかき立てているのではありません。人生の競争は、1人だけが賞を得るのではないからです。自分を甘やかさず、一等を目指そうというのです。自分に厳しい、甘やかさぬあり方です。もちろん、それが厳しいかどうかは神と自分にしかわかりません。

「競技場で走る者」とあります。古代のオリンピック・スタジアムは、1スタディオン（約185m）のコースがありました。このスタディオンはアテネやオリンピア、その他では長さが違います。そのことに興味を惹かれます。現在のスタジアムという言葉は、このスタディオンが由来で、1スタディオンは日没に太陽が水平線に沈み始める瞬間から、すっかり沈み終わる瞬間までの約2分間に、人が歩く距離を指すと言われています。

パウロは、国や皇帝からではなく、キリストから賞を得るように生きな

さいと勧めます。もちろん彼は、自分だけがキリストから褒められたいというのではありません。皆が一着を目指し、自分自身と戦って走ろうではないかと誘うのです。人生は自分との闘いなしには進むことができません。自分へのチャレンジのない、自分に打ち克たない生き方は、次第に心が鈍り、惰性的になり、明るさも失いがちになります。

使徒 1・3
四十日にわたって彼らに現れ、神の国について話された。

10

40 日は聖書で完全数です。正確な 40 日でなくても、弟子たちが力を得て、宣教に遣わされるのに必要な備えの期間のことです。その期間、ずっと神の国について教えられたというのです。40 日は、神の国について腹に落ちるまで理解する、時の満ちる聖なる期間だったのでしょう。

ゴールデン・ウイークに、巨峰の房に付いたたくさんの蕾を半分以下にそぎ取る間引き作業や、管理しやすいように蔓を配置する作業をしました。この作業を始めてから 4 年目に気づいたのは、ブドウの新しい蔓に房ができる位置です。新しい蔓が伸びると、4 つ目と 5 つ目の節にブドウの房ができるのです。その後はいくら伸びてもブドウはなりません。ですから、その先に 10 枚ほど葉ができた所で蔓を切るのですが、もし切らなければ、ブドウの実に十分栄養がまわらないのです。この簡単なことを知るのに丸 4 年かかりました。さらに、房ができると先の 3 分の 1 ほどをカットしてやります。すると粒が見事な大きさになります。

弟子たちが、復活の主から十分に力をいただいて、復活を、頭の知識としてだけではなく、主との人格的な出会いを通して知らなければなりませんでした。それを知った後、初めて宣教に遣わされることになりました。そのために 40 日が満ちなければならなかったのです。十分に時が満ちて、彼らは語るべき言葉を腹の底まで与えられて、世界に押し出されたのです。理解するのには時間がかかるのです。

11

ルカ 20・27〜40
神は死んだ者の神ではなく、生きている者の神なのだ。
(38)

　女性の世界長者番付というのがあります。大抵は世界的スーパーマーケットや女性のコスメ商品、キャンデーなどのお菓子類の企業オーナーの親や夫の遺産相続で富をなしています。何年か前のそれでは、1位の人の資産は約5兆円でした。他方、男性の長者番付のトップはマイクロソフトのビル・ゲイツさんで、約10兆円、女性のトップの2倍でした。

　また、長者番付の上位には慈善家もいます。女性3位の人は、夫の遺産を相続し、太陽光発電パネルを生産するファースト・ソーラーという企業への投資家ですが、大慈善家です。日本の資産家でこれほど熱心な慈善家がいるのかどうか知りませんが、彼女らはしっかり儲け、しっかり節約します。そしてしっかり神に献げ、社会のために役立てる、そういう人たちです。

　ただ、地上で1兆円持っていようが、一文無しだろうが、復活した者らは天国で、天使のように自由で、喜ばしく、全く平等だと聖書は語るのです。一文無しの人が、かつて何兆円を持っていた人の所に天使のように自由に訪ねて、爽やかに楽しく何時間も語り合うこともあり、何千億円も持っていた人が一文無しの人を手助けして汗を流し、喜び合うこともできるのが天国です。

　天国にあるのは喜びと感謝です。また信頼と平和です。裏切りはなく、嘲りもありません。そして誰の胸にも、生きる喜びと共に希望が輝いているでしょう。これが復活する人たちの姿です。「神は死んだ者の神ではなく、生きている者の神なのだ。すべての人は、神によって生きているからである」(38)とイエスが言われた通りで、そこには死の冷たさではなく、活き活きした温かい相互の命の響き合いがあり、尊敬と血の通った関係に生命があふれているでしょう。

12

Ⅰコリント 10・1〜13

神は真実な方です。あなたがたを耐えられないような試
練に遭わせることはなさらず、試練と共に、それに耐え
られるよう、逃れる道をも備えていてくださいます。

(13)

アブラハムの側女にハガルというエジプト人女性がいました。子どもの
いない妻のサラが、夫に、自分の奴隷ハガルとの間で子どもを作ってくだ
さいと勧めてアブラハムの側女としたのです。そのハガルから生まれたの
がイシュマエルです。ところがやがてサラにもイサクが生まれました。あ
る時、イシュマエルがイサクをからかって遊んでいるのを見たサラは怒り
ました。そして夫に、「あの女とあの子を追い出してください」と迫りま
した。妬みにかられ、またイシュマエルがイサクの立場を危うくすると考
えたからです。愛する妻とはいえ妬みにかられ、感情的になっている妻と
側女の間でアブラハムは苦しみますが、結局ハガルとイシュマエルとを追
い出すのです。

翌日、母子は飲み水とパンを与えられて炎天下の砂漠に追放されまし
た。小さな難民です。2人は、荒れ野をさ迷い、とうとう革袋の水が尽き
ました。命の危機です。ハガルは子どもを木陰に寝かせ、「わたしは子供
が死ぬのを見るのは忍びない」と、悲しみのあまり顔を覆って泣き始めま
す。子どもも、母につられて泣き出します。するとその時天から声があっ
たのです。「恐れることはない。神はあそこにいる子供の泣き声を聞かれ
た。……わたしは、必ずあの子を大きな国民とする」(創世記 21・17-18) と。
神の語りかけでした。神は彼女の目を開かれたので、水の湧く井戸を見つ
けました。神はこの母子と共におられたのです。一説には今のアラブ人は
このイシュマエルの子孫と言われています。

万事休すという中でも、神は逃れの道をお与えくださいます。神は、
「子供の泣き声を聞かれ」水のある井戸を備えられました。アブラハムの
正統な子だけが祝福されるのではなく、側女とその子にも、試練と共に耐
えられるように道を備えてくださるのです。私たちは信頼していいのです。
不信のままなら悩みの淵に置かれたままです。ですが、救いの神を信じる
なら、今の苦労も決して無駄になることはないでしょう。

117

13

ルカ 22・24

また、使徒たちの間に、自分たちのうちでだれがいちばん偉いだろうか、という議論も起こった。

「だれがいちばん偉いか」。弟子たちが口角泡を飛ばして論争し始めたのです。しかも最後の晩餐の席で。本来、最後の晩餐は主にある一致の晩餐でした。1つのパンを裂いて分けられ、1つの杯を回して同じ器から飲み、キリストにおいてみな1つであることを味わったはずです。ところが、その最後の晩餐の場が分裂の場になろうとしたのです。誰が一番偉いかという議論ほど、一致の食卓を分裂の場にするものはありません。なんと人間の罪の暗闇は深いのでしょうか。

人間社会は、もしイエスの光が差し込まなければ絶望的でしょう。「わたしたちが神を愛したのではなく、神がわたしたちを愛して、わたしたちの罪を償ういけにえとして、御子をお遣わしになりました。ここに愛があります」（Ⅰヨハネ4・10）。人間の罪の暗闇がいかに深くても、神の愛こそ私たちを1つに留める確かなブイです。「暗闇に住む民は大きな光を見、死の陰の地に住む者に光が射し込んだ」（マタイ4・16）。この救いの光なしには人類は行き先を見失うでしょう。

パスカルが、「人間の惨めさを知ることなく神を知ることは、高慢を生む。神を知ることなくして人間の惨めさを知ることは、絶望を生む」と語りました。彼はまた、「欠陥に満ちていることは不幸に違いない。だが欠陥に満ちていてその欠陥を認めようとしないのは、更に不幸である」と言い、「人間の偉大さは人間が自己を惨めなる者と知ることにおいて偉大である。……それゆえ、自己を惨めなる者と知ることは惨めであるが、自分が惨めであるということを知ることは偉大である」とも語ったのです。

イエスを裏切る自分の弱さをまだ知らない弟子たちは、人間の惨めな現実を知らないのです。しかし裏切りの中で自分の惨めさを知り、砕かれ、悲嘆に暮れ、その惨めさの中で主の赦しの大きさを知った時、初めて彼らは人間としても、信仰者としても成長し始めたのです。

14

マルコ 10・13 ～ 16
イエスはこれを見て憤り、弟子たちに言われた。「子供
たちをわたしのところに来させなさい。妨げてはならな
い。神の国はこのような者たちのものである。……」
(14)

イエスご自身はこの時、すでに死を目前にしておられました。ところが
その緊張をよそに、子どもたちに笑いかけ、優しく手を差し伸べて、彼ら
を1人ひとり抱き上げ、頭をさすって祝福されたのです。十字架に掛けら
れる寸前であるのに何という余裕でしょう。この時の子どもたちとの触れ
合いは、短いけれども至福の時であったでしょう。だから、険しい目で子
どもたちを叱る弟子たちに、憤られたのです。

イエスは子どもたちのために時間をさかれました。時間を惜しまず、母
親たちが子どもたちを連れて来たのを喜び迎え、彼らと遊び、彼らとの時
間を費やされたのです。しかし弟子たちから見れば時間の浪費と映ったの
でしょう。

今日の社会でも、子どもとの触れ合いを時間の浪費と見る風潮がまだ
残っています。でも、愛は時間を浪費します。愛が本物であればあるほど、
時間を使います。たとえ人が浪費と見ても、イエスは時間をさいて子ども
たちと遊び、「神の国はこのような者たちのものである」(14) と、有名な
言葉を残されました。

「星の王子さま」に、「あのバラが君にとって大切なのは、君がそのバラ
のために多くの時間をさいたからだよ」という有名な言葉が出てきます。
そのもののために何時間も費やした、何十時間もさいた、それが愛です。
時間をさかない愛なんてありません。もちろん長さだけが大事なのではあ
りません。ですから祈りが大事です。ある人のために、時間をさいて忍耐
強く祈り続けるのは愛の働きです。

15

Ⅰコリント 6・12 ～ 20
体はみだらな行いのためではなく、主のためにあり、主
は体のためにおられるのです。(13)

名著「出家とその弟子」はあくまで倉田百三の創作ですが、人が持つ孤

独と寂しさ、そして性の衝動に振り回される親鸞の息子善鸞をよく描いています。父の親鸞にこの情念の炎があり、その不始末で宿ったのが善鸞であるとして、その血を継ぐ善鸞も人妻に恋しますが、2人は無理に引き裂かれて人妻は死に、善鸞をさらに苦しめるのです。浄土真宗の開祖とその子にあるのは人間すべてにこびりつく激しい情念の業火だと、倉田百三は言いたげです。そこで倉田は善鸞に、「もし世界を造ったのが仏であるなら、仏に罪を帰したい」とまで言わせ、仏はいるのか、神はいるのか、仏は善か、悪の存在を許すのかとの際どい真理問題を提起していると言ってよいでしょう。

ところでパウロは、性の問題について独自の考えを述べます。「体は主のためにあり、主は体のためにおられる」。その意味は、体は主によって造られ、主に向けて造られている。だから主を見出さなければ喜びはなく平和は来ないということです。主を見出す時に、体にも心にも命にも、納得できる平和、平安が訪れるということです。

誰にも臨んでいる本能のエネルギーの前で、何ものにも奪われない喜びは、人間を超えたそうした深い所に根ざす時に授けられます。逆から言えば、体は情欲のためにだけあるのではない。それが中心ではないし、それによっては心は満たされないということです。「この水を飲む者は、また渇く」のです。体の欲求だけで生きれば生きるほど、悲しくなり、寂しくなり、孤独が深まり、渇きがひどくなります。人は情欲によっては魂が満たされるように造られていないからです。パウロはこうして、全人類が抱えている悩ましい問題に分け入っていくのです。

16

Ⅰコリント 7・17 〜 24
あなたがたは、身代金を払って買い取られたのです。
(23)

パウロは、「あなたがたは、身代金を払って買い取られた」と語ります。すでに身代金が支払われ、あなた方は買い取られたのです。身代金とはキリストの十字架であり、それによる罪への支払いです。なので、あなた方はキリストの命で贖われ、すでに神に属し、神のものなのです。人の奴隷

ではないのです。奴隷状態を解かれました。ですから、奴隷・自由人の枠を超えて生きよ、神を仰ぐなら道は開かれている、パウロはこう言ってコリントの信徒らを鼓舞したのです。

漱石の「門」を再読して感銘を受けました。彼は著名な私小説家だけあって人の心の深くまで探る、やはりすばらしい作家だと思いました。とても明治期の作家とは思えません。今も読み継がれる立派な理由が彼の作品にはあります。ただ、漱石はこの作品で、自分を超えられないことを仄めかしています。それで主人公に禅寺の門を叩かせますが、門が開かれない悩みを訴えるのです。そんな漱石自身がノイローゼになりながら、やがて則天去私（私を去り、身を天に委ねること）を目指してもがいていきます。

しかし聖書は、すでにキリストは私たちと共にいて問題を超えてくださっていると語ります。すでに門は開かれ、救いの道は通じています。イエスが「命に至る門」となってくださったからです。ご自分が門を通り、門の中から、「門は開かれている、この門を通って入りなさい」と呼びかけてくださっているのです。

ところが漱石は、自分で自分を、つまり自力で助けようとするために、門の外に佇み続けざるを得ません。彼の問題はそんな彼をも大きく覆い、憐れまれる方がいるという終末的な希望を知らないことにあると思います。

ローマ5・6〜8
実にキリストは、わたしたちがまだ弱かったころ、定められた時に、不信心な者のために死んでくださった。
(6)

17

ある本に、眠れない人は眠り方を忘れたのではなく、「何かが過剰」なのだと書かれていました。すなわち、自分の力で何とか眠りの道を切り拓こうとする過剰、自分の運命を何とかこじ開けたいという過剰があり、それができない嘆きが不眠症だというのです。自力で運命を切り拓こうとするが切り拓けない焦りです。そして焦れば焦るほど、何とかしようとすればするだけ、眠れないのです。

冗談半分でお読みください。だいたい、悩み抜いて禅宗や座禅に行く人は不眠症的な人が多いのかもしれません。自力で悟ろうとする宗教ですか

ら。反対に、コトンと眠れる人は、キリストの救いに入りやすいと言って
いいでしょう。なぜなら、幼な子のようにキリストの手に委ねればいいの
ですから。委ねること、それは毎晩その人が眠りで経験していることだか
らです。

しかし、不眠の人であっても、自力では眠れない自分を委ねることので
きる方がいるのを知れば安心して眠れるようになるでしょう。同じように、
キリストの救いも、救われざる者の救いです。救われる者の救いだけでは
なく、深刻な、救われざる者の救いでもあります。救われないことが深刻
になっている者の救いですから、眠れぬ者の救いとも言うべきものがキリ
ストの救いだと言っていいかもしれません。イエスは眠れる人も眠れぬ人
も救ってくださるのです。

18

マタイ 18・1～5
心を入れ替えて子供のようにならなければ、決して天の
国に入ることはできない。(3)

イエスは、「子供のようにならなければ、決して天の国に入ることはで
きない」と言われました。ところがキリスト教を見れば、膨大で難解な神
学思想があり、巨大な教会組織があり、歴史的建築物である教会堂も威風
堂々として壮大そのものです。キリスト教文化となればもう究めることが
できないほどの広大な広がりを持っています。キリスト教文学だけでも人
類の莫大な財産です。そこに、「子供のようにならなければ」と言われた
イエスのお言葉との矛盾を感じます。

ですがそれでいいのです。キリスト教の源はいたって無邪気で単純です。
この単純な無邪気さこそが、その膨大で、壮大な思想、文化、建築、組織、
神学思想を作り上げるのです。なぜなら無邪気さこそ出し惜しみをしない
人間を生み、クリスマス物語に登場する東方の博士らのように、宝物を幼
子のみ前に惜しみなく捧げる人間を生むからです。信仰に情熱を傾ける人
たちを生むのです。東方の博士らは、実は当時の最高の学者であり、知識
人でした。その最高の学者らが最高のものをイエスにお捧げしました。そ
れこそ、その後のキリスト教の生きた姿といっていいでしょう。

ヨハネ福音書8章12節に、「わたしは世の光である。わたしに従う者は暗闇の中を歩かず、命の光を持つ」というイエスの言葉が記されています。博士たちが遠く東方から生命の危険を冒して旅して来たのは、この幼な子イエスこそダビデにまさる偉大な王、世の光であると信じ、この幼な子によって私たち人類が命の光を持つことができると信じたからでしょう。そしてこの命の光をいただけば、誰も暗闇の中を歩むことがないことを示されたからでしょう。

19

ルカ17・11〜19

ある村に入ると、重い皮膚病を患っている十人の人が出迎え、遠くの方に立ち止まったまま、声を張り上げて、「イエスさま、先生、どうか、わたしたちを憐れんでください」と言った。(12-13)

「重い皮膚病」は、口語訳では「らい病」となっていました。ハンセン病です。しかし新共同訳では「重い皮膚病」と改められました。聖書の原語が正確に何の病気を示しているのかわからないということが判明したためで、「重い皮膚病」に変更することにしたという説明です。しかし他方、「重い皮膚病」にすることで病気の実体がわからなくなり、具体性が失われたのは残念です。英語訳では、「非常に毒性が強く、伝染性の強い重大な皮膚病」と言う意味に訳すものもあります。単なる重い皮膚病ではないと気づいてもらうためでしょう。

村に入ると、「重い皮膚病を患っている十人の人が出迎え」たのです。イエスの噂は国境の村まで届いていたのでしょう。10人は主にユダヤ人でしょうが、その中にサマリア人がいたのです。ユダヤ人とサマリア人とは犬猿の仲で、普通は決して交わらず、一緒に住むなどは論外でした。しかし、重い皮膚病を患う彼らは共に民族の違いや国の隔てを超え、宗教の違いを飛び越えて、助け合い、支え合ってひっそりと生きていたのです。

健康や福祉問題は民族の壁を越えています。イエスはあの時代に、すでに民族や国家、言葉や宗教の壁を超えて、神の愛を生き、説いておられました。

20

ヘブライ 12・4〜11
主は愛する者を鍛え、子として受け入れる者を皆、鞭打たれるからである。(6)

ヘレン・ケラーは、目が見えず、聞こえず、話せない三重苦の中、驚くべきことに自分の手で自伝を書いています。そして自分の自叙伝についてこうも述べています。「私の自叙伝は決して偉大な作品ではない。もしもその中に何かの価値があるとすれば、私が作者として優れているからでなく、また、その中に心躍らせるような出来事があるからでなく、神が私を子として扱い、私を懲らしめ、その光を消すことによって、聾者、盲者の人々を助けんとされた所にあります。神は私を、もの言えない者のための口とならしめ、私の盲目を他人の目とならしめ、不具にして（昔の訳ですから、こんな不適切な訳語が使われています）力弱き者のために手となり、足とならせて下さったのであります。しかも自分一人ではできなかったため、誰か他の人が私を解放して下さった」と。その解放者がサリバン先生だと書いています。

今日の聖書は、神は、「愛する者を鍛え、子として」取り扱ってくださったと語ります。子として甘やかすのではなく、子だから鞭打ち、鍛えてくださいます。私たちはこの言葉を、自分の身において深く味わおうではありませんか。鍛錬と鞭、それは私を聾唖者のための口とし、盲人のための目とし、障碍者のための手足とするためでした。恩寵は無限です。試練や試みは必ずあります。ですが、神は、神を愛する者と共に働いて、万事を益に変えてくださるのです。

21

イザヤ書 53・3
彼は軽蔑され、人々に見捨てられ　多くの痛みを負い、病を知っている。

預言者イザヤは、苦難のメシアについて、「彼は軽蔑され、人々に見捨てられ　多くの痛みを負い、病を知っている」と預言しました。イエスは誕生の初めから、人の悲しみ、苦難、つらさを知る人でした。また貧しい

人たちの友となられました。

　アンデルセンは、生まれてすぐに黒い布切れがいくつか残る背の高いベッドに寝かされました。父親は貧しい家具職人で、アンデルセンが生まれる数日前まで黒い布で覆われた高貴な人の棺が置かれていた台を、わが子のベッドにリフォームしたのです。それで黒い端切れが残っていたのです。お葬式の棺の台、そこに乗せられた生まれたばかりのわが子。彼は誕生の時から人生は何かを知っていたのです。

　しかし、アンデルセンは貧しくても両親に愛されて育ち、人の痛み、悲しみを知る人となって、あのすばらしい物語の数々を書いていきます。世界アンデルセン大賞などという華やかな賞がありますが、彼自身は悲しみと涙を知る人、愛の尊さを真に知り、知ろうとした、信仰の人でした。

22

ルカ2・12
あなたがたは、布にくるまって飼い葉桶の中に寝ている乳飲み子を見つけるであろう。これがあなたがたへのしるしである。

　イギリス北部の村に、桂冠詩人ワーズワースが学んだ1585年創立の小学校があります。約440年前といえば日本では秀吉時代です。教室は1階と2階に1つずつの小さな学校でした。教室に入ると左手の白い壁に、「小さな礼拝でも、それが継続する限りまことの礼拝だ」と書かれていて、心に留まりました。何百人、何千人が集う大きな礼拝が優れているわけではなく、小さくても、長くまことの礼拝が守られることが大事です。大会衆の教会を羨む必要はないということでもあるでしょう。その所で神の子キリストが心から崇（あが）められ、神の栄光が支配し、恵みが満ちあふれていればそれで十分なのです。

　小さい家でも、そこに信頼と愛が止むことなくあれば良い家庭です。大きな家でなくてもいいのです。笑いと赦しと、それに楽しい遊びもあれば、子どもらは健やかに育つでしょう。反対に競争と金儲けと駆け引きで家庭が汚染されていれば、育つ子も育ちません。いや、恐ろしいものが育ちかねません。

　作家の山本周五郎は、「足軽を生きよ」と書きました。足軽を生きるの

です。「百石取りの侍になるより、足軽でよい、なくてならぬ者になれ」と。今の時代、あまりに大きなものを求め過ぎて足をすくわれているように見えます。なくてならぬ足軽を生きればよいのです。

　まことの喜びは小ささの中にあります。飼葉桶の幼な子メシア、これが救い主です。この幼な子にこそ、すべての民に喜びを授ける究極のお方が宿っておられるのです。

23

ルカ 19・1〜10

「主よ、わたしは財産の半分を貧しい人々に施します。また、だれかから何かだまし取っていたら、それを四倍にして返します。」イエスは言われた。「今日、救いがこの家を訪れた。……」(8-9)

　徴税人の頭(かしら)で金持ちのザアカイは、ローマの手先として税金を取り立てる仕事柄、人々に忌み嫌われていました。おまけに彼は背が低かったので、いちじく桑の木に登って上からこっそりイエスを見下ろそうと待ち受けたのです。ところが、そのイエスが来られると、イエスのほうから、「ザアカイ、急いで降りて来なさい。今日は、ぜひあなたの家に泊まりたい」(5)と見上げておっしゃったのです。彼はその言葉に驚きまた畏れました。

　やがてザアカイは、イエスに、「主よ、わたしは財産の半分を貧しい人々に施します。また、だれかから何かだまし取っていたら、それを四倍にして返します」(8)と言ったとあります。それを聞かれたイエスは、「今日、救いがこの家を訪れた」(9)と言われました。ザアカイはイエスに出会い、富を独り占めにしないで貧しい人と分かち合うことを決断したからです。

　彼の家は、徴税人の親方として立派な屋敷だったでしょう。お金はあるが、内実は救いようのない家だったのでしょう。ですが、今日、ザアカイは神に義とされ、救われたのです。今日から彼の新しい人生が始まるのです。

126

24

ルカ 2・25〜35

主よ、今こそあなたは、お言葉どおり　この僕を安らかに去らせてくださいます。(29)

　老シメオンが、幼子を連れて宮詣でに来たマリアとヨセフに出会い、幼な子を見るやひどく心に感じるものがあり、幼な子を抱き、神を讃えて、「主よ、今こそあなたは、お言葉どおり　この僕(しもべ)を安らかに去らせてくださいます」と語ったのです。続く歌は「ヌンク・ディミッティス」と呼ばれる有名なシメオンの賛歌です。彼は直観の人、大胆で勇気ある人だったのでしょう。

　「今こそ……僕を安らかに」という言葉が口からほとばしり出ました。これ以上にイエスの誕生を褒(ほ)めたたえる言葉はありません。続けてシメオンはこう歌います。長く待望していた永遠なるメシアに今出会いました。シャローム。永遠の平和が私の心に与えられました。今や、安らかに死を迎えることができます。この目でしかと、あなたの救いを見たのですから。あなたにお仕えして来た僕に、あなたは誰の目にも見えぬものをお見せくださいました。これ以上の光栄はありません、と。

　イエスはまだ乳児です。シメオンはまだイエスの活動を知りません。ですがやがて地上でイエスがなされる愛の業(わざ)、十字架で成し遂げられる偉大な救い、そして万人に希望を与える復活など、いまだ誰も見ぬ神の業を一瞬のうちに示され、ここに信仰を言い表したのです。

25

ルカ 2・39〜40

幼子はたくましく育ち、知恵に満ち、神の恵みに包まれていた。(40)

　12歳のイエスは、「たくましく育ち」ました。たくましいとは勢いを増し、神の偉大な力が増し加わることを言います。イエスはわがままに育ったのではなく、強い意志で人を思いやるようになられたのです。

　毎年クリスマス・レターを海外の方と交換していますが、ある年、孫の言葉の発達のことに触れて、学校でいじめを受けていると書きました。す

ると、10 数年来の交流がある 40 代のイタリアのご夫婦からメールがあり、「息子のピエトロが、大変心揺さぶられ、毎晩自分から進んでお祈りを始めました」と書いて来られたのです。私は思わず胸が熱くなりました。地球の裏側の 12 歳の少年が孫のために祈ってくれているとは！　ピエトロ君は、前年に両親とイスタンブールからイタリアに帰国した少年ですが、あまりにも成績が抜きん出ているためにクラスでいじめにあい、気持ちの優しい彼はひどく苦しんできたのです。それで、孫のいじめを知って、地球の裏側の会ったこともない 3 歳下の少年のために、進んで毎日祈り始めたのです。

　「たくましさ」を、成熟と訳す英訳聖書があります。人のために祈る、これはたくましい成熟の徴です。ガッシリしたたくましい体を持つのも大事ですが、強くガッシリした意志を持って他者を思いやり、人のために祈ることは強い精神的作業であり、それは愛の行為、いや愛自体だと言えるでしょう。

　12 歳の少年イエスは、まさに人のために進んで祈る成熟した徳性を持ち、神の恵みに包まれて、精神的たくましさを内に育てておられたのでしょう。

ルカ 4・1 〜 8

26

イエスは聖霊に満ちて、ヨルダン川からお帰りになった。そして、荒れ野の中を "霊" によって引き回され、四十日間、悪魔から誘惑を受けられた。その間、何も食べず、その期間が終わると空腹を覚えられた。(1-2)

　「荒れ野の中を "霊" によって引き回され」と、霊という言葉がでてきます。これは人の霊とか、週刊誌などで言われる守護霊や背後霊、また木や石の精霊や得体の知れない霊ではありません。英語では大文字で書かれる霊、神の霊、聖霊のことです。

　イエスは洗礼を受けた後、聖霊が注がれ、霊に満ちてヨルダン川からお帰りになりました。神の霊に満たされて喜びを持ってガリラヤの町に帰られましたが、同じ聖霊により荒れ野を引き回され、40 日間悪魔の誘惑を受けられたというのです。

　洗礼を受けると何か良いことがあると考える人がいます。新しくなれる、

たくましくなれる、良いことが起こる。ですが、おっと、待ってください。その考えは安易です。確かに新しくなれるかもしれませんが、良いことばかりが起こるとは限りません。その証拠に、イエスは洗礼後、すぐ聖霊によって試練を受けるために荒れ野に導かれたのです。しかも 40 日 40 夜、極限まで断食されて、そこに悪魔が来て誘惑を始めました。それが今日の聖書が語ることです。

　時に、恵まれたあとに試練を受けることがあり、思いがけない試みにあいます。ですから、目覚めて祈ること（マルコ 14・38）が大事なのです。

27

ルカ4・3〜4

悪魔はイエスに言った。「神の子なら、この石にパンになるように命じたらどうだ。」イエスは、「『人はパンだけで生きるものではない』と書いてある」とお答えになった。

　化学は錬金術から始まりました。錬金術が最も進んでいたのは錬金術師らの工房ではなく、修道院の中でした。確かに、石が金になれば人々の助けになるでしょう。他方、ウランを原発の燃料にするのも、基本は錬金術的な発想です。しかし、放射能という恐ろしい副産物が生まれ、人類に難問を突き付けました。人類は石をパンに変えよと、悪魔の手に乗せられたのかもしれません。

　悪魔が、石がパンになるように命ぜよと誘惑した時、イエスは、「人はパンだけで生きるものではない」と答えられました。確かにパンは必要です。ですが本質的には人はパンだけで生きるのではありません。パンを必要とするのは人間の一面です。それなのに人はパンだけで生きると考えるところから、人間らしい働き方を無視した過剰な経済優先が起こり、自国や自分第一主義が生まれ、その結果異質な者らを排除する生き方が生まれたりします。競争が激化すれば、データの改竄やごまかし、競争相手に毒を盛ることもしかねません。勝つために手段を選ばずという生き方になります。

　「人はパンだけで生きるものではない」。これはいかに人と人生の本質を突く言葉でしょう。この言葉には文化の香りが漂い、精神的深みが見え隠れします。こう認識するところから、愛が生まれ、詩が生まれ、思い遣り

も、歌も生まれ、様々な文化が元気に生まれ育つのです。

ヨハネ 1・1 〜 14

28

その光は、まことの光で、世に来てすべての人を照らすのである。(9)

愛を持つ者は、相手を生かそうとして希望を与える言葉を語ります。潰すのではなく、夢をくじくのでもなく、その人の前途に光があるように語ります。そうでなければ、育つ者も元気に育ちません。キリストの光は私たちを励まし、前進する勇気や希望を授けるものです。

最近の一番のショックは、アメリカ大統領にトランプが決まったことでした（第1期）。カードゲームのトランプのジョーカーが出てしまったと思いました。相手を非常にひどい言葉でやっつけ、虚言に似たものを語り、都合悪くなるとサッと引っ込め、また図々しく攻めるという、実に厚かましい態度に多くの人が絶句しました。かなり多数の日本人が、アメリカ大統領がああいう人物でいいのかと思ったことでしょう。

しかし、これを気持ちいいと思う人がいたわけで、世界は不思議です。彼はアメリカが偉大になるため核兵器をもっと増やすべきだと語りました。今後何をするのか、恐ろしい人物です。この風潮が世界のあちこちに転移して勢力を増し、日本を始め各地で自国第一主義の考えから民族差別や異質な人への嫌がらせが横行することを憂えます。このままだと、やがては民主主義が萎み、気候変動が深刻化し、暗黒時代が来て、世界は絶望の淵に立たされるのでないかという不安が襲います。

この時代に一番必要なのは、私たちの身近な所で希望の種を蒔くことです。希望の小さい種を蒔く人。それは人生の道端で希望の小さい芽を見つけ、育てる人のことです。自信をなくさせる言葉でなく、人を励ます心を持ち、そういう言葉を語って行く人のことです。

130

29

マタイ 1・1〜16

アブラハムの子ダビデの子、イエス・キリストの系図。アブラハムはイサクをもうけ、イサクはヤコブを、ヤコブはユダとその兄弟たちを、ユダはタマルによってペレツとゼラを、……。(1-3)

　どんなに醜く悪い系図であっても、イエスの系図がそうであるように、愛の神は祝福に変えてくださいます。たとえ人殺しや不道徳な先祖、悪習を断ちきれなかった先祖をもって生まれた人であっても、仏教風に言えばたとえ前世の因縁がどんなに悪くても、愛の神はあなたと共におられると告げるのです。キリストを信じるなら、あなたの歩みは、今日から新しく始まるとこの系図は告げているのです。

　ある人が、イエス・キリストは丸い円の私たちに接する接線だと言います。自己完結した丸い円は、いわばぐるぐると回って永遠に回り続けても、円から外に飛び出せません。ところが一旦、円に接線が引かれると、そのごくわずかな接点から、接線に乗って外に飛び出せます。

　キリストは罪のぐるぐる回り、罪の輪廻から私たちを解き放ち、神の国に向かって救い出してくださるのです。キリストは、アブラハムやダビデだけではなく、全人類の系図の中に飛び込んで来てそれを祝福の系図に変えるのです。池で溺れた人を飛び込んで救出するように、罪の系図から救い出してくださるのです。その喜ばしい知らせを告げているのが福音です。

30

フィリピ 4・1〜7

主において常に喜びなさい。重ねて言います。喜びなさい。あなたがたの広い心がすべての人に知られるようになさい。主はすぐ近くにおられます。(4-5)

　主を喜ぶ、この単純な主を喜ぶ喜びが私たちの心を明るく広くします。寛大に、穏やかに、思慮深くもするのです。「あなたがたの広い心がすべての人に知られるようになさい」とあるように導くのです。

　アメリカの人種差別問題は非常に根が深いようで、社会のあちこちで、今も不法な取り締まりや制裁や問題が起こり、白人警察官が黒人容疑者に発砲する事件が後を断ちません。

　レイボンというアメリカの黒人女性作家がいます。彼女は白人を憎みな

がら育った人で、頭の中に白人への憎悪が煮えたぎっていたそうです。ところが何かの際に、昔、高校時代にあったことを思い出したのです。その頃、白人への憎しみのせいで、ある白人生徒が示してくれた友情に気づくことができなかったというのです。「白人が過去に犯した罪や不正の赦しを求めて来るのを待つ代わりに、自分の方こそ自身の憎しみに、そして白人を単に抑圧する側の片割れとしてではなく、1人の人間として見ることができなかったことに赦しを乞う必要があると気づいた」と彼女は書いています。心の柔軟な方だと思います。

　本当の寛大さは、人の欠点を裁きの目で見ていたところから一旦出て、自分の心の中にある罪、狭さを発見する時に生まれるのでしょう。これはキリストに砕かれ、キリストを喜ぶことから生まれる心の変化であり、人を見る心の広さともつながります。

フィリピ2・14〜16

31

何事も、不平や理屈を言わずに行いなさい。……よこしまな曲がった時代の中で、非のうちどころのない神の子として、世にあって星のように輝き、命の言葉をしっかり保つでしょう。

　世には、よこしまで曲がったところがたくさんあります。現実を知れば知るほど気が重くなりがちです。しかしひん曲がった世の中で、あなた方は命の言葉、聖書の言葉を堅く持って、星のように輝いている、だからそれを大事にして生きなさいと聖書は励ますのです。フィリピの人たちもパウロと同様、血を吐くような中で喜びあふれて信仰を守り通したのでしょう。

　オバマ元アメリカ大統領が家庭で、2人の娘に語っている言葉を読みました。社会も文化も実に複雑で少しも数学的に割り切れないこと。人間の世界は生物学や化学に近く、生きて活動する有機体であって扱いがたいものだということ。そういう中で、一市民として恥ずかしくない行動をしようとするなら、いつもはっきりものを言い、人々のために声を上げ、親切と尊敬と理解を持って人に接することが大事だということ。また自分に頑固さが燃え上がる時は、素早く先手を打ってそれを打ち負かさねばならないこと。その手を緩めてはならず、胎児のように受け身に自分の頑固さに

屈してはならないこと。そして、「もう世の終わりだ」と心配し始めるの
ではなく、「オッケー、私が前進し続けることができる場所は、必ずどこ
かにある」と自分に言い聞かせなさいと語ったのです。

　ここには、闇に語らせることも、闇に耳を傾ける態度もありません。複
雑で取り扱いがたい現実を見ながら、まるで主が近くにおられ、主はすぐ
に来られるかのように生きること、そして子どもたちが今どう生きるべき
かを語っています。そしてここには、「あなたがたの広い心がすべての人
に知られるようになさい」(4・5) というトーンさえ聞こえてくる気がし
ます。

6月

1

ルカ 24・36

こういうことを話していると、イエス御自身が彼らの真ん中に立ち、「あなたがたに平和があるように」と言われた。

復活の主に出会った後、ペトロは仲間にこう語ったでしょう。「ここには、私以外にもイエスを見捨てて逃げた人がいるでしょう。汚れちまった自分を責めている人もいるでしょう。だが復活の主は誰も責めず、むしろ『平和があるように』と語ってくださった。私たちの罪や弱さをことごとくご自分に負って、赦してくださった。さあ、皆、罪を告白しよう」。彼は涙を流して仲間に呼びかけたに違いありません。

彼が、「今もイエスに愛され、平和を与えられている」と涙と共に喜び語ると、他の者らも、自分こそあの時はこうしてしまった、ああしてしまったと罪を告白し、自分の弱さと小心、疑いゆえに、つまらぬ言い訳をしてイエスを見捨てて逃げてしまったと告白しあったことでしょう。遠くから十字架を見ながら、私は怖くてこんな所に隠れました、あんな場所に身を潜めましたと、涙して正直に話し始める人もいたでしょう。しかし、それがどんなに愚かな自分の姿でも本当のことです。事実です。皆が似たり寄ったり同じようなことをしていたわけで、次第に泣き笑いが起こり、弱さや愚かさや罪を次々語り始めたでしょう。1人が語ると、次の者も自分の本当の弱さを証しし、次の者も思いがけないとんでもない姿を吐露し、こうして何度も泣き笑いが起こって、その場はキリストを慕う罪人らの連帯の場になったにちがいありません。

正しい者や義人らの連帯の場が教会ではありません。罪人らの連帯の場が教会です。キリストの赦しを介した罪人らの連帯の場。ここに真実な教会の姿があります。義人の教会には互いに裁きあいがあり、潔白でなければならず、弱みを見せられず、誤魔化しや偽善が起こりやすいのです。しかし赦された罪人の教会には笑いがあります。笑ってよいし、笑われてよいのです。ユーモアが漂います。

2

Ⅱコリント5・16〜19
キリストと結ばれる人はだれでも、新しく創造された者なのです。古いものは過ぎ去り、新しいものが生じた。（17）

アナウンサーに山根基世さんという方がいます。小学4年の時、クラスに軽い身体障碍の男の子がいて、口数は少ないが、口を開くと寸鉄人を刺す言葉を投げつけたそうです。山根さんは、差別はいけないと固く信じる少女でしたが、ある時、何かが原因で、その子から思いがけなく鋭い言葉で侮辱されました。瞬間、怒りで逆上し、決して口にしてはならない言葉を投げつけていたのです。反射的にしたのでしょう。

翌日、親からの申し出か、先生が、その子に暴言を吐いた覚えのある生徒は前に出なさいと言ったそうで、数人の男子が出ました。山根さんは胸が震えたそうで、自分も出るべきだと思ったけれど、どうしても出ることができず、それがずっと心の重石になったのです。聖書で、イエスの逮捕後のペトロの否認を読むと、その日の胸の震えが甦ると書いておられました。

ペトロは外に出て激しく泣いたのです。もちろん泣くだけでは心の重石はとれず、平和は来なかったでしょう。しかし、彼は悔い改めの涙を流したゆえに、復活の主にまみえた時、「あなたがたに平和があるように」（ルカ24・36）という言葉を自分への赦しの言葉として聞いたのです。赦されざる者への赦しの言葉として聞いて心を揺さぶられたのです。主の赦しに与った喜びに打ち震えたのです。

聖書で「赦し」とある言葉は、幾重もある監獄の扉が遂に開かれて、囚人が自由になることを指します。そのように、罪の縛りが解けてすっかり解放されること。その時に、信仰の真の喜びが始まり、罪の桎梏から解放されます。今日のみ言葉はそれを語っています。

3

ルカ 22・47〜53
そのうちのある者が大祭司の手下に打ちかかって、その右の耳を切り落とした。そこでイエスは、「やめなさい。もうそれでよい」と言い、その耳に触れていやされた。
(50-51)

聖書にはユーモラスな出来事が出てきます。ゲツセマネの園でイエスは、ユダの接吻による裏切りで逮捕されます。その時、弟子の１人が剣で大祭司の僕の片耳を切り落としたのです。ところがイエスはすぐに彼を叱りつけて剣を鞘に収めさせ、僕の耳に触って癒されました。

中世の画家がこの場面をユーモラスに描いています。ユダがイエスに接吻し、武装した役人らがイエスの腕をつかんで引き立てようとしている場面です。その殺気立つ空気の中、イエスは右手を伸ばしてへたり込んだ僕の耳を癒しておられるのです。ところが僕の表情たるや、癒されて実に気持ちよさそうな顔をしている滑稽な場面です。皆が殺気立つ中で、イエスに耳を癒された僕だけはうっとりした平和な表情なのです。

フランスのリヨンの美術館で見た時はそんなに思いませんでしたが、ルカ福音書を読む中でこの絵を思い出し、ハッとしました。中世の人も、イエスのユーモアに気付いていたのです。生きておられるイエスは、このような場面でも落ちついておられ、ユーモアを持っておられるのです。

箴言31章は、賢い妻について、彼女は「力と気品をまとい、未来にほほえみかける」(25)と書いています。前の口語訳は、「力と気品とは彼女の着物である、そして後の日を笑っている」と訳しました。死に打ち勝ち、究極的に復活された方は、究極以前のさまざまな厳しい場に立たされても、静かにほほえみ、笑ってそれを受けとめておられたに違いありません。

4

創世記 7・2
あなたは清い動物をすべて七つがいずつ取り、また、清くない動物をすべて一つがいずつ取りなさい。

日本では、ダウン症の方の90％以上が毎日を幸せに思っているそうです（米国99％）。ですが、胎児の染色体異常を調べる出生前診断で、異常と診断された94％の親が中絶しています。いったいこれは何を意味する

のでしょうか。しかも日本人の幸福感は世界157か国中53位です。深く考えさせられます。

　神は本来、私たちを善く造られました。神の恵みは満ちており、世界は本来、神への感謝と喜びが起こる所として作られましたし、ダウン症の方の幸福度調査は、神の善き支配を示唆しているように見えます。神を単純に信頼すれば、どんな状況下で生まれても、人間が作りだす戦争や紛争がなければ、そこには確実に神の「よし」が存在しており、神の恵みが待っているということではないでしょうか。

　しかし一方、親の中絶はそれを信じられない現実を映していそうです。もちろんイエスは人間社会の矛盾や罪から目を逸らされませんし、ご自身は人間に断罪されて殺されました。

　神はノアに、動物をつがいで箱舟に入れよと命じられました。清い動物は7つがいずつ、清くない動物は1つがいずつ、箱舟に乗せなさいとのことでした。1対7でも、7対7でもなく、7対1。世界は清いものが優勢になり、清くないものが多数を占めないように意思されましたが、清くないものといえども必ず用いられる存在です。なぜなら神の摂理は人の思いを遥かに越えており世界は総体として神の恵みで祝福されているからです。私たち人間は自分の都合を優先しますが、神の恵みに満ちた世界の実相を果たしてどこまで知り、それを喜び、愛でているでしょうか。

5

マタイ13・53〜58
この人は、このような知恵と奇跡を行う力をどこから得たのだろう。この人は大工の息子ではないか。……この人はこんなことをすべて、いったいどこから得たのだろう。(54-56)

　2000年前、ナザレの人はほとんど文字を知らず、例外を除いて、新しい思想に接したことがありませんでした。そんな人々が常識を覆すイエスのメッセージを耳にし、脅威を覚えたはずです。自分の無知をイヤというほど知ったでしょう。すなおになりさえすればいいのですが、劣等感から反発しました。嫉妬（しっと）と対抗意識が生まれ、もちろんイエスを信じた人も少数はいたでしょうが、多数の同郷人は嫉妬でイエスに反抗したのです。

　私たちも罪が絡んで張り合うとすなおになれません。彼らの気持ちがよ

くわかります。この歳になって思うのは、自分の中にある対抗意識です。対抗意識から嫉妬が起こります。人間は男も女も相当に嫉妬深い生きものです。人間関係の悩みの原因は他にもありますが、大きな原因はこの対抗心です。すなおに受け入れればいいのに、感情が許さない。するとコンチクショウという思いが現れて、生きるのがしんどくなるのです。これらを越えれば自由が戻り、人は大きく育つのですが。

6

Ⅰコリント 4・6〜13
あなたがたは既に満足し、既に大金持ちになっており、わたしたちを抜きにして、勝手に王様になっています。
(8)

　一風変わった 3 人連れでした。子どもが先頭を歩き、すぐ後ろを女の人、その後ろを男の人が歩いていました。2 人の大人は全盲の方で、小柄な女の子が先頭に立ち、母親が娘の肩に手を置き、白杖を左右に振っています。そして父親も白杖を持ち、妻の肩に手を触れて歩いていたのです。子どもが先頭を歩くご一家でした。私は胸に熱いものが込み上げてきて、歩みを緩めて遠ざかる彼らを見送りました。

　かなり遠ざかって、この時を逃せば後悔すると思って追いかけ、「こんにちは。お子さんですか。偉いですね」と声をかけました。短い会話でしたが、女の子は 5 年生、引き締まった賢そうな顔つきの子で、区境を越えて歩いて来たのです。幼時から親の世話をしているので、別に大したことではないと言っていましたが、私は本当に驚き、その日一日中、その子のことを考えていました。小さい子でも大人たちを導き、一家を支えることができるのです。遊び盛りですが、腹を決めれば大人顔負けのことができるように、神は私たち人間に、大きな力を与えておられることに感動したのです。

　王様気取りで満足し切っていてはいけません。ましてや尊大な王様になってはなりません。いや、本当の王様になってほしい。公平な王、見識のある愛の王に。貧しい者を卑しめず、イエスのように低くなるのを恐れず、徴税人、遊女、貧しい者、身分の卑しい者と交わり共に生きる王、勇気を持ち、正しい裁きをなす愛の王です。高ぶった中身のない張りぼての

裸の王様では、人々の間に希望を作り出せません。

7

ルカ 24・36〜43
イエス御自身が彼らの真ん中に立ち、「あなたがたに平和があるように」と言われた。彼らは恐れおののき、亡霊を見ているのだと思った。(36-37)

　トランプ大統領になって（第1期）右翼が活動を始め、ナチの軍服やカギ十字が息を吹き返してきました。日本でも、歌とダンスのアイドルグループがナチの軍服をイメージさせる出で立ちで舞台に立ち、欧米の新聞では大きく物議を醸し出しました。

　ですがこうした風潮を過剰に恐れてはいけません。こんなことは過去に何度もありました。人間社会は有機物のように複雑です。数学のようにきれいに割りきれません。現実の姿を知りつつ深刻になり過ぎず、それに自分も流されず、加担せず、ユーモアを持ってその日を笑っている位の生き方をしましょう。こういう時代は、ユーモラスに笑い飛ばす生き方が大事です。

　社会的なことだけではありません。個人の問題でも深刻になり過ぎると、かえってうまくいきません。後の日を思って笑っている。それが賢い生き方です。すでにイエスは勝利しておられ、恐れる必要はないのです。イエスが私たちの真ん中におられます。隅っこや、端っこではなく、恐れている弟子たちのど真ん中に立っておられます。「あなたがたに平和があるように」と言われたのは、2000年前の彼らにだけではなく、今日の私たちにも言われたのです。教会の私たちだけではなく、世界の真ん中に立って、すべての人に言われたのです。

　世界の果てから届いている、すなわち神の国から届いているキリストの光に照らされて、ユーモアを持って、流れに抗して生きましょう。恐れるな、主の御心を忘れるな。イエスは今も、平和を作り、愛を忘れるなと教えられます。

8

ヨハネ 16・20〜24
はっきり言っておく。あなたがたがわたしの名によって何かを父に願うならば、父はお与えになる。(23)

私たちがキリストに向かって祈るのは、イエスが、ご自分の名によって祈ることを許可してくださったからで、許可がなければ祈りは聞かれません。その上に立って、キリストをほめ称えて一日を始めると、気持ちがスッキリと晴れるでしょう。

日々の生活では、誰しもごちゃごちゃとゴミのようなものがたまり、心には、抜いても抜いても日々雑草が生えます。そうした中で、最も肝心な方に心を向けると、今日もしっかり生きようという積極的、建設的な思いが起こります。このお方から心の平和が与えられるからで、それが心をスッキリさせ日々の歩みを整えるのです。キリストの前に出ると、ゴミゴミしたクズのような考えを後ろに投げ捨てることができます。

また、祈りの時にいくつかのみ言葉を読めば、励まされ、心が満たされます。ある日の聖書は箴言でした。「侵略されて城壁の滅びた町。自分の霊を制しえない人」(25・28)とありました。自分の霊や感情が爆発しそうになる時があります。感情をセーブできないのです。もし感情の爆発をコントロールできないなら、城壁が崩れた町と同じで、そこから敵が攻め込んで来てやがて滅ぼされるでしょう。些細な事柄が引き金になり、へたってしまうことがあります。私たちは、問題をコントロールする以前に、自分の感情や霊、言葉をコントロールする必要があるのです。このように、祈りによって人はもう一度出発点に立たされるのです。み言葉に導かれる時、人の魂は健やかにされます。

9

ルカ 24・28〜32
一緒に食事の席に着いたとき、イエスはパンを取り、賛美の祈りを唱え、パンを裂いてお渡しになった。すると、二人の目が開け、イエスだと分かったが、その姿は見えなくなった。(30-31)

場面は宿の食卓です。聖餐式ではなく普通の夕食です。復活のキリストは、私たちの旅先の食卓にも来られます。教会にだけキリストがおられる

のではなく、普段の家庭にも客人として来られるのです。見えませんが、慰め深く共におられるのです。

トルストイの童話に、「靴屋のマルチン」というのがあります。マルチンは夕べにがっかりします。とうとう神さまは今日、自分の所に来られなかったと知ってガッカリしたのです。しかし、彼が目を閉じて祈る夕べの祈りの内に声があって、「私は今日あなたに会いましたよ。あなたは雪かきの男を部屋に入れてあげたでしょう。寒さに震える女の人と赤ちゃんにミルクを飲ませてあげました。またリンゴを盗んだ男の子の代わりにお金を払ってあげました。実はそれらはみな私だったのです」と言われます。

マルチンはずっと前に独り息子を残して妻に先立たれ、その息子も病気で亡くなり、その後はずっと一人ぼっちです。ですが、いま心の内にイエスの声を聞いてとても驚きます。そして自分は世界一かわいそうな人だと思っていたが、もっとかわいそうな人がいると気付き、更に、神さまはいつも自分のことを見ていてくださるのがわかって、大変幸福な気持ちになったのです。

私たちが高齢になり、たとえたった1人だけの食事をする毎日になっても、その食卓にキリストは来ておられるのです。

10

Ⅰコリント 1・1〜4
わたしは、あなたがたがキリスト・イエスによって神の恵みを受けたことについて、いつもわたしの神に感謝しています。(4)

東工大の大隅良典さんがノーベル生理学・医学賞に決まった時、大隅さんは40年間顕微鏡をのぞくのが何よりも楽しみだったと報道されました。

牧師というのは聖書に養われるのが楽しみな人間です。その時代に対する神の声が活き活きとそこから聞こえてくる。自分への語りかけも聞ける。だから、うれしくてならず、楽しみでならず、聖書に聞くのです。顕微鏡をのぞくのが楽しみなのと似ています。また、牧師は聖書によって砕かれ、力を得ます。聖書にしっかり砕かれなければなりません。神学書や一般の書物を読むのも大事ですが、聖書以外のものから力を得ても、今の時代への神からのメッセージを届けられません。それでは他人がした研究や成果

に乗っかって読書発表をしているだけになります。神の御心に直接触れ、そこから喜びを与えられて生き、語り、活動するのでなければ、教会に命がなくなるでしょう。

　ある人が書いています。「多くの牧師が人生の終わりに最も悔やむのは、神が準備された良いチャンスを用いなかったことだ」。耳が痛いです。聖書に十分養われなかったためにいろいろなものを恐れ、生き方が小さくなり、良い機会があったのに大胆に生きることができなくなってしまったということです。考えさせられます。

　大隅さんが40年間顕微鏡をのぞくのが楽しみであったというようなところから、牧師たちも始めなければなりません。もちろん信徒も同じです。

11

Ⅰコリント1・1～4
神の御心によって召されてキリスト・イエスの使徒となったパウロと、兄弟ソステネから、(1)

　フロイス著の「日本史」という本があります。今から約450年前、秀吉時代に長く滞在したポルトガル人宣教師が書いた本です。文庫版で12巻ありますが、当時の日本の支配者とのやり取りや環境、農民や武士、仏教の状況など驚くほど克明に活き活きと活写されて、人々の肉声が聞こえてくるようで驚きます。初めて日本人とは何者かを知った気になります。彼は信長と18回も会見しています。当時の日本を知る絶好の読み物でしょう。

　その本の中に、今の大分県の豊後に慈善病院が作られ、貧しい人たちに奉仕をしていたことが書かれています。病院の薬局には、必要なあらゆる薬が遠くマカオから取り寄せられていたので、日本人に驚嘆の念を起こさせたのです。宣教師らが少しも現生利益を求めていなかったので驚嘆したのです。当時の仏教は慈善に関心がなく、それを低級なことと軽蔑していたので、キリスト教徒の隣人愛に人々は魂が揺さぶられるほど心打たれたのです。確かに今も、キリスト教の病院は全国に多数ありますが、仏教の病院は少数です。こういう中で、豊後の殿様大友宗麟がキリスト教に改宗しました。宗麟が信仰を持つまでに約20年の歳月がかかりました。

また、当時、豊後にトルレスという宣教師がいました。非常に年老いていましたが、毎日黙想のために数時間を過ごし、体は巨漢ですが、ひどく粗末な食事を取り、絶えず断食もし、冬の寒さが厳しい時も暖を取らず、火に近づくのを誰も見たことがなかったそうです。その上ほとんど常に素足であったと書かれています。パウロ同様に、召されて献身した宣教師の姿に人々は感動し、キリスト教に改宗していったのです。

12

Ⅰコリント 1・1 ～ 4
神の御心によって召されてキリスト・イエスの使徒となったパウロと、兄弟ソステネから、(1)

　昨日紹介したトルレスは、修道士らが小麦を挽(ひ)くつらい仕事を喜んで手伝い、また材木や石を運搬するような力仕事もすぐに手伝いました。高齢にかかわらず、夜9時には翌朝の黙想のために修道士たちに指示を与え、就寝時には、いつもローソクを灯してまず司祭館に泊まって学ぶ少年らの所に行き、寒さで健康を損なわないように布団をかけてやりました。それから台所に行き、召使いらが怠けて釜や鍋を汚したままにして洗ってないのを見ると、井戸から水を汲んできて全部洗い、それぞれの所にしまって台所を掃除したのです。また2頭の馬がいる厩舎に行って、汚れていると掃除し、馬に夜食を与え、飲み水を汲んで来ました。こうしてすべてを見回ってから初めて自分の部屋に戻って休んだそうで、翌朝は最初に起きる人たちの1人であったと書かれています。

　とはいえトルレス宣教師はガチガチの仕事人ではなく、胸の中に熱く燃える愛を持った人であり、彼の喜びは貧しい人や孤児や身寄りのない人たちに援助の品を与えることでした。だからこそ遥々マカオから薬を取り寄せていたのです。また彼は明るい笑顔と共に、涙を流す賜物をも神さまからいただいていたようで、数か月会わないキリシタンが訪ねて来ると、最初の挨拶(あいさつ)は涙を流して喜ぶことだったそうです。泣きべそも賜物の一つなのです。純心な方だったのでしょう。

　「神の御心によって召されてキリスト・イエスの使徒となったパウロ」とありますが、そういう熱い思いがトルレスの心も貫いていたのでしょう。

み言葉に生かされていた人であったので、これらを感謝と喜びをもって行ったのでしょう。

13

Ⅰコリント1・1〜4
神の御心によって召されてキリスト・イエスの使徒となったパウロと、兄弟ソステネから、(1)

　教会とはギリシャ語でエクレシアと言います。呼び集められた者という意味です。神とキリストに呼び集められた人たちがいるのが教会です。罪多い者が、罪赦されて招かれたのです。選ばれたといっても選民でも、エリートでもありません。ですが、この人たちにとっては神とキリストは究極的な方です。この方が最後的、究極的なお方だから、究極以前のすべての事柄に対して、深刻になり過ぎない関わり方ができるのです。深刻になり過ぎない関わり方とは、最後から一歩手前の真剣さを持って関わることです。この世の事柄を絶対化せず、醒めた目を持って関わるのです。一歩手前なのでいきり立たないのです。

　このような最後的、究極的なお方を知れば、それ以外に対してはユーモアが生まれます。自分に対しても、他者に対してもユーモアのゆとりが生まれるでしょう。だからでしょう、昨日もお話ししたトルレスは病気になっても、誰をも煩わせたり面倒をかけず、「この詰まらぬ老いぼれ。いったいお前は何の役に立つのだ」と言うのが常であったそうです。きっと自分を笑い飛ばしてそう言ったのでしょう。最後的、究極的なお方を知っていたから、どんないわれなき仕打ちにも彼は激昂しなかったそうです。その自由は、召された者たちのキリストにある自由です。

14

マルコ2・1〜12
イエスはその人たちの信仰を見て、中風の人に、「子よ、あなたの罪は赦される」と言われた。(5)

　オバマ元アメリカ大統領の父は2歳の時に失踪し、最後はケニヤで交通事故死しました。白人の母も祖母も、黒人であるオバマ少年の苦労が理解

できず、そばに理解者は誰もいなかったのです。彼はブラックとして生きる難題を抱えて育ったのです。きっと相当の心の葛藤を経験し、その孤独は並大抵なことではなかったでしょう。つらかったでしょう。ケニヤにいる祖母の家は、植民地主義者に焼き払われましたから、彼には安心して身を寄せる大地がどこにもありませんでした。怒りと悲しみとどうにもならない不安と憎悪の中に成長したでしょう。己の出生を呪うこともあったかもしれません。しかし彼は、父母を恨みませんでした。いや、恨んだでしょうが、一切を神の御手に委ね、赦したのです。

　人を恨む人は成長できません。なぜならあの人が原因で自分はこうなったと責任転嫁できるからです。人は、責任転嫁していては成熟できないのです。オバマ青年が父母を恨まなかったのは、自分が神に赦されたことを知ったからで、自分が赦されたように彼らを赦したのでしょう。壊れた人間関係の再構築は赦しから始まります。神の赦しを知って人を赦したからこそ、短所も逆境も一切合切が用いられて、彼をただ者ならぬ人物に創りあげていったはずです。彼独りの力ではありません。神の力です。

　「あなたの罪は赦される」。彼はキリストの罪の赦しに触れています。キリストの赦しを知らなければ、厳しい逆境を乗り越えることは不可能だったでしょう。担い切れない問題を持ちつつ、根本的なところで罪から解き放たれ、憎しみから解放され、自由にされて、担えるようになったのです。こうした経験が人間として成熟させます。「艱難汝を珠にす」とはこういうことでしょう。

6

15

Ⅰコリント 1・4〜9
あなたがたはキリストに結ばれ、あらゆる言葉、あらゆる知識において、すべての点で豊かにされています。

(5)

　「キリストに結ばれ」とあります。この「結ばれ」が肝心です。この結び目から恵みが入り込んで来るからです。その結ばれ方は、私がキリストに結びついたのではなく、キリストが私たちをご自分に結びつけてくださったのです。

　枝がブドウの木に結ばれていれば、どんなに豊かに実を結ぶかを、私た

147

ちはある夏に実感しました。教会で育てていたブドウの木のわずか1本から130房もの巨峰が豊かに実ったからです。それで、教会バザーの時にそのブドウをバザー用品を提供してくださった方々にお裾分けして、ブドウがバザーの成功にも一役買いました。といっても、この体験は巨峰を味わうことに主眼があったのではなく（いや、天下一品の味でしたが、それだけなら詰まらぬ話です）、ブドウの木を通して、キリストと教会に集う私たちの結びつきを黙想するためでした。

「キリストに結ばれ」、特に内的に固く結ばれ、そのことを心から感謝して喜ぶなら、必ずあらゆる言葉、あらゆる知識において恵みで満たされ、喜びの言葉が湧きあがり、人間として豊かにされるでしょう。キリストの恵みに与り、その働きに触れることで、水が低きに流れるように、キリストから豊かな賜物が与えられるのです。

16

Ⅰコリント1・4〜9
あなたがたは賜物に何一つ欠けるところがなく、……主も最後まであなたがたをしっかり支えて、わたしたちの主イエス・キリストの日に、非のうちどころのない者にしてくださいます。(7-8)

王子駅からの帰りに石神井川（しゃくじい）に沿って歩いていると、50代の上品な女性を乗せた車椅子を押す小柄な女性がおられました。川辺は結構上り下りがあります。車椅子を押すご苦労を思って、「ご家族ですか」と声をかけたら、「いいえ」と言われました。押している方は何と80歳。中板橋から帝京病院までの片道約1.6キロの道を、週2回この方の介助をしているそうで本当に驚きました。さらに聞くと、もう4年間も通っておられるとのこと。どんないきさつで車椅子を押すようになったかは知りませんが、社会の片隅で人知れず苦労しておられることに心痛みました。世の中にはご高齢になってもこういう仕事で生計を立てなければならない人がいるのですね。80歳の小柄な女性が片道1.6キロの上り下りのある道を押すのはいかにつらいかは、知る人ぞ知る、です。

その方だけではありませんが、自分も含めいろいろな方を思いながら今日の聖書を読み、「一体、人生の帳尻は合うのか」との疑問が湧きます。帳尻が合うとすれば、どこでどう合うのでしょうか。そのヒントは、「主

イエス・キリストの日に」にあります。地上での生涯では帳尻は合わないように見えても、必ず神はその「日」には帳尻を合わせてくださるでしょう。

17

Ⅰコリント 1・8
主も最後まであなたがたをしっかり支えて、わたしたちの主イエス・キリストの日に、非のうちどころのない者にしてくださいます。

　スピノザという哲学者は、すべてのものを「永遠の相の下で」見ると言いました。永遠の相の下で見るなら、一切のものは過ぎ行くものでしょう。確かに神のみ国からすれば、一切のものは暫定的です。一時的です。永遠ではありません。「キリストは再び来り給う」、そう確信して心が定まると、世についての恐れが消えます。憎しみも薄らぎます。根本的には、いつもただ愛すること、いつも神の国を見上げ、人のために存在しようとすることが心に生まれるでしょう。

　もちろんこれは、私たちが世を支配する絶対君主のような態度で胸をそらし、達観して町を闊歩するということではありません。また反対に、肩を落とし縮こまって生きることでもありません。

　ナチスへの抵抗で囚われたボンヘッファーは獄中でこう書きました。「わたしは何者か。彼らはしばしば言う、わたしが独房から、まるで城から出る領主のように落ち着き払って、明るくしっかりした足取りで歩み出てくると……」と。私たちはどこにいても、「穏やかに、敬意をもって、正しい良心で」（Ⅰペトロ 3・16）、堂々と生きればいいのです。彼は傲慢だったからではなく、キリストが再び来られることを知っていたから、獄中にありながら、「城から出る領主のように落ち着き払って」生きることができたのです。

18

Ⅰコリント 1・10 〜 17
兄弟たち、……皆、勝手なことを言わず、仲たがいせず、心を一つにし思いを一つにして、固く結び合いなさい。
(10)

　イエスは、子どもが、「お父ちゃん」と呼ぶような言葉で祈られました。子どもの言葉で神に呼びかけ、交わっておられたのです。こんなシンプルな信仰なら子どもにも通じます。次元が低いわけではありません。
　琵琶湖の近くに止揚（しよう）学園という、創立60年を越すキリスト教の福祉施設があります。重い知恵遅れの子どもや大人たちの施設で、1年を通じスタッフと24時間共同生活をしています。私も何日か生活したことがあります。湖に注ぐきれいな川が流れ、6月には蛍が飛び交い、皆で川辺に腰掛けて蛍を見るのです。ある年も蛍を見に出掛けて、「ほ、ほ、ほたる来い」などと歌いました。
　すっかり心満たされて、さあ帰ろうと腰を上げた時、重い障碍を持つある女性が、「蛍さんも、早く電気を消して、寝えや」と声をかけたので、皆、ドッと笑ったそうです。「蛍さんも、早く電気を消して、寝えや」。何て優しい心でしょう。実にすばらしい。こんな一言で仲間も職員も心が1つになり、ああ、今日もよい日だったと心がつながる、それが止揚学園です。著名人の洒落た言葉ではなくても、心は温かく1つにつながるし、この方が愛に近いでしょう。こんなことが自然に起こる世界はすばらしいです。ここには何か深い真理が潜んでいます。
　それに対して、「自分こそ」「自分たちこそ」と他と張り合う気持ちがあると仲たがいが起こります。「仲たがい」というギリシャ語には、「割れ目」「分裂」という意味がありますが、十字架に目が行かないとそういう邪悪さが忍び込みます。しかしキリストにあって心が結ばれるなら、外に向かって証しが生まれます。心が1つになれば、キリストを思いっきり証しできるのです。

150

19

ルカ 7・36～50

同席の人たちは、「罪まで赦すこの人は、いったい何者だろう」と考え始めた。(49)

　難民問題は今も世界の大問題です。この解決はなまやさしいことではありません。しかし日本ではあまり報道されませんが、欧米では教会が中心になって難民受け入れに励んでいる所が多くあります。そのような教会では、難民を神から遣わされた隣人としてできるだけ温かく受け入れようと努めています。それで、信仰を持つ人が急増している教会があちこちで見られます。

　もちろん、生活のために偽って洗礼を受けられては困るので、厳正に基準を敷き、途中で脱落者が出るほどの求道者会を何回も行っているようです。賛否がありますが、ある教会では50人、100人の集団受洗まで起こったようです。ドイツやスイス、イギリスのプロテスタント教会で、またオーストリアのカトリック教会でそんなことが起こったと聞いています。受洗者の中には、「これまで母国ではイエスがこんな人だとは聞いたことがなかった。自分たちの宗教は争いや戦いの中で生まれたが、敵をも愛し赦す、人にここまで仕える愛の宗教があるとは知らなかった」と言って洗礼を受けた人もいます。

　受洗者数が大事なのではなく、キリスト者たちが率先して難民のためにお世話をし、実社会に馴染めるように支援し、それがたまたま受洗者数という形でも実を結んだのです。新聞や評論家は「何々問題」と書きます。しかしキリスト者は、困難を抱えている「隣人」に関わるのです。イエスがそうでした。あくまで課題を持つ1人の人間に関わる。これはとても大事な在り方です。

20

詩編 131・1～3

わたしは魂を沈黙させます。わたしの魂を、幼子のように　母の胸にいる幼子のようにします。(2)

「神は人間をまっすぐに造られたが　人間は複雑な考え方をしたがる」

とコヘレトの言葉は語ります（7・29）。2千数百年前の知者、コヘレトは現代を預言していたかのようで、時代と共に社会が複雑化し、私たちは神の存在も複雑に考えるようになってしまいました。しかし、20世紀最高の神学者と言われるカール・バルトは、神への「信仰は、子どもが母親の膝の上にいるのだということに気付くような、単純な発見です。この単純なことが同時に信仰の深い奥義」ですと語っています。

　私たちはもっと単純素朴になるほうがいいでしょう。単純に神を仰ぐ人には希望の泉が湧いています。泉が湧くのは神のみ業ですが、ただ神を信じるだけで魂は安定し、心は平和になり、緊張がほぐれ、人との関係が改善され、また強くされます。「母親の膝の上にいる」というような信仰の単純素朴な発見が、人生の旅を足取り軽く前進させるのです。母の胸にいる幼子のようなリラックスが与えられるのです。足元に希望の泉が湧いているのを知るだけで人生は変わり、人生の風景は一変するでしょう。

21

マタイ5・8
心の清い人々は、幸いである、その人たちは神を見る。

　F. ジャムという詩人のことを知りました。生まれ育ったフランスのピレネーの片田舎に一生住み、パリには数回しか行くことがなかった詩人。自分を、よろけながら歩いている騾馬のような者と譬えてやまなかった信仰の詩人です。リルケは、「ピレネーの麓にいる詩人のようになりたい」と憧れたといい、クローデルは、「永遠に、傷ついた者が自由に飲むことのできる清らかな泉が湧き出ている」と讃えたそうです。私はジャムの詩に素直に心打たれ、こころの清められる思いになりました。

　日本にもジャムと同時代に生き、わずか29歳で惜しまれて逝った信仰の詩人がいました。その名は八木重吉（1898-1927）。私は青年時代、彼の詩に触れて心が幾度も清められ、素直さが甦るのを感じました。今も信仰の原点のように時々読み返します。

「きりすとを　おもいたい

いっぽんの木のようにおもいたい
ながれのようにおもいたい」　　　　　　　（「きりすとを　おもいたい」）

「わたしのまちがいだった
わたしの　まちがいだった
こうして　草にすわれば　それがわかる」　　　　　（「草に　すわる」）

「自分が
この着物さへも脱いで
乞食のようになって
神の道にしたがわなくてもよいのか
かんがえの末は必ずここにくる」　　　　　　　　　（「神の道」）

2人はすっかり忘れられたような世界ですが、忙しい現代社会だからこそますます大事になります。

22

黙示録 17・14
この者どもは小羊と戦うが、小羊は主の主、王の王だから、彼らに打ち勝つ。小羊と共にいる者、召された者、選ばれた者、忠実な者たちもまた、勝利を収める。

19世紀にブルームハルトという牧師がドイツにいました。彼は牧師館の庭に、いつでも出掛けられるように新しい馬車を用意して神の国を待っていたそうです。誰かから尋ねられると、「主イエスが再臨される時、これに乗って直ちに駆けつけるためです」と真顔で答えました。遊びではなく、彼はそれほど本気でキリストを待っていました。愚かな人物に見えますが、いろいろな領域に通じた実際的な知識人でした。

息子のブルームハルトも父の信仰を継ぎ、父と同様、「イエスこそ勝利者である。意気消沈するな。気をしっかり持て」と語って、多くの人を励まし、イエスに全幅の信頼を置いて、その地域で地に足を付けて生きました。彼は牧師であり政治家でもありました。愚かに見える彼ら親子が、20世紀の多くの神学者や思想家に影響を与えたのです。

23

Ⅰペトロ3・19
霊においてキリストは、捕らわれていた霊たちのところへ行って宣教されました。

　ある教会の冊子に、都内の公立小学校に勤める女性教師の証しが書かれていました。この方は生徒たちを愛してやまず、時間を見つけては子どもたちと遊んで彼らの心を捕らえておられたようです。しかも教師たちの私的な研究会では、「私はクリスチャンで、日曜日は教会に行っています」と明るくハキハキ発言する大変明朗な方のようでした。

　ところがその方が大腸ガンになりました。落ち込んだ彼女は自分の子どもたちの前で、「お母さんはおなかの中で悪いことばかり考えるから、ガンができた」とこぼしたのです。そしたら娘さんが、「お母さん、イエスさまは汚い場所に降りて行ったっていうよ」と言って慰めてくれたのだそうです。そうです。イエスは死んで十字架にさらされましたが、死後も罪人らの掃き溜めのような汚れた地獄にまで降りて行って宣教されたのです。

　娘さんの言葉に彼女はハッとしたんですね。「イエスさまは、私のような者と共にいてくださる。今も私をお見捨てにならない。ならば、これからも子どもたちに希望を届ける人になって、再出発しよう」という思いに変えられたのだそうです。

　イースターの前日、受難週の土曜日は陰府に降（くだ）られたキリストを覚える日です。たった1日です。しかしたっぷり1日、陰府におられたということです。「主のもとでは、一日は千年のようで、千年は一日のようです」（Ⅱペトロ3・8）。地上と違い、そこでは1日は万年、億年と同じかもしれません。イエスが罪人と共にいますとはそこまでの深い愛なのです。

24

ヨハネ7・37〜39
わたしを信じる者は、聖書に書いてあるとおり、その人の内から生きた水が川となって流れ出るようになる。
(38)

　アウグスティヌスはこう書きました。「主よ、あなたは私たちをあなたに向けて造られました。それで、あなたの中に安らうまでは、私たちの心

は安らぐことがありません」。神は、神以外のものでは満たせない渇きを、私たちに与えられたのです。人間は絶対的なものへの渇きを持つ者として造られているのです。それがいろいろなバリエーションの渇きとなって現実に現れます。

イエスはそうした私たちに、今日の言葉を語られました。水は生存に絶対不可欠です。砂漠ではそのあるなしは命にかかわります。生存に絶対不可欠な水が川となって信じる者の内から流れ出るとおっしゃったのです。「生きた水」は、英語では Living water です。生きて流れる水、後から後から流れ出て来る湧き水です。

キリスト教信仰はひと所に留まりません。繰り返して新しく革新され、歴史の中であらためられて成長していきます。キリストが羊飼いのように先頭に立って歴史の中を導いてくださるからです。信仰は信じたらそこに止まってそのまま固定して溜まり水のようになるのではなく、せせらぎに似ています。常にダイナミックに生きて流れて美しいのです。

そして流れ出すのはその人の「内から」です。外からではなく内からです。プロテスタント教会は「内から流れ出る」ものをしばしば警戒しました。イエスが、「人から出て来るものこそ、人を汚す」（マルコ7・20）と言われたからです。確かにその側面は否めませんが、更に深くイエスに根差す時には、今日の所にあるように、その人の内からイエスの恵みが生き生きと流れ出すというのも本当です。

25

マタイ 13・44

天の国は次のようにたとえられる。畑に宝が隠されている。見つけた人は、そのまま隠しておき、喜びながら帰り、持ち物をすっかり売り払って、その畑を買う。

青年時代は自分探しの時代です。自分は何者だろう、自分の存在理由は何かと若者は問います。それが見つからないと深く悩みますし、見つかれば喜び勇んでそれに向かって進みます。

しばらく前の新聞で、「本気で自殺したいと考えたことがある」人が回答者の25％に達すると報道されていました。4人に1人です。20代の女性に限れば何と37％。テレビに出るような若い元気な芸能人とは全く違

う実態で、これには驚かされます。テレビは現実を反映しておらず、作為ある世界だと思いました。また実際の自殺者は、すべての年代で男性が女性の約2倍強です。これも驚かされる事実です。

そういう私も、イエスと出会う20歳前後は実に絶望の中にいて、希望の光が全くありませんでした。外面はスキーに出掛け、バレーボールに興じる元気な青年でしたが、思い出すと、「自分には何の価値もない。生きていれば迷惑がかかる」という思いの強い若者でした。今はこんなに晴れ晴れしているのに、当時は、生きることにも、人間であることにも、罪悪感を持っていました。現代の若者はどんな気持ちで「本気で自殺を考えている」のか知りませんが、今も深い絶望感を抱く青年が女性では3分の1以上いるのは本当なのでしょう。

しかし幸運にも私はイエスと出会い、今日の言葉で言えば、絶望的に見える「君の畑には宝が隠されている」という言葉に支えられて進みました。今、絶望感を抱いている青年は、一度だまされたと思ってぜひイエスと出会ってください。必ずあなたらしい道が拓かれるでしょう。

26

ヨハネ 21・24
これらのことについて証しをし、それを書いたのは、この弟子である。

イエスは十字架上から、弟子に母マリアを託されたのです（ヨハネ19章）。愛する弟子とはヨハネです。20代の青年が、老婦人の世話を仰せつかったわけで、複雑な思いだったでしょう。

ヨハネは才気煥発、人並み外れた雷のようなエネルギーと決断力を持っていました。他の弟子に負けじと、兄弟ヤコブと共にイエスの左大臣、右大臣になりたいと願い出たことさえあり、ペトロではなく彼こそ十二弟子のトップになる人物であったとも言われます。しかし、彼の名は使徒言行録の最初に出ていますが、その後、忽然と消えてしまいます。

なぜか。イエスから母マリアを頼まれたからで、弟子集団を率いずに、大舞台から退いてマリアの面倒を見て暮らしたからだと思われます。彼は泣いたでしょう。イエスの「愛する弟子」とありながら、実際は冷や飯を

食らったように思ったのではないでしょうか。ところが今日の聖句には、「これらのことについて証しをし、それを書いたのは、この弟子である」とあります。すなわち、ヨハネ福音書の主要部分をこのヨハネが書き、それを人々が編集して福音書を著したと述べるのです。

ということは、イエスが母マリアをヨハネに託したのは、ヨハネ福音書を書かせるためだったとも考えられます。確かにこの福音書にはイエスの内面や父なる神との密接な関係、イエスの心にあると思える思想的な事柄、母マリアとイエスの関係など、興味あふれることが出てきます。これはマタイやマルコやルカの追随を到底許さぬものです。

植村正久は、これは母マリアと同居したお陰ではないかと語っています。

27

コロサイ3・5〜12
古い人をその行いと共に脱ぎ捨て、造り主の姿に倣う新しい人を身に着け、日々新たにされて、真の知識に達するのです。(9-10)

キリストと共に死んで、甦ることによって、あらゆる分野で新しい行動が生まれます。むろん異性に対しても同性に対しても、人として、1人の人格、「あなた」「汝」として接する生き方が生まれます。7節に、「あなたがたも、以前このようなことの中にいた」とありますが、これは、彼らコロサイ教会の人々の過去が、いかに「みだらな行い、不潔な行い、情欲」(5) などの類（たぐい）のものであったかを窺わせる1節です。そういう彼らもキリストによって救い出されたのでした。

今日、キリスト教は、人間だけを「汝」として見るのではなく、動物や植物また鉱物までも「汝」として見るところまで来ています。自然もまた私たち人間の「汝」なのです。自然破壊、環境汚染、気候変動、薬物被害などがあちこちで進んでいます。他方、高額な熱帯魚がたった1匹で4000万円くらいします。家一軒建ちます。また、ある種の熱帯魚は捕獲が難しく、海底深く潜って水中でシアン化化合物を吹きかけて一瞬意識を失わせて捕獲します。ところが、その薬品が周辺のサンゴを死滅させるというのです。そんな薬品を、現代人は海底にまで持ち込んでお金を得ているのです。

熱帯魚を見ていると癒されますが、癒されていい気になっている背後で自然破壊の代償があるのです。心の癒しを満足させるものをお金で買い、消費者の手に届けられる。しかしそんな彼らにも神の造られた貴い汝として、「真の知識」をもって接したいものです。

28

ヨハネ 13・12 ～ 15
わたしがあなたがたにしたとおりに、あなたがたもするようにと、模範を示したのである。(15)

創世記 2 章に、神は土の塵（ちり）のような何の価値もないもので人を造り、命の息を吹き入れられた、すると生きた者となったと書かれています (7)。非常に含みのある物語です。

私たち人間は、全身に神の命の息が行き渡っているのです。私たちは誰でも、仏教徒もヒンズー教徒も無宗教の人も、神の恵みの息が行き渡らない人はいないのです。存在全体が神の恵みと憐れみで成り立っているだけではなく、その私たちに隣人エバを与え、隣人と出会い、隣人と響き合って生きるように造られているのです。動物ではその代用はできなかったとも書かれています。犬や猫とは真の響き合いが起こらない。これも意味深いことです。

イエスは、私たち人間は神の似姿として造られているので、必ずあなたは隣人に慈しみ深くあることができるし、愛を持って生きることができると言われるのです。イエスが、「わたしがあなたがたに……模範を示した」とおっしゃるのは、そういう深い意味を含みます。聖書が「雄々しく強く生きなさい」（Ⅰコリント 16・13）と語るのは、強くあることができるという意味です。「あなたがたは地の塩、世の光である」（マタイ 5・13-16 参照）とは、あなたは地の塩、世の光であることができるということ、そういう人として造られたのだという意味です。神の手は非常に長く、そこまで私たちのために伸ばされているということです。

29

ルカ6・27～36

いと高き方は、恩を知らない者にも悪人にも、情け深いからである。あなたがたの父が憐れみ深いように、あなたがたも憐れみ深い者となりなさい。(35-36)

挨拶しても挨拶してくれない、愛しても応えてくれない、良くしても反応がない、仲間とは夢中で話すが外の人には心を開かない……。私たちはそんな世で暮らしています。そんな世で泥だらけになって生活しているのが私たちです。しかし、泥だらけになりながら善を行い、正義を行い、神のみ旨を行おうとする「地の塩、世の光」(マタイ5・13-16) に生きる人がいます。

JOCSのワーカーとしてバングラデシュで働く岩本直美さんの証しを聞きました。バングラデシュには汚職や不正が多く、用心が欠かせないそうです。しかし障碍者施設の責任者として政府関係者や警察署長などにも会う中で、汚職や不正が横行する中でも正義を貫こうとしている人がいることも知り励まされているというのです。正義がある中で正義を生きるのはやさしいが泥の中で正義を貫くのはやさしくない、それなのにそう生きている人たちがいるのを知ると力づけられると話されました。

イエスは、私たちが泥のような世にいるのを知っておられます。ですから今日のみ言葉をもって励まされたのです。そしてこれらをするのは、「いと高き方の子となる」ためであり、必ず多くの報いがある、「いと高き方は、恩を知らない者にも悪人にも、情け深い……。あなたがたの父が憐れみ深いように、あなたがたも憐れみ深い者となりなさい」と語って、まさに泥の中でこそ、み旨を行うようにと激励されたのです。

30

黙示録1・17～18

恐れるな。わたしは最初の者にして最後の者、また生きている者である。一度は死んだが、見よ、世々限りなく生きて、死と陰府の鍵を持っている。

版画家のデューラーが描いた挿絵を見たことがあります。陰府に降ったイエスを、魔物がヤリで今にも突き刺そうとしています。刺されつつイエスは、なお1人の人を助けようとしています。刺されても、陰府に落ちた

人を助けようとしておられるのです。

　申し上げたいのは、陰府と呼ばれるような、人の目に見えないところでもイエスは働いておられるということです。私たちは、神の愛を実感したい、イエスの愛をもっと知りたいと思います。しかしイエスの愛は、失われた1匹の羊を探し求める羊飼いに似ています。道に迷った羊は心もとなく、独り孤立していて、自分が真剣に探されている事実を知らずに悲嘆にくれています。ですが、本人が知らないうちに捜されているのが迷い出た羊であり、見えないところでもうすでに愛されているのが彼であり彼女なのです。

　私たちもそうです。見えないところで、知らないうちに愛されていて、今の自分があることに思いを致したいと思います。イエスは、あなた方が「見えなかったのであれば、罪はなかったであろう。しかし、今、『見える』とあなたたちは言っている。だから、あなたたちの罪は残る」（ヨハネ9・41）と言われました。見えることよりも、見えないことの中に、もっと意味のある豊かな確かさが詰まっているのです。

7月

1

フィリピ3・17〜21
しかし、わたしたちの本国は天にあります。(20)

数年前にナイジェリアから日本に亡命し、礼拝に出た女性がいました。彼女は帰り際に、国に帰ればこれだと、首を切られる仕草をしました。そしてこうつけ加えたのです。「私たちの国籍は天にあります。だから怖くありません。私の本当の国籍は天にありますから」。こう言って明るく笑って帰って行かれたのです。

「わたしたちの国籍は天にある」(口語訳)。フィリピ3章のこの言葉は、厳粛な意味を持っています。1人の人間が亡命を敢行するほどの重い意味と、命をかける値打ちがあるものを含んでいるのです。しかも厳粛さの中に勝利の喜びが含まれています。私は、勝利の喜びに生きているこの方を思って、しばらく厳粛な思いで後ろ姿を見送りました。そして、見送りつつ、異国の若い信仰者から、日本人牧師の自分があらためて信仰を問われていると思いました。

キリストが、私の信仰を覚醒させるために彼女を送られたのでしょう。

2

ルカ22・1〜6
ユダは祭司長たちや神殿守衛長たちのもとに行き、どのようにしてイエスを引き渡そうかと相談をもちかけた。(4)

神の大河は、端っこで時々起こる渦巻きや逆流を飲み込んで、滔々と大海に注いでいます。どんなものも神の歴史の成就を阻止できません。イエスは、人が気にするほどには悪を深刻に考えられません。肯定されはしませんが、悪がいかに邪悪でも神と支配権を争う勢力とは考えておられないのです。彼らは体を殺しても魂を滅ぼすことはできません。ましてや人に命を与えることなどできません。どんな悪も神のごとき存在たり得ないのです。悪は創造の初めから限界内に閉じ込められ、それ以上は振る舞えないのです。

今日の箇所のように、イエス殺害が暗黙の内に相談され、神の名がどこ

にも現れない箇所ほど、神の御目が背後に存在するのを私は感じます。不在であるがゆえに逆に神の存在を活き活きと感じ、背後にある愛の深さを感じるのです。

　不在の中の神の臨在。これは、私たちが聖餐のパンとブドウ酒をいただき、キリストがそこに臨在されるのを味わうのに似ています。聖餐は、キリストがそこにおられることだけを味わうのではなく、キリストがそこにおられない「不在を味わう」（H. ナウエン）ことでもあります。今はまだ地上に戻れないことを、パンとブドウ酒をいただくことで味わうのです。不在をも味わうところにキリスト教信仰の深さがあります。

　神は決して強制なさいません。信じる自由と共に信じない自由、神を愛する自由と愛さない自由、人を赦す自由と赦さない自由、キリストに固着する自由と売り渡す自由。しかし、神は歴史の大河を必ず前進させます。いかなる悪もそれを阻むことはできません。神は恵みの歴史が逆流させないために、キリストを十字架で磔にし、歴史の逆流に終止符を打たれたのです。その事件がルカ22章から23章にかけて記されるのです。

ルカ 24・1 ～ 8

3

見ると、石が墓のわきに転がしてあり、中に入っても、主イエスの遺体が見当たらなかった。(2-3)

　墓に来た女性たちに、復活したお方はもちろん見えません。悲嘆はどんなに大きかったでしょう。ですがこの見えないお方は実在されます。では、目に見えないこのお方にどう応答し、人生をどう生きたらいいのでしょうか。

　小児まひで両足の自由を失ったルーズベルト大統領は、世界大恐慌後の未曾有の不況が長引く中で、自分自身と世界の困難を抱えて引きずるように進み、大胆なニューディール政策を行いました。その墓碑銘にはこう書かれています。「彼は暗闇を呪うことよりも、ろうそくを灯そうとした。そして彼の光と輝きが世界を明るくした」。

　世界で未経験のことが次々と起こり、いろいろな考えが錯綜して混乱しますが、その中で自分の前にある課題をどう担い、どう生きるかが大事で

す。神が見えず、希望が見えないからといって闇に潰され、グチをこぼして呪いつつ生きるのか、それとも復活した方の存在を信じ、暗闇に、私たちも希望のろうそくを掲げる人になろうとするのか。

4

ヨハネ 1・29 ～ 34
ヨハネは、自分の方へイエスが来られるのを見て言った。「見よ、世の罪を取り除く神の小羊だ。」(29)

　エリー・ヴィーゼルはユダヤ人のノーベル賞作家です。少年時代にハンガリーからアウシュヴィッツ強制収容所に送られました。幸い、からくも大量虐殺を免れ、戦後は小説家として活躍しました。

　彼はある小説で、新しい未来を求めて戦後にパリに来た若者を描きます。その若者はパリにいるラビ（ユダヤ教教師）を訪ねます。ラビは彼に、君は何を求めて私の所に来たのかと聞くと、自分はナチの大量虐殺からやっと生き延びてパリに来た人間です。ずっと泣くのをこらえてきました。あまりにも過酷、あまりにも多くの悲惨な姿を目にして涙を忘れたのです。それで、「泣くことができるようにしてください」と願います。思いっきり泣くことができる。それこそ主人公にとって最も人間らしいこと、一番重要な切なる願いだったのです。

　ところが、ラビは首を横に振って、「いや、それは十分ではない」、「私は歌うことを教えよう」と言って語り始めます。青年は涙の革袋に涙をためたままで泣けずに、ラビの前にいます。ラビはよくわかっています。しかしラビは、君の悲しみの向こうに喜びが、歌があるのを教えようと諭し、涙の谷を越えれば、そこに希望の緑の畑が続いているのを教えたいと語るのです。人生を涙や憎しみで終わらせるのではなく、その向こうに、生きる喜び、友情、希望が横たわっていることを教えたいということでしょう。

　イエスは屠られるべき過越の小羊です。しかしその悲しみの向こうに、人類に告げられる喜びの福音が近づきつつあります。磔になり、肉体が裂かれ、ボロボロにされて吊り下げられますが、この方によって人類に希望の福音がもたらされるのです。耳を澄ましましょう。十字架の向こうから、復活の歌声が近づいているのが聞こえますか。

5

ルカ 22・7～13

「……すると、席の整った二階の広間を見せてくれるから、そこに準備をしておきなさい。」二人が行ってみると、イエスが言われたとおりだったので、過越の食事を準備した。(12-13)

「準備」「用意」という言葉が次々とでてきます。イエスはエルサレム入城の時も、2人の弟子をベタニアに遣わし、まだ誰も乗ったことのない子ロバを、「主がお入り用なのです」と、持ち主に断って借りて来させたことがありました。その時もあらかじめ約束して準備されたのでしょうが、ここでもそれと似たことがでてくるわけで、イエスというお方の用意周到さに驚きます。

私は少年時代、夏休みの宿題はいつも最初の数日と、最後の1週間ほどでやっと仕上げるという怠け者でした。算数、国語などはどうにか仕上げても、日記を書くのに気温や天気がわからず困りました。泣きながら1か月の新聞を探しまくった記憶があります。実は説教準備も、50代までは週末になって取りかかる人間でした。土曜日に徹夜で説教を作り、1時間ほど寝て礼拝で話すこともしばしばありました。ひどい時は、朝5時頃に完成して目を通し、これではダメだと思ってすっかり新しく書き直しもしました。だいたい準備が遅い人間だとわかっているのに準備ができない。50代までの人生の大半がそんな感じで、自分がほとほと嫌になってきた人間です。

準備するというギリシャ語は、覚悟ができていること、手はずが整っていることを指します。私は覚悟ができていない落第寸前の牧師だったのです。でも私たちのイエスは実に準備が良い方だったのです。そんなイエスが私たちと共に歩いてくださっています。

6

ルカ 22・7～13

イエスは言われた。「都に入ると、水がめを運んでいる男に出会う。その人が入る家までついて行き、家の主人にはこう言いなさい。(10-11)

当時の水汲みは、朝一番か遅くとも午前中に終わりました。夕刻には誰も水を汲みません。ところが「除酵祭の日が来た」(7) とあるので、時刻

は、陽が西に落ちる夕刻にイエスが2人の弟子に、「都に入ると、水がめを運んでいる男に出会う」と言って遣わされたと思われます。夕刻に、男が水汲みをして水がめを運んでいると言われたのです。

ユダヤでは、日本のように朝から1日が始まるのではなく、日没から始まります。1日は夕刻から始まり、夜、朝、昼、夕で終わります。夜は活動をやめて眠る時であり仕事をしない絶対に非生産的な時ですが、それを悪いこととは見ませんでした。むしろ、光が差さない夜は神が働いて体力を回復させ、必要なものを翌日のために整え、生産への備えもされる時と考えました。夜には恐ろしい闇が全地を覆うように人生を覆うことがあっても、必ず神は希望の朝を授けてくださると信じたのです。夜はいわば神への信頼の時です。

さて、夕日が西に沈み、新しい1日が始まる夕べになりました。その時刻に都に入ると水がめを運んでいる男に出会うはずだと言われたのです。もちろんこの時刻でも水汲みをする人がいるかもしれません。ならば、間違えないでしょうか。絶対に間違えません。なぜなら当時の水汲みは女性の仕事であり、めったに男はしないからです。いわば女性用日傘をさして雨天に街を歩く男性に似て、一目瞭然、男とは彼のことだとすぐにわかります。そこまで打ち合わせをしておられたイエスの準備の良さに舌を巻きます。

まるでレジスタンスらの地下活動の手ほどきを受けているような箇所です。

7

Ⅱコリント 12・1〜10
わたしの恵みはあなたに十分である。力は弱さの中でこそ十分に発揮されるのだ。(9)

何年か前、礼拝の席に、小学1年生の時に交通事故に遭い、重度の弱視になったKさんが座っていました。交通事故は彼女にとり大事件でした。7歳の日常が激変し、普通の小学校から盲学校に移り、一生治らぬ不便な生活が始まったのです。一時は、自分など生きていてもしかたがないと思うこともあったそうです。しかし大学に進み、彼女は信仰を持ち、生き方

が決定的なほど前向きに変えられたのです。「わたしの恵みはあなたに十分である。力は弱さの中でこそ十分に発揮されるのだ」という御言葉と出会い、「あなたは生きていていい」という福音に接したからです。彼女はその後、障碍を、「苦しみという贈り物」として受け止めました。イエスは自分のことをすべて知っておられるのだから、障碍を雄々しく担って行こうと決心されたのです。大学を出ると、ほぼ目が見えないのに銀行に勤めて英文翻訳の仕事をし、この教会に来られたころは、さらに通訳の勉強にチャレンジしておられました。

　外見だけを見ると極度の弱視の上、声も細く、弱々しい感じの人でした。でもその信仰を見ると、静かな中に非常に積極的、意志的な魂を感じさせる方でした。派手な方ではありません。むしろ地味な方です。ですが障碍を、「苦しみという贈り物」として受け止める静かな闘志を内に秘めた方で、イエスによって自立し、人に甘えない人でした。

　イエスは私たちを自立させます。キリストと差し向かいで生きれば、「弱さの中でこそ」自立へと導かれます。彼女はまた、弱い人の味方になろうという心を持っている人で、神に愛されている人とはこういう人だと思わされました。

ルカ 22・14 〜 23
イエスは杯を取り上げ、感謝の祈りを唱えてから言われた。「これを取り、互いに回して飲みなさい。」(17)

8

　イエスはまず、「杯を取り上げ」(17) とあります。何か変だと思いませんか。聖餐式やミサと順序が逆なのです。聖餐式やミサはパンを先にいただきます。

　ですが、これでいいのです。信仰の世界は、お茶の作法とは違います。司祭が執り行うミサ（聖餐式）が千利休に決定的な影響を与えたというのは確実でしょう。しかし、信仰はお点前ではありません。もっと自由闊達、伸び伸びとし、こせこせしない。もっと本質的なものを目指し、本質的な方を仰いでいます。

　聖餐式の形式は多様であっていいのです。ただこの後、20 節を見れば、

167

イエスはパン（19）のあとに杯を取り上げています。要はイエスにとって順番が重要なのではなく御心に添うかどうか、すなわちイエスが十字架で血潮を流すことを神の御心に添うことだとして、感謝して杯を受けられたということ自体が重要なのです。これが一番肝心なことで、聖餐式はこの恵みを深く味わうものです。

　もう一度申しますが、イエスは磔（はりつけ）になられます。ですがこの期に及んで十字架で血潮を流すことを感謝されたということは、たとえ子どもでもイエスのその愛の意味を知れば、必ず喜びにあふれるでしょう。

9

ルカ 22・14 ～ 23
イエスは杯を取り上げ、感謝の祈りを唱えてから言われた。「これを取り、互いに回して飲みなさい。」(17)

　「互いに回して飲みなさい」とあります。英語訳ではシェアーして飲みなさいとなっています。これも私たちの聖餐式と違う仕方ですが、ブドウ酒が入った大きな杯を回し飲みするのが本来の聖餐式の仕方です。その仕方は茶道の世界で引き継がれています。イエスの杯を兄弟姉妹がシェアーして受け、唯一の主なるお方の恵みに共に与るのです。同じパンと杯をいただくことで、キリストにおいて1つにされ、1つの家族、1つの体、同じ罪の赦しと恵みに与る者とされるのです。

　ヤクザの兄弟の誓いの杯というのがあり、今ではユーチューブでその場面が見ることができます。杯がなみなみ注がれると、北島三郎の、ドスが効いた「纏（まとい）」という演歌「やると決めたら俺はやる」が流れます。それは厳かな式です。ただ、そこに感謝や喜びは感じません。どこか殺気立った雰囲気があります。

　一方、イエスの周りには喜びが満ち、感謝があふれ、自由がみなぎり、恵み、平和、正義、謙遜、和解、柔和、そして信仰と希望と愛が息づいています。「ここにはあがないあり、ここにはなぐさめあり、わがけがれ、きよめられ、みちからはみちあふる」（54 年版『讃美歌』205 番）の歌があります。

10

ルカ 22・14 〜 23

言っておくが、神の国が来るまで、わたしは今後ぶどう
の実から作ったものを飲むことは決してあるまい。

(18)

今、弟子たちとしようとする食事は、ただ 1 回限りの食事だとイエスは
語られたのです。この最後の 1 回がモノを言い、命を持つのです。その意
味は、神の前に犠牲の動物ではなく、まことの過越に必要な、傷のない神
の小羊、すなわちキリストが献げられ、ご自分が磔になることによって成
し遂げられる真の過越が到来するまで、2 度とこの食事をすることはない
と言われたのです。

言葉を変えると、イエスは、十字架にかかって神にその身を献げるとの
固い決意を語られたのです。しかもその決意は、悲壮な中でなされた決意
ではなく、17 節にあるように、「感謝の祈りを唱えて」なされた決意でし
た。十字架におかかりになるという、常識では緊張で顔が引きつるような
苦難の杯を感謝して受け、お飲みになろうというのです。磔を感謝して受
け取ろうとしておられるわけで、これは驚くべきことです。別の見方から
すれば、父なる神が私（イエス）を裁き、私を裁くことによって信じる者
を救ってくださると神が決意し、それが実現されるまでは、私は決してこ
の食事をいただきませんというご覚悟です。

11

Ⅰテモテ 4・11 〜 16

あなたの内にある恵みの賜物を軽んじてはなりません。
その賜物は、長老たちがあなたに手を置いたとき、預言
によって与えられたものです。(14)

隠退後、私が属する日本基督教団の教会を中心にプロテスタント諸教派
とカトリック教会やウクライナ正教会も含む、合計約 100 教会の礼拝に出
席しました。初めは、自分との違いを感じて恐る恐る参加し、現今のキリ
スト教の信仰的霊的程度を客観的に観察するという冷めた態度でしたが、
やがて、どんな教会であろうと、共に神の恵みに与る喜びを覚えて出席さ
せていただき、多くのことを教えられました。

それらの教会には、高齢者もいますが 40 代前後の若年層が中心で、礼

拝が儀式ばらず自然な喜びがあり、出席者の約1割が子どもの所もありました。彼らは意外と静かで、まれに騒がしい時は別室に導いて礼拝していました。役員の方に聞くと、若い世代が多いのは、クリスチャンホームの子どもの多くが信仰を継いでいるからとのこと。これらの教会では信仰の継承が理念ではなく現実にできていて、日曜出勤の人や塾や部活の子らのために早朝と夕方にも礼拝をしていました。

驚いたのは、低学年の子どもがよく通る声で大人と一緒に主の祈りや十戒を唱和し、使徒信条も告白することでした。賛美歌も大人に混じって声を出して歌い、礼拝への参加意欲があるのを感じました。その自然な姿は、むろんマインドコントロールの類ではありません。説教がすべてわかるわけではないでしょうが、小学生の受洗の証しの文章を読む機会があり、私は大人に近いその内容にすっかり面喰らいました。

青年テモテは長老たちから按手を受けました。その恵みの賜物が生かされるように、パウロは切に祈っています。教会の在り方によっては、今日でも恵みの賜物が年齢を超えて生かされる道があるかもしれません。それは教会が祈り求める活性化の道かもしれません。

12

ルカ 22・14〜23

イエスはパンを取り、感謝の祈りを唱えて、それを裂き、使徒たちに与えて言われた。「これは、あなたがたのために与えられるわたしの体である。」(19)

イエスはパンを裂かれました。昔、聖餐式は「パン裂き」とも言われました。十字架の上でイエスの体が鋭く裂かれたからです。服も裂かれました。聖餐式はイエスの裂かれた身体を味わうのです。体が裂かれることはいかに痛く、つらく、悲痛なことでしょう。包丁で少し指を切っただけでもわかります。イエスも同じです。しかしこの裂かれたパンが私たちの喜びのパンになるのです。キリストの深い傷が私たちの傷を癒すのです。

トラウマを持つ人に耳を傾け、聴くことで少しでも癒されればすばらしいことです。お聞きして少しでも心が楽になればうれしいと言うので、震災の被災者に耳を傾ける「お茶っ子」が盛んになりました。そこに人と人の出会いが起これば意味があります。ですが、それで本当の意味で深い傷

が癒されるのかという疑問は残ります。イベントとしては意味があり、出会いを喜ぶ人も癒される人もいるでしょう。しかしそうした傾聴で癒される傷は浅く、キリストの裂かれた身体を味わうような非日常的な癒しを待たなければ、深刻な傷の癒しは起こらないと思うのですが、はたしてどうでしょうか。

体が裂かれれば悲痛な叫びが上がります。十字架ではイエスの絶叫が聞かれました。イエスは十字架の激烈な絶叫をもって裁かれ、私の身代わりとなられました。その身代わりの絶叫が私たちの傷を癒すのです。

本来この世は絶叫で満ちています。ところが人々は皆、絶叫を隠しているか、絶叫を聞かないようにしているように見えます。私には世が絶叫で満ちているのが聞こえます。

13

詩編116編
命あるものの地にある限り　わたしは主の御前に歩み続けよう。わたしは信じる　「激しい苦しみに襲われている」と言うときも　不安がつのり、人は必ず欺く、と思うときも。(9-11)

野球の桑田真澄が、人生の半ばで挫折した長く同僚だったある人に向けて、「自分の人生でも、きれいな放物線を描く逆転満塁ホームランを打ってほしい」と励ましているのを知って心を打たれたことがあります。ただ、プロ野球選手はともかく、私たち平凡な人間が、最後に、打ったこともない人生の逆転満塁ホームランなんて打てるだろうかと思いました。

とはいえ、どんなに敗れた人生でも、破れた過去を持ちながらキリストのパンと杯に与るなら、逆転満塁ホームランにならなくても、また激しい苦しみに襲われていても「主の前に歩み続ける力」を授けられるでしょう。パンと杯、そしてイエスご自身が、私たちに力を授けるいわば秘密兵器となるのです。

この秘密兵器は、どんな過去と現在を持つ人をも励まし、勇気を与えます。反対に私たちが有頂天になっている時は、私たちを砕き、落ち着いた生き方へと向かわせる鎮静兵器となるのです。なぜなら、私たちが有頂天な時もイエスは決して有頂天にならず、十字架に今も磔になったままでおられるからです。イエスは、私たちが有頂天でいい気になっている

171

時、あなたの周りに、傷つき、絶叫している隣人はいないのですかと、今も磔になったままで問われるのです。イエスの秘密兵器は、私たちを勇気をもって立ち上がらせる武器であり、なおかつ謙虚にさせる武器でもあるのです。

14

ルカ 22・14 ～ 23
この杯は、あなたがたのために流される、わたしの血による新しい契約である。(20)

契約とはギリシャ語で、ディアセーケーと言い、2つの置かれた物の間を通る、あるいは2人が定めたものの間を通り抜けるとの意味です（創世記 15・10-18、エレミヤ書 34・18）。これはアブラハム時代にまで遡り、鳩や動物を2つに裂いて、その真ん中を通って契約を結んだ故事に由来します。契約を破れば、彼は2つに裂かれるべきだという厳粛な意味を持ちます。確かに現代でも約束を破る者は信義にもとります。そういう人間は信用されません。本来約束は厳粛です。

イエスはそのような、決して破られることがない厳粛な契約を、ご自身が磔になって私たちと結んでくださったのです。その恵みを想起するために杯が回され、それを飲む者は、血を流して立てられた契約を味わいます。また、罪の赦しと自由、新しい人間へと解き放たれる約束を覚えるのです。「新しい契約」と言われるのは、この契約が私たちの罪からの新しい出発、人生の新しい出エジプトとなるからです。

15

詩編 19 編
天は神の栄光を物語り　大空は御手の業を示す。(2)

古代のこの信仰者は、何と雄大な信仰をもっているのでしょう。彼は言葉で表わせないほど美しい、意味に満ちた大空と、頭上に広がるコスモス、大宇宙を眼にしているのです。人間は主なる神の悠久な、果てしない愛に包まれています。彼は実に簡潔に、全能の神のみ業を捉えています。著者

はダビデとなっていますが、この信仰者は自然哲学者であり、雄大なものの奥を洞察できるすばらしい詩人です。

　湿度の少ない砂漠地方では、空気はひときわ乾燥して澄み、星座は頭上近く、手に触れるかと思えるところにあって燦然（さんぜん）と輝き、夜空にちりばめられた美しい細かい宝石のようで、誰もが息を凝らして見とれます。その無数の星々が、北半球では北極星を軸にゆっくりと頭上で大きく回転するのが見え、圧倒させられるのです。

　そして昼、草原に寝ころび、空を仰いでまた驚きます。「昼は昼に語り伝え　夜は夜に知識を送る。話すことも、語ることもなく　声は聞こえなくても　その響きは全地に　その言葉は世界の果てに向かう」(3-5)。空も雲も風も一言も語りません。沈黙し、悠然と雲が流れ、千切れたかと思うと1つになり、1つになったかと思うと変形して、絶えず移り変わり、沈黙の美しさで野山を満たしています。大空はまるで神の心を映す巨大スクリーンです。

　「声は聞こえなくても　その響きは全地に」。静寂の中で、沈黙の言葉、沈黙の響きが、地の果てにまで及んでいきます。これほど対象に真摯に向かい、対象を的確に捉えている眼を知りません。詩人ですがまるで科学者です。

16

詩編84・6〜7

いかに幸いなことでしょう　あなたによって勇気を出し心に広い道を見ている人は。嘆きの谷を通るときも、そこを泉とするでしょう。

　すばらしいみ言葉です。勇気を出し、努力して頑張れというのではありません。天地を造り、私たちをその御手の中に置かれた、「あなたによって」勇気を出すのです。神を支えとして勇気を出し、心に神の約束される広い道を見るのです。神が敷かれる広い道を、信仰をもって意志的に見出すのです。すると、「嘆きの谷を通るときも、そこを泉とする」ことが起こるのです。

　現実に目の前に見える道は、細く、険しく、狭いでしょう。ですから「嘆きの谷」と呼ばれ、ほとんど人は通らず、寂しい道なき道があるのみ

です。そこは、気が滅入るほど暗く鬱陶しい場所でもあるでしょう。

　しかし、主なる神を信じて、勇気を奮い起こし、「心に広い道を見ている人は」何と幸いなことでしょうか。彼女、彼は、「嘆きの谷を通るときも、そこを泉とする」からです。暗く窮屈な場所であっても、視点を変え、眼を転じて、神のご支配を信じて心を広くすれば、その所にも若々しい甘い泉が湧き出しており、元気が回復される場所であることを知るのです。嘆きや愚痴ばかりの人生に、喜びと感謝、歌と生命のある場所が用意されているのを発見するのです。いいえ、あなたは、その場所をさえも泉がふつふつと湧くオアシスとするのです。

　いずれにせよ、その背後には主イエスの強靭な祈りが存在するのです。

17

ルカ 22・25 〜 30
あなたがたの中でいちばん偉い人は、いちばん若い者のようになり、上に立つ人は、仕える者のようになりなさい。(26)

　ロックフェラー財団というのがあります。その奨学金で、戦後幾人もの優秀な日本人がアメリカに留学しました。戦後の同財団には功罪諸説が飛び交いますが、それとは別に初代のロックフェラー一世——アメリカの石油王ですが——の社長室は社員全員が帰った後も赤々と遅くまで電気が灯っていたほど勤勉家だったそうです。別にモーレツ社員を勧めているのではありません。彼は地元の教会の熱心なメンバーで、忙しい中でも教会学校に奉仕し、役員会や教会の事務もし、教会の門番までして、心から人に仕える人でした。生涯、信仰を基に人々に仕えたのです。彼は成功の秘訣は奉仕にあると確信していました

　本当に高い所に登る人は、他の誰よりも仕えることに徹し、下心のない、真心のこもった奉仕を喜び、感謝して奉仕するでしょう。自発的奉仕が喜びなのです。それが最後に良い実を結ぶのです。地位が高くなればなるほど、謙虚な奉仕者であるべきで、神はそれを祝福されるでしょう。自分が得をするためにうまく立ち回る人は、長い目で見て神は祝福されません。

　だいぶ前に、話題の人としてアメリカの大統領報道官のＡさんが取り上げられていました。なぜ彼が民主党員になったかとの質問に、自分の母の

妹、すなわち叔母さんはダウン症だった。また自分はおばあちゃん子で、そのおばあちゃんが、自分がいつも民主党に投票するのは、民主党は弱い人のために政治をしてくれるからだと話していた、それが決定的に自分に影響を与えたのだと述べていました。子や孫への関わり方を通しても、私たちは世界や社会に関わり、弱い人に仕えることができるのです。

18

ルカ 22・31 〜 34

シモン、シモン、サタンはあなたがたを、小麦のようにふるいにかけることを神に願って聞き入れられた。しかし、わたしはあなたのために、信仰が無くならないように祈った。(31-32)

イエスは今、ペトロを綽名（あだな）ではなく本名で呼びました。それは紛れもなく彼の存在自体に向かって言われたからで、イエスの真剣さがうかがわれます。

昔の農家は米も麦も、実と籾殻（もみがら）を篩（ふるい）という農具を使って分けました。軽い籾殻は飛ばされ、重い実は下に落ちます。そのようにサタンは弟子たちを篩にかけることを願って許されたのです。

ペトロはイエスの筆頭弟子ですが、彼もサタンの篩にかけられることが許されたのです。もちろん私たちも篩を逃れることはできないでしょう。それを思うと、背筋に戦慄が走ります。イエスはそう言って直ちに、「わたしはあなたのために、信仰が無くならないように祈った」と言われたのです。私たちの信仰生活の背後にイエスの祈りがあります。いわば、川が増水して堤防が決壊せんとする時、イエスの鋼（はがね）のように粘り強い確かな祈りがなされ、無数の確かな土嚢（どのう）で水が堰（せ）き止められ、決壊しないよう氾濫がくい止められるるたです。

「あなたのために、信仰が無くならないように祈った」。この言葉に千鈞（せんきん）の重みがあります。私たちは自分を振り返れば、中身の薄い、実のない信仰生活を送っているかもしれません。サタンの篩にかかれば一たまりもないかもしれません。しかし、私たちの背後に巨大な岩盤のような主の確かな祈りが控えていて、それによって私たちは支えられているのです。私たちがサタンと対決するのではなく、キリストが前面に出て対決してくださるのです。この２つの力は拮抗しているかに見えたり、サタンの力が強力

で巧妙に見える時がありますが、最終的にイエスの鋼鉄のような祈りがサタンの業（わざ）を打ち砕きます。

19

ルカ 22・31 〜 34
シモン、シモン、サタンはあなたがたを、小麦のようにふるいにかけることを神に願って聞き入れられた。しかし、わたしはあなたのために、信仰が無くならないように祈った。(31-32)

ボンヘッファーというドイツの牧師がいました。戦争が終わる直前にナチによって処刑されました。戦後、世界の教会で盛んにその書物が読まれてきました。生前に公（おおやけ）にされた書物だけではなく、密かに外に持ち出された彼の獄中書簡によって、戦後の世界の教会は多くの影響を受けたのです。

彼は暴虐を極めたヒトラーの暗殺計画に加わり、逮捕、処刑されました。しかし、彼は最初から獄に入って死んでもいいというような、勇猛果敢な人ではなかったと言われています。むしろ、しばしばためらい、揺れ動き、あれこれ逡巡して、とうとうヒトラー暗殺計画にまで進んだのです。そこまで行ったというより主に導かれたのです。このことが戦後、多くの人たちを励ましました。

シモン・ペトロは、3度にわたって主との関係を否定し、取り返しがつかない所まで行ってしまいます。堤防が決壊する寸前まで行きました。いや決壊しました。ところが、イエスは燃える鋼（はがね）のような熱意を持って、粘り強く彼のために祈られたのです。その鋼の祈りが彼の脱落を免れさせたのです。

もちろん、私たちのためにも主イエスは切に祈っておられます。その祈りは、いかなる者をも、立ち直った時に再びお用いくださる粘りある祈りです。私たちはこの背後からの祈りに信頼してよいのです。

20

創世記 22・1 〜 14
アブラハムはその場所をヤーウェ・イルエ（主は備えてくださる）と名付けた。そこで、人々は今日でも「主の山に、備えあり（イエラエ）」と言っている。(14)

ヤーウェ・イルエ（口語訳はアドナイ・エレと表記）、「主の山に、備えあ

り」の信仰は創世記22章の故事に由来して、キリスト教に深く根を下ろしています。

　主なる神は残酷にも、アブラハムが100歳の時に生まれた独り息子イサクをモリヤの山に連れて行き、燔祭として献げよと命じました。彼は心の中で激しく葛藤しながら、朝早く、息子に薪を背負わせて山に向かいました。そして山頂で祭壇を作り、彼を縛って祭壇の上に乗せ、今まさに刃物で殺さんとしました。恐ろしい場面です。その時、天から主の使いの、「アブラハム、アブラハム……その子に手を下すな。何もしてはならない。あなたが神を畏れる者であることが、今、分かったからだ。あなたは、自分の独り子である息子すら、わたしにささげることを惜しまなかった」（11-12）という言葉を聞くのです。息を飲む瞬間です。

　彼が驚いて振り返ると、茂みに1匹の雄羊が角をとられて動けずにいました。それで雄羊を捕まえ、息子の代わりに焼き尽くす燔祭として献げました。そこでその山は、「主の山に、備えあり」ヤーウェ・イルエと呼ばれるようになったのです。

　11日に触れた教会は、クリスチャンホームの信仰継承が現実にできていて青・壮年層が多く、何割かは日曜日を丸ごと家族で捧げていました。きっとそこに葛藤はあるでしょうが、アブラハムが葛藤しつつイサクを捧げようとした時、「主の山に、備えあり」が起こったのであって、それは人の業ではなく、主が備えられた業でした。「主の山に、備えあり」が本気で信じられる所では、今も類似した不思議が起こって道が拓かれるでしょう。

21

ローマ5・1〜5

わたしたちは知っているのです、苦難は忍耐を、忍耐は練達を、練達は希望を生むということを。(3-4)

　イエスの生涯は祈りの生涯です。行き慣れた祈りの道を持っておられました。その祈りは、「アバ、父よ」という言葉で語りかける、父なる神との交わりの時であり、神の命に深く触れ、力を得てこの世に遣わされる時であり、喜びをいただき、信頼を持って再び神の意志に沿って進むための

日々の原点であったのです。すなわち、イエスの力の源は祈りにありました。この意味において、私たちも、行き慣れた祈りの道を持ちたいと思います。

　宮本武蔵が「五輪書」の中で、鍛錬の鍛と錬を分けてこう書いています。「千日の稽古を鍛とし、万日の稽古を錬とす。よくよく吟味あるべきものなり」。鍛は千日、錬は万日の稽古で得たものだというのです。千日（約3年）の練習を積んで得た動きは、一生の業（わざ）として身につくのです。百日では起こらぬ変化が、千日の練習で起こる。しかし、万日（30年）の単位の練習で得たものは、千日（3年）の練習で得たものを質的に飛躍し、越えて行くのです。ですから、何日とか、何十日とかの短い鍛錬では、真の鍛錬にならぬと言うのです。また鍛錬なき者は、身につかぬと言います。これは多くのことに妥当します。キリスト教信仰は鍛錬で得るものでありませんが、信仰生活においても、まさに「よくよく吟味あるべし」でしょう。

　イエスは鍛錬のために祈りをされたのではありませんし、祈りの鍛錬に励まれたわけでもありません。神との交わりが喜びであり、それが日々の生きる命を生み出す源であったのです。ただ、そうなのですが、私たちの場合は、パウロが言う練達や鍛錬というものを信仰生活から排除すべきではなく、信仰生活の中にしっかりと生かすことが必要です。

ルカ 22・39 〜 46

22

すると、天使が天から現れて、イエスを力づけた。イエスは苦しみもだえ、いよいよ切に祈られた。汗が血の滴るように地面に落ちた。(43-44)

　天使が力づけると、イエスはますます悶え苦しみ、祈りの戦場とも言うべき激しい苦闘の中、血の汗を滴らせて祈られたのです。「切に」とは、湯がグラグラ煮え立つほど激しく全力を尽くすこと。汗が血の滴りのように地に落ちたとあるのは誇張ではないでしょう。

　天使が力づければ、安らかで、もっと落ち着いた祈りになるはずだと思うでしょうか。しかし事情は逆で、サタンとの苛烈な決戦のような祈りを、その土台から持ち上げ、支援するため、天使が天からイエスを力づけたのです。天がこぞって味方し力づけました。それゆえ一層熾烈（しれつ）に苦しみ悶え、

激しく沸騰せんばかりに祈られたのです。これがゲツセマネの祈りでした。力づけられて苦しみが軽減し、肩の力を抜くことができたわけではなく、ますます苦しみ悶え、いよいよ熱烈に力を注がれました。汗が血の滴るように地面に落ちたのは、自分のためではなく、全人類の救いのためです。信じる者の罪が取り去られ、贖われ、救いが成就するためです。人類のための熱い愛の汗です。

　日本の植民地下、神社参拝に反対した多くの朝鮮人キリスト者が獄死しました。知人の父は3年間投獄され、冬は零下15度の床のない土間の牢獄で過ごし、指が凍って凍傷になり、春には凍った指が解けて悪臭を放ち切断しました。翌冬は残りの指が再びカチカチに凍りました。統治のひどさに胸が痛みます。すみません、お赦しくださいと、土下座して謝らざるを得ません。どの国も植民地ではそんなことがあるなどと、決してシラを切ってはならぬことです。

　ある牧師が投獄された時、妻は、「あまり無理しないで」ではなく、「決して屈してはいけませんよ」と言って励ましました。真のねぎらいとは、無理しないでよと言うことか、それとも別の言葉か、どちらが一体愛が深いか考えさせられます。天使の力づけもまさに同様でした。

23

ルカ 16・19 〜 31
ある金持ちがいた。いつも紫の衣や柔らかい麻布を着て、毎日ぜいたくに遊び暮らしていた。(19)

　ある幼稚園に、子どもに毎週、4、5千円の有名ブランドのハンカチを持たせる親がいました。もらい物ではなく、わざわざ子どもに買って与えたものです。行くところに行けば、そんな暮らしを子どもの頃からさせている家があって考えさせられます。

　今日の箇所の金持ちは、「毎日ぜいたくに遊び暮らして」いました。貴族でしょうか。料理人を置き、客を招いては宴会を開き、最高の料理をふんだんに振る舞う華やかな生活。仕事をしないで遊び暮らしていたのでしょう。ところが、「この金持ちの門前に、ラザロというできものだらけの貧しい人が横たわり、その食卓から落ちる物で腹を満たしたいもの

だと思っていた。犬もやって来ては、そのできものをなめた」(20-21)。彼は、金持ちの食卓から落ちるもの、捨てられる残飯で飢えをしのぎたいと思っていました。豚のように、です。残飯にはすえた物や、食あたりするような物も含まれています。一般家庭のゴミ箱をあさる日もあったでしょう。そのため毒素が体に回り、できものだらけ。そのできものを、野良犬たちが来てなめている。犬は複数形です。人からも犬からも、「なめられた」人生、見下げられた赤貧の暮らしです。

「ラザロ」とは、「神は助けられる」の意味ですが、その名と裏腹に、毒素が体にいっぱい回り、貧しさと病気に苦しみながら生きていました。しかも神の助けが来ないのです。金持ちは、こんな病気も苦しみも知らず、路上にラザロがいても素知らぬ顔です。無関心です。苦しみ、悩む人間の苛酷な事実などどうでもよく、自分とは無関係な風景の一部に過ぎないのです。ただ自分の門前にいれば、野良犬のように、シッシと誰かに棒で追い払わせる彼でした。

小さくされた人への愛も憐れみもない生活。彼は後日、一体どうなったかが続けて語られます。私たちはどうでしょうか。

ヨハネ 20・24 ～ 29

24

トマスは言った。「あの方の手に釘の跡を見、この指を釘跡に入れてみなければ、また、この手をそのわき腹に入れてみなければ、わたしは決して信じない。」(25)

弟子たちは用心深く入口に鍵をかけ、息を潜めていました。トマスも一緒でしたが、彼らの間に亀裂が入り、険悪な空気が漂っていました。外では、イエスを十字架にかけたユダヤ人らが、弟子集団も根絶しようと虎視眈々と狙っていたのです。それで、彼らは内憂外患の中で恐怖と不安で震えていたのです。

トマスはピリピリして、他の者が話しかけるのも気が引ける状態だったでしょう。人間というのは、一旦臍を曲げると中々心を開かないところがあります。みにくい現実ですが、当人は中々素直になれません。職場や社会でそんな経験をする方もあるでしょう。貝のように口を閉じ、こじ開けようとしても開かない。開けようとするとますます意固地になって心を閉

ざす。ほとほと困っても、貝なら金槌で叩き割れるでしょうが、人間に対してはできません。トマスの場合も、復活のイエスが現れると言う事実によってようやく心を開くことができました。

　臍を曲げる。夫婦の間でこんなことがしばしば起こると、子どもらに重苦しい空気がのしかかります。どっちが先に歩み寄るか。「さっきはご免」とか何とかチョット言って、バツが悪くても、歩み寄るのが決め手です。「我らに罪をおかす者を、我らが赦すごとく、我らの罪を赦したまえ」。主の祈りは、歩み寄りの道をすでに明らかにしています。新しい道は赦しから始まります。

ヨハネ 20・24 ~ 29

25

わたしを見たから信じたのか。見ないのに信じる人は、幸いである。(29)

　「見ないのに信じる人は、幸いである」。これはもちろん、無思慮な信仰の勧めではありません。無思慮ではなく、イエスはトマスの実証的なレベルの信仰を、更に高い次元の信仰へと飛躍させようとされたのです。ヨハネ福音書全編は、見ないで信じる人は幸いであるということに向かって書かれていると言われています。イエスとトマスのこの対話は、ヨハネ福音書が語ろうとするクライマックスをなしているのです。

　私たちはどんな人生の経路を通って今に至っていてもいいのです。最後に、このクライマックスに至ること、そこに人生最大の幸いがあると語るのです。

　トマスはイエスから、君の指を私の両手の釘跡に入れて見なさい、脇腹に手を差し込んで調べて見なさいと言われた時、すぐに悟ったことでしょう。これらの傷は、自分らがこの方を見捨てて逃げた時に付けられた傷だ。自分らが一目散に逃げる背後で、ガンガンと太い釘を打ち込まれてできた傷だ。そのように悟り、涙したでしょう。

　しかもこの方が、今、「あなたがたに平和があるように、シャローム」と、にこやかに、晴れやかに、穏やかに言って部屋に入って来られたのです。きっと弟子たちは熱い涙が止まらなかったでしょう。「悪かった、今

それがわかりました」。愛のイエスに触れて、目からウロコが落ちたでしょう。この後、弟子たちが大胆にキリストを信じ、大胆にキリストの復活を証しする生き方を選び取っていったのは、こうしたキリストとの真剣で、真実な熱い出会いがあったからです。キリストの愛が彼らを押し出し、大胆にしたのです。

26

ルカ 22・47～53

イエスがまだ話しておられると、群衆が現れ、十二人の一人でユダという者が先頭に立って、イエスに接吻をしようと近づいた。(47)

イエスはゲツセマネの園で、祈りの戦場ともいうべき、血の滴るような汗を流して祈られました。その後、弟子たちの所に戻ると、彼らは悲しみの果てに眠っていました。イエスが目覚めて祈るように諭しておられると、そこへ、群衆が松明をかざし、剣や棍棒を手にイエスを取り押さえに来たのです。日本の時代劇なら、「御用だ、御用だ」と提灯をかざしてイエスを照らし出したでしょう。暗闇に目をこらすと、先頭に十二弟子の1人、イスカリオテのユダがいるではありませんか。

そしてイエスに近づき、親しみを込めて接吻(せっぷん)しようとしました。接吻は友情、親しみ、信頼を示す挨拶(あいさつ)です。厚かましくも、接吻を合図にイエスを裏切ろうとしたのです。図々しい不逞(ふてい)の輩です。不逞とは、勝手な振る舞いをしてけしからぬことと広辞苑にあります。

イエスはすかさず、「ユダ、あなたは接吻で人の子を裏切るのか」(48)と問われました。直ちに見抜かれたのです。「ユダ」と彼の名を呼び、「接吻で人の子を裏切るのか」と、弾丸のような言葉を投げられたのです。それは図星で、目の前で起こっている紛れもない事実で、イエスの言葉は彼の脳天に命中したでしょう。

宮本武蔵が言っていますが、電光石火が大事です。イエスの言葉も電光石火でした。ユダの振る舞いを四字熟語で言い表わせば、面従腹背(めんじゅうふくはい)。当人の前では良いことを言い、陰では反対のことを言うこと。表面では尊敬しているように見せかけ、内心では反抗する意味です。キリストに対して表では弟子としてふるまい、裏では陰険な取引を祭司長らとしていたので

す。このようなことをしていると、そのうち人の信頼を根こそぎ失うでしょう。

27

ルカ5・1〜11
シモンに、「沖に漕ぎ出して網を降ろし、漁をしなさい」
と言われた。(4)

イエスが言われた「沖」とは、どこでしょう。もちろん沖は陸から離れた場所です。漢字も「氵」に「中」と書いて、周り一面に水だけある真只中を示しています。ところが原文は、「深み」となっているのです。原文は必ずしも岸から離れた所ではありません。ガリラヤ湖は山に囲まれた自然の湖で、岸からわずか離れるだけで、何m、何十mの深みの所もあるからです。

では教会や私たちにとって、沖や深みとはどこでしょう。私たちの沖や深みは、案外身近な所にあるかもしれません。家族や隣人との関係が損なわれて手出しできない所、心の通じない深淵となっている場合もあります。

イエスは、そこに漕ぎ出し、漁をしなさいと命じられました。家族や隣人、彼らとの新しい出会いへの促しです。出会うには、まず赦さねばなりません。赦さないので深みと亀裂が不気味さを増し、それを恐れてすぐ傍らの隣人とも出会えないからです。

また他の人には、自分自身が自分にとって沖であり、底知れぬ深淵であるかもしれません。深みにいる本当の自分と出会うには自分自身と和解し、キリストによってこれまでの罪が贖われなければなりません。自分自身が、自分にとって他人になってしまっている……。悲しいことに、それほどの深い分離を自己の中に持っている人がいるかもしれません。

しかし、たとえどんなに深淵が深くても、イエスはその深い溝を埋めてくださるのです。神の独り子の、あの十字架の貴い贖いの血はそうした深淵をも埋める力を持っています。「さあ、沖に漕ぎ出して漁をしなさい」と言ってくださり、それに従うなら、貧しい身にも神の憐れみが臨んで、良い実を結ぶのです。大漁旗を掲げたいほどの恵みを経験することだって起こるかもしれません。

28

ヘブライ 12・1〜6
あなたがたはまだ、罪と戦って血を流すまで抵抗したことがありません。(4)

「ユダの中に、サタンが入った」(ルカ 22・3) と福音書は語ります。ユダはサタンに抵抗することができなかったのでしょうか。しぶとく抵抗し、こらえて、イエスから教えられた「主の祈り」をもって、「試みに遭わせないでください。サタンが心に入らないように」と、七転八倒してでも祈ることができなかったのでしょうか。だが彼はしなかったのです。

私たちは、あまりにも容易にこれはサタンの仕業だと言い逃れてはなりません。サタンには太刀打ちできないと、最初からサタンとの戦いを放棄して、悪に加担してしまってはならないのです。

今日の聖句は、「あなたがたはまだ、罪と戦って血を流すまで抵抗したことがありません」と語りますが、ユダはずっと手前で降参してしまったのです。罪が誘う方へと、サタンへと、それが世の流れに沿うことだと、今風だと、進んで投降していったのではないでしょうか。そこに彼の問題があったと言えるでしょう。

しかし、そうした彼にさえ実は最後の最後までキリストの光が届いていたのです。彼が、最後の晩餐でイエスからパンを受け取っていることからも、彼にも神の憐れみが十分に届いていたことがわかります。ですが、彼はイエスの恵みを、憐れみの手を振り切り、投げ捨て、不要としたのです。そこに彼の悲しむべき最大の問題があったと言えるでしょう。

29

詩編 136 編
恵み深い主に感謝せよ。……英知をもって天を造った方に感謝せよ。……太陽を造った方に……月と星を造った方に感謝せよ。

聖書は、大地や大空、太陽や月や星々、神の大自然の恵みの中に置かれていることに感謝し、命の根源なる方をほめたたえます。それだけではなく、命の根源なる方を拠り所に、「低くされたわたしたちを　御心に留めた方に感謝せよ」(23) と語って、人生で躓き、砕かれ、低くされること

の中で、一段と深められた感謝へと導かれることも書き留めています。

　薬物中毒から回復を願う人らのミーティングでは、なぜ依存症になった　かをしばしば聞きます。ある人は皆の中に入るのが苦手で、内気で、もの　すごく人見知りがする。皆楽しそうに大学に通うが、自分はキャンパスに　いるだけで緊張し、疲れてへとへとになって帰って来る。その生きづらさ　の中、道を外してギャンブルと薬物にはまったと語っていました。深い轍　にはまったのです。ですが、その彼が今、薬物依存から回復を願う人たち　のために働いていると聞き、ここにも、「低くされたわたしたちを　御心　に留めた方」がおられると思いました。

　社会では、元気で活発なリーダーシップのある人が脚光を浴びますが、　社会にはそんな人だけではなく、内向的な人、口下手な人、人を指導する　のが苦手な人もいますし、その反面、細やかな感情を持ち、他人に優しく、　聞き上手である人がいたりします。陽性だけではなく、陰性の人もおり、　互いに補い合うように、神は全体でバランスよくお造りになったのです。

　北国にいた頃、イカリソウなど、森林の半日陰で育つ愛らしく優しい草　花を多く見ました。草花は日向で育つと信じ切っていた私には驚きでした。　さらに、栄養豊富な土地だけではなく、やせた土地でしか可憐な花を咲か　せない草花があることを知って人生観が変わりました。神は大自然を通し　ても人に語りかけておられるのです。

ルカ 22・54

30

人々はイエスを捕らえ、引いて行き、大祭司の家に連れて入った。ペトロは遠く離れて従った。

　まるで野良犬のように、人々はイエスをひっ捕らえ、大祭司の家に連行　しました。ここは私邸ではなく、下役や僕、女中らがいる、牢屋も備えた　大祭司の公邸です。

　ゲツセマネの園で夜中に逮捕し、4kmの道を連行しました。オリーブ山　の急坂を下り、少し登り、そこから公邸に続く道は今も一部残っています。　春にスミレが可憐に咲き匂う、陽だまりの斜面を横切る平坦な小道が続い　ています。ペトロは一団を見失わぬように隠れながら尾行したでしょう。

185

怖かったでしょうが、師として慕い、命より大切に思うイエスがどうなるか気が気でなりません。手出しはできないけれど、何とか解放されないかとの思いを抱いてついて行ったでしょう。

公邸の庭に焚き火がたかれていました。「人々が屋敷の中庭の中央に火をたいて、一緒に座っていたので、ペトロも中に混じって腰を下ろした」(55)。イエスの捕縛のため、ユダを先頭にここから一団となって出発したのでしょう。今、そのイエスは大祭司らの前にいます。一方、下役や僕、女中、そして物見高い町の者らは中庭で待機し、今夜の事件について焚き火を囲んでヒソヒソ語り合っていました。

そこでペトロは夜陰に紛れて庭に入り、人に混ざって何食わぬ顔で火に当たったのです。心は穏やかであろうはずがありません。皆の輪に混じり、目立たぬように黙ってようすをうかがいながら、耳傾けると、皆興奮してイエスや弟子たちのことを話しています。ユダの手引きで逮捕した時のようすを克明に語る者もいたでしょう。ガリラヤ伝道の噂や、ペトロや弟子の名を挙げる者もいたはずです。自分の名が出る度にペトロはドキッとしたでしょう。事実でないことには腹を立て、事実に近いことが話される場合は耳をそばだて、ドキドキしながらも何食わぬ顔で聞いていたでしょう。そんな状況に囲まれると、自分がそのイエスの弟子だとは口が裂けても言えなくなっても不思議ではありません。

ルカ22・54～62
主は振り向いてペトロを見つめられた。(61)

31

「見つめる」という言葉のギリシャ語は、「顔を上げて確かめるように見る」こと。女中が見た(56)のとは違うギリシャ語が使われています。イエスは振り向き、ペトロが官邸の庭までついて来たのを確かめられたのです。確かめて、「君は恐れずここまで来てくれたのか。どんなに怖かっただろう。善かつ忠なる僕よ、よくやった。私のために勇敢であるので、厳しいこの試練に遭っているのだ」と思われたのではないでしょうか。ペトロを理解するこのような温かい眼差しを感じたからこそ、彼は胸の奥から

突き上げて来るものを感じて、激しく嗚咽したのでしょう。変わらぬイエスの愛に触れ、外に出て激しく泣いたのです。

「主は私をことごとく知っておられる。主と私は権力の手で隔てられているが、主は隔たった所におられるのではなく、私の近くに、いや私と共にいてくださる。私も主と共にいよう。こわごわついて来た臆病な私とも、共にいてくださる。自分を守って3度主を否んだこの弱き私とも共にいてくださるとは……」

こんな思いを抱いたかもしれないペトロ。それと共に、「今日、鶏が鳴くまでに、三度わたしを知らないと言うだろう」(34) と言われた言葉が、激しく胸を刺したでしょう。自信満々、「御一緒になら、牢に入っても死んでもよいと覚悟しております」(33) と約束したのを思い出して、罪に泣き、自分に敗れた悔しさに泣き、恥ずかしさと愚かさに泣き、それ以上に、主が、「サタンはあなたがたを……ふるいにかけることを神に願って聞き入れられた。しかし、わたしはあなたのために、信仰が無くならないように祈った。だから、あなたは立ち直ったら、兄弟たちを力づけてやりなさい」(31、32) と言われた言葉を思い出して、自分の再起のために祈ってくださる愛に、涙が止めどなく後から後から流れたでしょう。尊大であったあの時の愚かな自分に忍耐してくださった、その愛に涙したのです。

8
月

1

イザヤ書 49・13〜16
女が自分の乳飲み子を忘れるであろうか。母親が自分の産んだ子を憐れまないであろうか。……見よ、わたしはあなたを　わたしの手のひらに刻みつける。(15-16)

キリストは手のひらに私たちを刻みつけてくださっています。何が起ころうと、キリストの手のひらから私たちが消されることはないのです。たとえイスカリオテのユダであっても決して消されてはいません。どのように刻みつけられるのか。十字架において、肉を裂き、血を流すことによって、永遠に恵みの手のひらに刻みつけられたのです。誰もこの刻印を消すことはできません。

私たちの手のひらにも、手相と言われるさまざまな線が刻まれています。細かい線もいろいろありますが、数本の太い線はキリストの真実な愛を反映して刻まれたものだと、私は想っています。特に太い線は、キリストの永遠に真実な愛を1人ひとりに刻んだもので、生涯ほぼ変わることはありません。

2

ローマ 1・28〜32
彼らはしてはならないことをするようになりました。(28)

動物は動物以下になりませんが、人は堕落して、人間であることから堕ちることがあります。しかし人がどれだけ堕ちても完全に人間でなくなり、無になるわけではありません。神を仰いでいた頃よりも小さな存在、歪んだ存在、横柄な存在、偽りがうまい存在になるだけです。いまだ神のご支配の下にいます。神を捨てても神と無関係になり得ず、姿をくらませるわけでもありません。ですから行為への責任が伴います。無限に無に近づいても責任を免れません。

大祭司や長老らの下役たちは、本来神に向き合うことで神と真理に従順になるべきでしたが、イエスを逮捕して処刑しようと企む大祭司らの庇護の下、謙遜を失い、横柄になり、図々しくも思い上がりました。イエスを蔑(さげす)んで、尊大になったのです。他方イエスは、侮辱され、殴られ、さまざ

まな暴言にさらされながら、抵抗せず、なされるがままでした。

　それは、苦しめられ、辱められ、人目に立たない密室のような所で暴力を振るわれ、卑しめられて来た人々の傍らに、いつの時代においてもイエスが立ち続けられるためでした。彼らと痛みを共にし、分かち合われるためです。彼らがいかに孤立し、哀れで、貧相に見えても、決して1人ではないことを示し、彼らの孤立を共に味わわれるのです。彼らを愛し、慈しみ、彼らが1人も失われないために寄り添われるのです。

マタイ1・23
神は我々と共におられる。(23)

3

　「祈りのちから」（2015年製作）というアメリカ映画があります。主人公エリザベスは40歳ほどの女性で、不動産会社のセールスをし、共稼ぎで夫との間に小学生の娘がいます。夫は医薬品会社の名だたるトップ・セールスマン。幸せそうな夫婦ですが、危機をはらんでいます。

　彼女は顧客の老婦人クララと会います。住み慣れた家を売却しようとしている女性です。夫と死別したがある原因で生前は夫を憎み、責め続け、いざこざが尽きず、自分の正しさを主張してきました。もちろん彼女が正しいのですが、死後しばらくして気づいたのです。敵は夫でなく、夫との間を裂こうとするサタンであったと。夫を責めて決して許さず、愛さずにいた自分が最大の問題であったと。そこでクララは、自分と同じ過ちを若者らが犯さないよう、祈りの小部屋の必要を説く人となり、ウォーキング・クローゼットを祈りの小部屋にリフォームして、毎日神に向かって祈っていたのです。

　クララはエリザベスに説きます。戦いの相手は夫ではなく、夫との間を裂こうとするサタンですから、何があっても夫を信頼すること。妻に信頼された夫は妻を裏切れない。必ず何かの機会に良心に恥じて帰って来る。自分が夫と戦うのではなく、神に戦っていただく。自分は一歩退き、夫に優しくしてキリストに信頼を寄せ、「神よ、戦ってください。私の信仰を揺るぎないものにしてください」と、猛烈な祈りをするのです。こうし

て家族の1人が本当に救われて神の前に立つ時、家族全員が必ず救われる、と。原題は War room 、戦いの部屋です。

　これがエリザベス夫婦と娘を救います。信仰的にも、人間的にも失敗を繰り返し、遂に夫との和解も果たせないまま死別した、その弱さの中にあったクララを、神は用いられたのです。一度失敗しても失敗から大切なものをつかみたいものです。インマヌエル！　神は我々と共におられます。

4

ルカ22・66～71
わたしが言っても、あなたたちは決して信じないだろう。わたしが尋ねても、決して答えないだろう。しかし、今から後、人の子は全能の神の右に座る。(67-69)

　イエスがこの時にも悠然と落ち着いていることができたのは、最後の勝利を知っておられたからです。すでに、「天地は滅びるが、わたしの言葉は決して滅びない」(21・33) と語っておられました。ここでも、「人の子は全能の神の右に座る」と答えられ、真の主権を持つ方を知ることから来る自由、勇気、喜び、平和に生きておられました。元気があっても、それがカラ元気ならメッキは剝がれますが、真の意味で自由であり喜びがあると、ユーモアと余裕が生まれます。

　イエスは、「人の子は必ず多くの苦しみを受け、長老、祭司長、律法学者たちから排斥されて殺され、三日目に復活することになっている」(9・22) とも言われました。死の向こう側へブレーク・スルーする復活。そこから来る力は死の力への勝利であり、何ものにもまさります。

　イエスは雀を例に、「五羽の雀が二アサリオンで売られているではないか。だが、その一羽さえ、神がお忘れになるようなことはない」(12・6) と語り、「体を殺しても……それ以上何もできない者どもを恐れてはならない。だれを恐れるべきか……それは、殺した後で、地獄に投げ込む権威を持っている方だ。そうだ。言っておくが、この方を恐れなさい」(12・4-5) と語られました。たとえ私たちを打ち首にしても、魂まで打ち首にはできないということです。

　イエスは、天の父を知っておられたから、腹をすかして襲いかかる獰猛な獣のような者らの中にいながら、最後の勝利に目を留め、天からの自由

192

に生き、悠然と落ち着いておられたのです。

5

使徒 7・54〜60
「主よ、この罪を彼らに負わせないでください」と大声で叫んだ。ステファノはこう言って、眠りについた。(60)

　ステファノは、「主イエスよ、わたしの霊をお受けください」(59) と祈った後、改めて「ひざまずいて」、「主よ、この罪を彼らに負わせないでください」と、心から彼らの罪の赦しのために祈ったのです。
　ユダヤ教の殉教者は、迫害者らへの報復と呪いを祈りました。しかしステファノは石打ちの刑を受けながら、神を仰ぎ、十字架と復活のイエスが神の右に立っておられるのを幻の中に目にしました。そしてしばらく前に十字架上の主が、「父よ、彼らをお赦しください。自分が何をしているのか知らないのです」(ルカ 23・34) と涙をもって祈られたのを思い出し、「この罪を彼らに負わせないでください」と赦しを祈ったのです。6 章 15 節には、ステファノの顔は、さながら天使の顔のように見えたとあります。そして今また、赦しを祈った彼の顔は、大きな石つぶてを受けて、頭や顔面、全身から真っ赤な血を流しながら、天使の顔のごとく輝いていたでしょう。
　現在も、ステファノが殉教した場所が、エルサレム旧市街のステファノ門のそばに 2000 年の時を超えて残っていて、その辺りに石の瓦礫がゴロゴロと散らばっています。そこにしばらくたたずむと、彼の壮絶な死と共に、死に臨んでの彼の赦しの祈り、ありし日の天使のように輝いた顔が思い浮かびます。

6

詩編 1 編
主の教えを愛し　その教えを昼も夜も口ずさむ人。その人は流れのほとりに植えられた木。ときが巡り来れば実を結び　葉もしおれることがない。その人のすることはすべて、繁栄をもたらす。(2-3)

　ヨルダン川の流れをイメージして歌っているのでしょう。その両側には青々と緑が繁っています。「流れ」の原語の意味は細い流れ、小川のほと

りですが、乾燥地帯ではそれで十分です。木々は高く青々と茂り、実を結びます。ナツメヤシなどはタワワに実ります。

　数人の者らで、新年度の4月から各自が始めた新しいことについて雑談していたところ、90歳を迎えたある方が、毎日旧約聖書と新約聖書を1節ずつ写経していると言われました。日本語、英語、ドイツ語、ギリシャ語、ヘブライ語の5つの言語で写経しているそうで、ハッと思わせられました。なぜ写経か。少しでも神のみ言葉の真意を探りたい、神のみ心に近づきたいとの思いからとのことです。90歳にして。

　「主の教えを愛し　その教えを昼も夜も口ずさむ人」というのは、このような人です。どんな人と交わるかで、人生は変わります。了見の狭い、名誉欲と物欲の強い、いつも得をすることはないかと探し回っている人とだけ付き合っていてはいけません。写経でなくていいのですが、私は、こういう志の高い方々と交わる幸せを感じます。

7

マタイ7・7〜8
求めなさい。そうすれば、与えられる。探しなさい。そうすれば、見つかる。門をたたきなさい。そうすれば、開かれる。(7)

　神に逆らう人や傲慢な人がどうなるかは、ある意味で心配しなくてもいいのです。私たち自身が、「求めよ、さらば与えられん」というみ言葉を、本当に真実だとして生きるかどうかです。人間関係においても、またいろいろな困難の中においても、です。門を叩けとは1回きり叩けばいいというのではなく、何度も、何度も、叩き続ける意味です。現在形です。

　東大寺には巨大な梵鐘があります。高さ4m、重さ約30トン。あの巨大な梵鐘は細い棒で叩いてもウンともスンとも響きません。しかし何度も何度も叩き続ければ、次第にウオーンと地鳴りのように鳴り響いてきます。私たちの門も叩き続けなければ開かれません。神は門を開こうとして、私たちの熱意ある求めを待っておられるのではないでしょうか。

　人類は個々人からなります。ですから90億人いれば90億の個々人が幸せの道を歩んでこそ、人類全体が幸せに至ります。個々人ということを心に銘記しなければなりません。ただそれだけではなく、現代のようなグ

ローバルな国際化時代では、一国の枠組みを越えて世界が協力し、1人ひとりが幸福に至る枠組み作りをしなければならないでしょう。こういう道は決して容易ではありません。しかし、この道を何度も、何度も叩き続けて、世界の人が一緒になって叩き続けることを、神は待っておられるのではないでしょうか。

マタイ6・24
だれも、二人の主人に仕えることはできない。……あなたがたは、神と富とに仕えることはできない。

　南米ウルグアイの元大統領のムヒカさんが来日したことがあります。ムヒカさんは、世界で最も貧しい大統領として慕われ、大統領官邸に住まず、田舎の農場に妻と2人、いや警備員と3人で牛や豚や鶏たちと住み、ポンコツ車で官邸に通う人です。4度逮捕され、銃弾を6発も浴び、1972年から13年間獄中生活もした人です。

　ムヒカさんは、どこの国も豊かさを求めて情け容赦のない競争をしているのに、国際会議では、「心を一つに、皆一緒に」と良いことずくめのタテマエを語っていると指摘します。そして地球環境の危機もさることながら、目の前の危機は人類の生き方の危機だと語ります。

　私たちは、発展するため、たくさんのものを生産するために生まれて来たのか、それともこの惑星で幸せになるために生まれて来たのかと問うのです。今の世界を覆っているのは、欲深さであり、貪欲という妖怪ではないのか。その妖怪が地球をうろつき回っていると指摘するのです。貧乏とは、少ししか持たないことではなく、限りなく多くを必要とし、もっともっと欲しがる生き方だ。貪欲こそ貧乏の徴(しるし)だと語るのです。人類の危機は、私たちが求める幸せの中身に関わるのだということでしょう。無神論的な人ですが、考えさせられることが多くあります。

　マモン（富）に仕える貪欲や傲慢な生き方を変え、聖書が語るように、神と神の摂理に逆らう生き方を変えなければ、人類の危機は一段と深まり、その前途は大きな壁によって阻まれることになるでしょう。

195

9

ローマ 8・26 ～ 30

神を愛する者たち、つまり、御計画に従って召された者たちには、万事が益となるように共に働くということを、わたしたちは知っています。(28)

使徒言行録 7 章のステファノはすばらしい証しをしましたが、反面、ユダヤ人たちを激怒させたことにおいては失敗だったとも言えるかもしれません。彼の口が滑ったから激怒させたのかもしれないのです。

戦前、ドイツのボン大学で教えていたカール・バルトは、ナチスと粘り強く戦い、バルメン宣言という非常に重要な信仰の宣言を起草しました。そのため、ヒトラーへの宣誓を要求され、それは人を神とすることだと彼は断固拒絶。それがナチを激怒させて、ドイツから追放されたのです。

その時、ボン郊外で秘密裡に学生向けに開いた聖書研究会でこう別れを告げます。「この時においても、全く単純にみ言葉に聞き、み言葉の下に身を置きましょう」。彼はこれまで常にこう説き、ここから強靭な信仰が生まれると説いてきたのです。

しかしそのバルトが戦後、自らの行動をこう反省しました。「『神は高慢な者を敵とする』（ヤコブ 4・6）と言われました。思い上がる者とは誰でしょう。私たちがすばらしい活動をしていた当時、この言葉が我々にも当てはまろうとは思いませんでしたが、あの当時も、多分に私たちは思い上がっていたのです。疑いの余地はありません」。

思い上がりは、口が滑ってナチを激怒させた言葉も含むかもしれません。いずれにせよ、こう自分たちの運動を突き放して振り返り、だが、「私たちに出会われる方は、決して悪しき主ではなく、痛みや打撃を与えられるが、これは悲しむべきことではなく、主の御手がそれを加えられたのだから、必ずそこに主の恵みがあります」と語ったのです。この最後の言葉は集った人らに深い慰めと感銘を与えました。

神は失敗をも用いてみ心を行われます。神は、神を愛する者と共に働いて、必ず万事を益とされるという健康な信仰を抱いて生きましょう。

10

創世記1・26〜31
神は御自分にかたどって人を創造された。(27)

　イエスはなぜ今、誰にも見える形で存在されないのでしょう。神がおられるなら、誰にも見える形で存在していたほうがすべての人にわかりやすいのではないでしょうか。ただ、もし誰にもわかる形で存在されたら、多くの人には実に不都合です。
　「誰かが見てるぞ！」という、歌舞伎役者の目元がデザインされたステッカーがあります。何かイヤな監視の目を感じます。元東京都知事の発案だそうですが、もし誰にもわかる形で神がおられるなら、神が「見ているぞ」という、脅しに使われるでしょう。神は普遍的な存在ですから、神は世界を監視するグローバルな警察官、神の国は世界秘密監視国家になるでしょう。
　もし神が可視化され、いつでも見ることができるなら、もはや神との出会いの喜びはありません。神との人格的出会いこそ、神に造られた人間の一番深い次元にある喜びなのに、その最も大事な源泉がなくなってしまうのです。「神は御自分にかたどって人を創造された」とは、神は私たちを、人格的に神と交わることのできる相手として創造されたということです。監視する神との間には人格的関係などないのです。

11

使徒1・3〜5
エルサレムを離れず、前にわたしから聞いた、父の約束されたものを待ちなさい。(4)

　都にとどまっていなさいとの言葉は、ルカ24章にも出てきます。約束された聖霊をいただく、それまでは待ちなさいという意味です。
　人生はあまり急ぐ必要はないのです。イエスは、機が熟するまで待ってくださる方です。コヘレトの言葉にあるように、焦って口を開き、心せいて言葉を出そうとすると（5・1）、トンチンカンなことを言ってしまいます。落ち着いて待てばいいのです。もちろん、主は必ず必要なものをお与えく

ださると信じて待つのであって、疑いつつ待つのではありません。

インドで70代のご夫婦が男児を与えられたそうです。奇跡に近いと騒がれました。アブラハムも70代の時、「将来、あなたに子どもが授けられる」と約束されました。疑うこともありましたが、信じて待ちました。その結果、100歳でイサクを授かります。こうして不可能を可能にしてくださる神を信じた彼は信仰の父と言われるようになります。待つことは信仰によるのです。

ちなみに、インドのご夫婦は体外受精だそうです。

12

Ⅰコリント9・24〜25
彼らは朽ちる冠を得るためにそうするのですが、わたしたちは、朽ちない冠を得るために節制するのです。
(25)

ここで言う「冠」は、宝石で飾られた冠ではなく月桂樹で編んだ冠のことです。古代のアスリートはそれがほしくて厳しく節制し、競ったのです。もちろん月桂冠は幾日かで萎れました。月桂冠同様、世の栄誉もいずれ朽ちます。偉そうに語り、横柄だった人もやがてヨボヨボになり地位を去る時が来ます。それを見ると人生観が変わります。人も栄誉も永遠ではなく、スポーツで冠を得たアスリートが人としても誉れを得て尊敬され続けるとは限りません。ここではそのような朽ちる冠ではなく、朽ちない冠を求めよと勧められています。そしてその冠を得るために節制せよ、と。

節制がなく、たるんでいる軍隊は戦闘に勝てません。敗北します。戦闘は集団行為です。たるんでいたらその弱い部分がまず崩れ、やがて集団全体が崩れてしまいます。ただしパウロが言うのは軍隊の節制と違い、永遠の命を得、神に義とされる朽ちない冠を得るための自主的節制です。

しかし考えてみてください。私たちは信仰によってすでに義とされ、神の子とされているはずです。すると節制など不要、自分と戦うことなど不必要ということにならないでしょうか。事実、そう考える人がコリント教会にはいたのです。そしてそう言う人の生活は退廃的でした。彼らに対してパウロは、永遠の命という冠を得るためには節制が必要だと明言したのです。どうしてそんな苦労を今さらする必要があるのでしょうか。主に

すっかり委ねてのんびりし、お湯にでも浸かって手足を伸ばし、リラックスして生きるべきではないでしょうか。しかしパウロはそうした在り方ではなく、「キリストの愛に迫られて」（Ⅱコリント5・14）、使命に生きるために自分と戦うと言うのです。

13

箴言 14・29〜30
穏やかな心は肉体を生かし　激情は骨を腐らせる。(30)

先日、あるクリニックに行きました。12時半までの受付とあり、祈祷会の始まる直前だったので、急いで自転車を飛ばし8分前にやっと着きましたら、「診察は終わりました」と札が出ていました。部屋の電気も消えていたので、猛烈に腹が立ちました。どうして約束の12時半まで受付しないんだ、患者が来るかもしれないのに早々と閉めるとはどうしてなんだと、自転車で引き返しながら、心の中で息巻いていました。

電話を掛けて聞き糺（ただ）そうと思いましたが、3時から午後の診療があるので、夕方に再び出かけました。その途中、「アッ、今日は木曜日だ。もともと休診日だ」と思い出しました。私の勘違いだったのにクリニックに怒りをぶつけていたのです。「激情は骨を腐らせる」。悲しいかな、私の骨も心も髄まで腐りそうでした。

14

ローマ 12・9〜16
喜ぶ人と共に喜び、泣く人と共に泣きなさい。(15)

イギリスのバーミンガム市に聖チャド・サンクチャリがあります。サンクチャリは鳥獣保護区ですが、このサンクチャリはいくつかの教会が支援して運営する難民支援所のことで、毎週150人ほどの難民が衣服や食料をもらいに来るほかに150人以上が英会話を習いに来ます。先生は学生や青年、主婦やサラリーマン、高齢者など、皆ボランティアです。

ここで英会話を3年間教えてきたある青年が、なまやさしい道ではな

かったが、この場が自分のお気に入りの場所になっていると証しに書いていました。

　この難民支援所に来るのは、自国のおぞましい状況から逃げて来た人たちで、皆想像を絶する旅をしてきた人です。ある人は何度も「お前はイスラム国のメンバーだろう」と疑われ、追放寸前になりました。ある若い女性は、家にすべてを残し、手にわずかなものを持って命からがら逃げて来ました。海を渡るのに危険な、いつ破れるかもわからないゴムボートに超満員で乗り、地中海を何日も漂って幸運にもヨーロッパに着きました。そしてそこから所持金の大半を払って冷蔵トラックに乗せられて長旅をし、ドーバー海峡を渡ってまったく見知らぬ街バーミンガムで降りると、そこは言葉が一言もわからない想像を絶する未知の世界だったということです。

　映画やファンタジーではありません。彼らの話を聞いていると涙が出そうになりました。しかし彼らの多くは、必ず状況はよくなると頑固に信じていました。真の苦しみとは何かを知り、また本当の希望とは何かを、希望が持つ意味とは何かを知った人々だからです。

　前述した信仰者であるボランティアの青年は、「ここが喜びと命を与えられる場所だ」と書いています。しかし、それはひと言で言い表せない喜びと命であって、彼ら難民がさんざんに嘗めた苦しみを喜ぶことになるまでは決して自分の喜びにはならず、嘗めつくした苦しみが今は喜びだと彼ら自身が言うようになって始めて、自分も喜びと言えるのだと書いていました。

　「喜ぶ人と共に喜び、泣く人と共に泣く」青年でした。

15

イザヤ書 55・1〜9
主を尋ね求めよ、見いだしうるときに。呼び求めよ、近くにいますうちに。(6)

　信仰の実感がなくなることがあります。そんな時はいくら努力しても空回りして、キリストも信仰も遠い世界のように思えてしまい、主を見出せないのです。当然喜びがなくなります。だからこそ、主が近くおられるのが実感できるうちに、主を熱心に尋ね求め、主との出会いが一段と深まる

ように生きなさいと勧めているのです。

　主に対する感謝が湧き、信頼の喜びを感じる時にしっかりと尋ね求めなさい。なぜなら、あれほど喜びと感謝の思いが湧いていたのに、いつのまにかそれらが霧のように雲散霧消し、すっかり消え去ることがあるからです。

　信仰の食いだめはできません。でも、み言葉に養われて、恵みの数々を蓄えておくことはできます。それらが試練の時の備えとなります。「主を近く感じられる時がなかなか戻ってこない」ことを信仰者の多くは経験しますが、富士山が見えないからといってなくなったわけではありません。単に雲がかかって、自分の目に恵みが見えなくなっているだけです。

16

詩編 130 編

しかし、赦しはあなたのもとにあり　人はあなたを畏れ敬うのです。(4)

　人は攻撃されればしばしば反発し、仕返しします。目には目、歯には歯です。しかしそれ以上の反撃をする人もいます。また、攻撃が最大の防御だと言わんばかりに猛攻撃する人さえいます。自分を傷つける人を赦すことがいかに困難かは、自らを振り返ってみればわかるでしょう。時に赦しは至難の業です。この信仰者は、「しかし、赦しはあなたのもとにあり　人はあなたを畏れ敬うのです」と語りました。

　私が、今も感謝に堪えないのは、中国の蒋介石のことです。第2次世界大戦後、彼は信仰に立って、賠償請求は一切しないと語って、日本を全く赦してくれたのです。一切何も求めなかったのです。もし莫大な賠償を求められれば、日本の復興はなかなか進まず、今の日本はなかったでしょう。彼は更に、「神は愛なり。汝の敵を愛せよ。日本人に危害を加えるもの、また物資を奪うものは死刑に処す」とさえ語って、日本兵の早期帰国を進めたのでした。

　私たちはそれに決して甘えてはならないでしょう。ましてや、それを決して忘れてはならないと思います。ところが、その事実を感謝し覚えている日本人は、今はごく少なくなっています。それは悲しいことです。

17

マタイ 5・43～48
父は悪人にも善人にも太陽を昇らせ、正しい者にも正しくない者にも雨を降らせてくださるからである。(45)

　神は誰も依怙贔屓せず、公平です。悪をも覆う愛のエネルギーをお持ちなのです。初期のキリスト教徒たちはこのことを、「神は impassible である」と言ったそうです。神は無感覚であるとの意味です。日本の諺で言えば、「蛙の面に小便」という言葉がぴったりです。無感覚。確かに蛙はそんな仕打ちを受けても涼しい顔で全く気にしません。神も人からどんな仕打ちを受けても、言わば無感覚で、ただ愛をもって応えてくださるのみだと初期のキリスト教徒たちは考えたのです。これからは蛙を見るたびに神を思ってください。

　しかしこのことは、神は人の痛みや苦しみに無関心であるとか、被造物の呻き苦しみを超然と見ておられるという意味ではありません。それは聖書が語る神ではなく、異教の神です。神は「impassible」であるとは、神が人の考えや行為をいかに遥かに超えているかということ。すなわち、私たちの行為に左右されて神が激怒し、私たちを全く愛さなくなるということはないと言おうとしたのです。

　私たち人間は、誰かの態度、返事の仕方にいちいちリアクションしてしまいます。いちゃもんをつけられると、持っていた善意も萎えてしまいます。ですが、神はいつも変わらぬ方です。イエスが、「父は悪人にも善人にも太陽を昇らせ、正しい者にも正しくない者にも雨を降らせてくださる」と言われたとおり、人の無関心や拒否に遭っても常に愛し続けられます。しかも強いられてではなく、進んで自由に愛されるのです。

　ここに慰めの秘密があります。私たちに対する神の真実は、ご自身に対する誠実に源を持ちます。それは言わば超然とした依怙贔屓のない真実です。ここに、全身をかけて食らいつける確かな岩があります。全身をかけても切れない頼みの綱です。

18

マルコ 10・42〜45
仕えられるためではなく仕えるために、また、多くの人の身代金として自分の命を献げるために来たのである。
(45)

　2016年に来日したオバマ大統領は、科学技術が革命的に進歩する中、人間社会にモラルの革命が起こらなければ人類は破滅するだろうと語り、広島と長崎が「核戦争の夜明け」ではなく、人類が「モラルに目覚める始まり」にならねばならない、そういうモラルを持って生きる未来を人類は選択しなければならないと語りました。

　イエスは、オバマ大統領が語ろうとしたその根本のモラルの革命を語られたと言っていいでしょう。文化の成功者も、芸術の成功者も、科学の成功者も、スポーツの成功者も、経済・商業の成功者も、政治の成功者も、その他、さまざまな分野の成功者も、人の上に立とうとする者はこれまでの生き方を180度変えて仕える者になり、皆の僕(しもべ)になることによってその成功は本物になるということです。平和を追い求める彼らの姿勢によって地上に平和が実現されていく……。それこそが彼らの人生の真の自己実現となるということです。

　人類がモラルに目覚め、上に立つ者が皆の僕になり、仕える者になるということ。そういう生き方によってその人の業績が真に輝きます。自分が主になるのではなく、ただ奉仕する人間になろうとする時にその人に聖性が生まれるということでしょう。奉仕の中にこそ、本当の意味での豊かな優れた成功が存在し、上に立つ者を真に輝かせるのです。

　イエスは、そういう革命が人類に起こるために、2000年前、「仕えられるためではなく仕えるために、また、多くの人の身代金として自分の命を献げるために来た」のです。

19

マタイ6・33〜34
明日のことまで思い悩むな。明日のことは明日自らが思い悩む。その日の苦労は、その日だけで十分である。
(34)

　戦時中のドイツには、ヒトラーに抵抗する一般市民らがいました。日本

と似た隣組がその国にもあり、厳しい監視網の中で、ユダヤ人を逃がすネットワークやヒトラーを倒す地下組織がいくつもあったのが、最近の研究でわかりつつあります。日本の将校や市井の人の間に、大日本帝国を倒すネットワークは恐らく皆無だったのと好対照です。

たとえば、ベルリンのテーゲル刑務所という恐るべき刑務所付きの牧師になり、何人ものユダヤ人を救出したペルヒャウという人がいました。彼は妻と共に、支援者の農地で採れた産物を地下倉庫に蓄え、潜伏ユダヤ人に提供し、何と刑務所の牧師館に宿泊させ、執務室の地下に匿(かくま)いました。妻も反対せず、政治的に迫害された人や逃亡した受刑者を受け入れたのです。

ナチ政権下のその事実を知れば圧倒されます。そこにあるのは、キリストが身を献げるために来られたのだから、キリストにある小さな自分も、苦しむ人たちのために身を献げたいという思いです。仕える者、僕(しもべ)になりたいという切なる思いです。

私たちの人生も信仰も、手抜きをすればどんどん雑になります。しかし手を抜かずに生きる。「その日の苦労は、その日だけで十分である」、そんな思いが大事です。毛細血管は細胞の先々まで血を送り届けてくれています。本人は自覚しないのに、彼らは懸命に仕えて働いてくれています。毛細血管が黙って懸命に働いてくれているのに、本体の自分が手を抜いていたのでは毛細血管にすまない気がします。もちろん、手を抜かなければならない時があり、人の手に委ねなければならない時もあります。その時は心から感謝を述べて委ねればいいでしょう。

詩編4・1〜2
わたしの正しさを認めてくださる神よ。(2)

夕べの祈りです。9節に、「平和のうちに身を横たえ、わたしは眠ります」とあるので、就寝前に神の前に静まり、安らかにここに住まわせてくださることへの感謝が歌になったのです。

ダビデの詩ですが、彼は王にして、「いつまでわたしの名誉を辱(はずかし)めにさ

らすのか」(3) と、長期にわたって苦難や辱めを受けていたのです。王であっても心休まらず、トップに座るゆえに妬みや陰謀で心を悩まされたのでしょう。これは現代にも通じます。元々彼はベツレヘムの羊飼いで、質素剛健、性来大らかで健康的な人物でした。貴族や王族、祭司や学者の出身ではなく、地位は高いが心根の卑しい「むなしさを愛し、偽りを求める」(同) 彼らに苦しめられたのです。彼らはダビデの素朴な信仰と真面目さを、高みから見下ろし、嘲笑い、自尊心を傷つけ、彼にとって最も大事な神の尊厳すらも傷つける者たちでした。

　「わたしの正しさを認めてくださる神よ」とあるのは、あくまで自分の正しさを信じて疑わない彼の信仰です。いかに敵たちが彼の信仰を軽蔑しても、神は私の正しさを必ず明らかにしてくださると信じてやまないのです。なぜそこまで信頼できるのか。2節に、「苦難から解き放ってください」とありますが、いくつかの英訳聖書は、「あなたは苦難から解き放ってくださった」と過去の経験として訳しています。この訳が正しいでしょう。聖書協会共同訳も同様に訳しています。ここに彼の神信頼の根拠があるからで、新共同訳には神への信頼の根拠が見当たりません。

　神は頭の中の抽象的存在でなく、具体的な恵みの神であり、かつて苦難から助け出して窮地から救って広い安全な所に置いてくださった経験があったからこそ、今また主が答えて憐れんでくださり、祈りを聞きあげて、この窮地を脱することができるようにしてくださると固く確信するのです。

21

詩編4・3〜5
主の慈しみに生きる人を主は見分けて　呼び求める声を聞いてくださると知れ。(4)

「慈しみに生きる人」とは、心から神を慕い、愛する人、神の愛に拠り頼む人のことです。ところが、神を慕う者も神を嘲る者も、地上では何ら差がないように見えるのです。むしろ愛など唱えず、力と権力をひたすら求める者こそ出世し、一番になることができると豪語する者らの声は大きく、実際の社会もそうなっているように見えます。5編10節に、「彼らの口は正しいことを語らず、舌は滑らかで　喉は開いた墓、腹は滅びの淵」

とあります。彼らは、自分が達成した成功物語を根拠に、自信満々です。舌は滑らかに巧妙に語り、語れば語るほど思い上がり、神への冒瀆を増し加えるのです。

しかし、天の神は主の慈しみに生きる者を見分け、籾と籾殻を見分けられます。羊飼いが羊の声を聞き分けるように、神を慕う者らの呼び声を聞き分けてくださるのです。ダビデはここで、神の峻厳を知れ、その正しい愛と裁きに目を止めよと呼びかけているのでしょう。5、6節は、「おののいて罪を離れよ。横たわるときも自らの心と語り　そして沈黙に入れ。ふさわしい献げ物をささげて、主に依り頼め」と呼びかけます。詩編46編にも、「汝等静まりて、我の神たるを知れ」（10、文語訳）とあります。神の前でおののき畏れ、謙遜になって、自分がどんなに傲慢不遜に陥っているか、心の内を調べ、神の前に沈黙すべきなのです。

22

詩編4・6〜9
恵みを示す者があろうかと、多くの人は問います。
(7)

そのまま解釈すれば、神の前で正しく生きたところで、誰が恵みを示すだろうかと多くの人は問うとの意味でしょう。世が覆って正邪が逆転し、その転倒した姿を見抜く人が少なくなっているのです。

近年、新聞やテレビなどが、政権からの批判を恐れて真実を語ることを控えています。ジャーナリストらが自分の地位や立場が干されるのを恐れて、本当のことを言わず、長いものに巻かれているのです。そこに今日の日本社会の危機が潜みます。19日の黙想で、ヒトラーに抵抗した人々の1人を紹介しました。その本（「ヒトラーに抵抗した人々」對馬達雄著）で著者は、「市民的な勇気」、異議を唱える市民の勇気が必要だと書いています。いたずらに異議を唱えるのではなく、市民的なレベルにおいて異議を唱える勇気です。歴史を後戻りさせないために、特に重要です。

いずれにせよ、正邪が逆になり、世が転倒して何が正しいかがわからなくならないために、ダビデは語るのです。そして、何よりも彼自身が、正邪が逆転しないために、「主よ、わたしたちに御顔の光を向けてください」

と祈り求めたのです。彼の喜びと誇りは、主がみ顔を向けてくださり、主のみ顔の光が注がれることです。どんな時にも温かい主のみ顔の光が注がれていれば心が休まり、主が目を向けていてくださるなら憩えるでしょう。それがあれば、力一杯、自分の能力を発揮して、大胆に生きることができるからです。

23

詩編5・2〜4
主よ、朝ごとに、わたしの声を聞いてください。朝ごとに、わたしは御前に訴え出て　あなたを仰ぎ望みます。(4)

「ツイッター」が流行っています。「ツイッター」とは小鳥の囀(さえず)りの意で、日常のつぶやきをスマホなどを使って短く書き込み、独りごとを人々に知ってもらうもので、世界中で大はやりです。毎日、数十億のつぶやきが地球上を飛び交い、ローマ教皇もつぶやいています。ただ「ツイッター」は人へのつぶやきで、「主よ、……つぶやきを聞き分けてください」(2)といった、神に対するつぶやきではありません。世のつぶやきは実に軽くはかなく消え行くのがほとんどです。そんな「ツイッター」ではなく、私たちは私たちの言葉を聞き分けてくださる主に向かってまずつぶやきたいと思います。

信仰者ダビデは、主よ、「耳を傾け　つぶやきを聞き分けてください。……助けを求めて叫ぶ声を聞いてください」(2、3)とつぶやき、「主よ、朝ごとに、わたしの声を聞いてください。朝ごとに、わたしは御前に訴え出て　あなたを仰ぎ望みます」(4)と語りました。彼は「ツイッター」のパイオニアです。

愚痴かもしれず、泣き言かもしれません。しかし、彼の全存在を揺さぶるものがある限り、つぶやかざるを得ないのです。「助けを求めて叫ぶ声を」(3)と言い、「御前に訴え出て」(4)と語るところからも、1人では重くて担えず、神につぶやき、呻(うめ)かざるを得ないのでしょう。ツイッターのつぶやきは必ずしも対話ではありませんが、彼のつぶやきは神との対話です。相手が神であるから力が湧くのです。だから、「あなたに向かって祈ります」(3)と、魂の奥底からつぶやきを神に叫ぶのです。「朝ごと

に」「朝ごとに」と繰り返されます。彼を苦しめる試練が長く続いたからでしょう。朝ごとにまことの王なる方に訴えなければ、その日1日、心が晴れず、力が出なかったのです。

24

ルカ 13・32 ～ 35
わたしは今日も明日も、その次の日も自分の道を進まねばならない。(33)

「平和と喜び。この二つは福音の真珠である」(ブラザー・ロジェ)。真珠のような貴い平和と喜び。神による平和と喜びは、魂を健やかにし、恐れや思い煩い、試練や苦難を担う力を与えます。本物の高価な真珠ではなく、この真珠を身に着けたいものです。

イエスは、ご自分が与っている平和と喜びを己のために用いず、周りの人を励ますために用いられました。「イエスは神を冒瀆している。奴を処刑せよ」との叫びを聞いても恐れず、救いの道を拓くために、十字架と死を越えて復活の喜びへと進んで行かれたのです。

今、悲観主義が世界を覆っています。経済の委縮、政治の停滞、その上、各地の戦争が収まらず、膨大な難民が生まれて、欧米諸国に続々と流入して来ます。しかも、人間に由来する環境破壊と気候変動が情け容赦なく各地を襲ってもいます。その中、困難に取り巻かれて自信喪失し、それを冷笑する者らも現れています。しかし、いかに困難であろうと忍耐し、もがき苦しみつつ試練と困難に立ち向かうなら、必ず乗り越える道が拓かれるでしょう。しんどい時代ですが、倦まず弛まず、解決に向かって努力していきたいものです。

イエスは、平和と喜びを嘲笑う死の力の前でも悲観されず、今日も明日も、そしてその次の日も、私たち人類のために希望の種を蒔き続けられました。死は人のすべての努力に冷笑を浴びせますが、イエスは墓をも打ち破って、「あなたがたに平和があるように」と復活の希望で私たちを励まされるのです。

25

マタイ 26・57〜68

イエスの顔に唾を吐きかけ、こぶしで殴り、ある者は平手で打ちながら、「メシア、お前を殴ったのはだれか。言い当ててみろ」と言った。(67-68)

　下役らがイエスを見下し、笑いものにしたのです。暴力を受けるだけではなく笑いものにされた挙句、さらに平手打ちを受ける精神的苦痛は耐えがたいものです。

　以前、多摩川の河川敷で仲間からリンチされた挙句、泳がされて溺死した青年の事件がありました。悔しかったでしょう。また近年、乳幼児が自宅で虐待され殺される事件が増えています。死者に口無しであり、幼児はなおさらです。この世に生まれ、いまだわずかしか世を知らぬうちに、人間社会の恐ろしさだけを体験して去って逝きました。その恐ろしさと寂しさはいかばかりであったでしょう。

　イエスの裁判が一般の人の目の届かない深夜だったように、悪は密室でなされるとはいえ、最近は特に密室での犯行が目立ちます。人の目が届かない場所で、企業や政治団体、まさかと思える宗教集団でも悪が行われました。人の目や意見は、健全な社会を維持するために不可欠で、同質者や上に迎合する者らだけで周りを固めるのは、腐敗を生む元凶になります。

26

創世記 11・1〜9

彼らは、「さあ、天まで届く塔のある町を建て、有名になろう。そして、全地に散らされることのないようにしよう」と言った。(4)

　画家のブリューゲルが、約450年前に描いた「バベルの塔」という有名な作品が日本に来たことがあります。同じ題の彼の作品がウィーンとオランダにあって、少しずつ構図が違い、大きさも違います。私は昔、ウィーンのすばらしい大きな作品を見ました。バベルの塔の物語は、もっと高く、もっと豊かに、もっと権力をと、「もっともっと」と追い求め、神のごとくならんとした人間とその文化への、痛烈な批判が描かれているといっていいでしょう。

　ウィーンの絵で印象的なのは、バベルの塔が雲を突き抜け、雲の上に頭

を出すまで築き上げているのですが、築いている最中にすでに2箇所で大きな崩壊が始まっていることです。威風堂々として描かれた王は、人々を奴隷のように働かせ、家来の案内で視察しています。格差が広がり、重労働がひどく、不満がたまるので、鞭をふるって働かせています。絵にはゆったりした雰囲気はなく、人々は緊張して働いています。

　他方、オランダの絵の方は遂に塔が完成間近になっています。しかしよく見ると、ウィーンの絵では、背景に立派な家々が無数に在り、また大きな町を形成していましたが、完成間近のオランダの絵では、何と背景の町の家々が廃墟同様に崩れ果てているのです。塔は見事に完成しようとしていますが、一般住民の住居はすっかりダメになったのです。ブリューゲルは深淵なメッセージをこの2つの絵で描きました。日本にはオランダの作品が来ましたが、2つを見比べてこそわかることです。

27

ルカ23・17～25

暴動と殺人のかどで投獄されていたバラバを要求どおりに釈放し、イエスの方は彼らに引き渡して、好きなようにさせた。(25)

　群衆の声に押し切られたピラトは、バラバを釈放しました。バラバは、今の今まで、暗い独房で死刑を覚悟していましたが、急に名を呼ばれ、遂に最期の時が来たと思ったでしょう。ところが、重い足の鎖、手の鎖を引きずって牢を出ると、鎖をほどかれて釈放され、久しぶりに眩しい明るい陽の光の中に出されたのです。

　しかしバラバ自身にも、なぜ暴動を起こして何人も殺した重罪の自分が許されたのかわからなかったでしょう。自分と引き換えにイエスという男が死刑の判決を受けたと聞いても、それがなぜなのか、何かトリックがあるのか、どんなに考えても理解できなかったはずです。実に不条理なことが起こったのです。その後の彼の一生は、「あれはなぜだったのか」という問いを解くことに費やされたに相違ありません。

　どんなに考えても理解できないこの不条理で、イエスによる私たちの罪の赦し、贖罪も起こったのです。バラバは死を免れ、イエスが処刑されます。私たちが死を免れ、イエスが十字架に磔になります。現実に暴動と殺

人の罪を犯した人間が、イエスと引き換えに罪を赦され、無罪放免、釈放されたのです。それと同じく、いかなる罪を持つ者も、重罪でも微罪でも、人に言えない罪でも、イエスにおいて、罪を赦されることをこの事件は言おうとしています。

　バラバの身にただ１回限り起こった決定的な釈放は、私たちの身にもただ１回決定的に起こり、罪の裁きからの解放と全面的な赦しを与えられたのです。罪の赦しは、不条理と思えるほど実に喜ばしい神の妙技(トリック)です。

28

ヨハネ 19・16 ～ 18

イエスは、自ら十字架を背負い、いわゆる「されこうべの場所」、すなわちヘブライ語でゴルゴタという所へ向かわれた。(17)

　イエスは、ピラトの官邸から重い十字架を背負って歩かされました。現在、ビア・ドロローサと呼ばれているエルサレム旧市街の狭い通りです。逃亡防止用の重い鉄の鎖を手足にはめられて重い十字架を背負うのは、前夜からの疲労も重なり、ヨタヨタした歩みであったでしょう。倒れそうになったり、持ち直したり、すっかり倒れたり、渾身(こんしん)の力を振り絞って起き上がったりして、十字架を引きずって行かれたのです。

　戦後、世の中の混乱で人心が乱れました。大人だけではなく、子どもらの心もそうだったのです。私は大阪の泉州出身ですが、腕白(わんぱく)な小学生らが子ネコを川に放り込み、溺れるネコを棒で沖に押しやって虐(いじ)めるのです。弱い者虐めをする大人社会の反映でしょうか。泳いで岸に近づくとまた沖に押しやり、次第に疲れて頭を水から出せなくなります。高学年の子はさすがに自分で手を出さず、下の子らにやらせました。女の子でも進んでやりたがる子もいました。男兄弟だけの私は、女の子まで面白がってするのに驚きました。今なら警察に通報されるでしょう。自分も含め、子どもの心にもこんな残酷さが潜むのを、幼くして知りました。

　今は、水をかく子ネコと、十字架を負ってヨタヨタとゴルゴタに向かうイエスの姿がダブリます。よく考えねばならないのは、人を虐めるのはイエスを虐めることであることです。そこに行きつきます。ゴルゴタとは「されこうべ」の意ですが、それはされこうべの散乱する処刑場に押しや

ることで、私たちは皆、言い逃れのできない罪人の仲間です。

　人々は倒れるイエスを容赦なく鞭打ち、立ってはへたり込むイエスを無理に立たせ、担がせたのです。伝説ではイエスは三度倒れたことになっています。

マルコ 15・21

29

そこへ、アレクサンドロとルフォスとの父でシモンというキレネ人が、田舎から出て来て通りかかったので、兵士たちはイエスの十字架を無理に担がせた。

　途中、ローマ兵がキレネ人の青年シモンを捕まえ、イエスの十字架を無理やり負わせました。キレネは北アフリカの町で、彼は通りがかりの旅行者か、出稼ぎに来ていて徴用されたのです。ユダヤ人を徴用すれば反発を買うので、外国人を徴用したのでしょう。軍隊は一般人を徴用し、鶏、ブタ、米など食料を徴発します。日本軍は中国の民家から食料を徴発しました。従軍慰安婦も一種の徴用でした。同じように運悪く、偶然通りかかったシモンは無理に十字架を負わされたのです。咄嗟に彼は、ローマ兵を睨みつけたでしょうが、相手は武装した屈強なローマ兵ですから従わざるを得ませんでした。

　ところが、重い鉄の鎖を引きずって歩くイエスの後から十字架を担いで進むうちに、この男はなぜゴルゴタに向かっているのかと考え始め、ゴルゴタでは十字架で磔になりながらどうして人々の罪を赦すのかと考え続けたでしょう。この事件が引き金になり、彼はその後も考え続けたはずです。そしてやがて、自分も、人々のために愛の十字架を負うイエスに従おうと考えるようになり、キリスト者になったと言われています。これがキレネ人シモンです。彼はやがてローマに移住し、妻と子どもらに伝道して、一家を挙げてクリスチャンホームを作りました。アレクサンドロとルフォスと息子らの名も福音書に書かれていますが、子どもの名が出るのはここだけです。

　神が、彼を弟子とするためにローマ兵の心に働きかけ、彼らを用いてシモンに十字架を負わせられたのでしょう。ローマ兵の横暴な強制でした。しかしその強制が、イエスとの出会いとなり、彼の家族の奥深くまで恵み

がゆき渡っていく機会となったのです。

30

使徒 2・14 〜 21
若者は幻を見、老人は夢を見る。(17)

ある年の「母の日」の前日、妻が商店街でHさんにお会いしました。80歳過ぎのHさんは買い物帰りで、手押し車に大きな紙包みを乗せておられたそうです。「これは、何ですか？」とお聞きすると、「カーネーションよ。明日は母の日でしょ。だからお母さんにプレゼントするの」と言われたそうです。でも、Hさんは家でお母さんなのにと不思議に思って妻が、「お母さんって？」と聞き返しました。すると、「娘よ。だって家では、お母さんって、呼んでるから」と言われたと言って、帰って来ました。

難病のため、これまであちこち20回以上も開腹手術をされたのに、調子がいい日は進んで外出されました。十分頭も心も働き、ありきたりの考えを打破して、愛を持って人を喜ばそうと新しいことを進んで行う方で、Hさんは、歳はとっても俗にいう枯れ木ではありませんでした。すばらしいと思いました。「若者は幻を見、老人は夢を見る」。旧約聖書に登場し、新約聖書に引用されるすばらしい言葉です。老人は未来の子や孫の幸せを願って、世界よ、こうあれかしという夢を捨ててはいけません。夢があると、肉体は枯れても枯れ木になりません。

申し上げたいのは、若者も老人もキリストにおいて希望を持ち、希望を抱いて人と共に生きることです。小さな希望の種を蒔くこと、それが大事だと思います。

31

エレミヤ書 23・1 〜 6
見よ、このような日が来る、と主は言われる。わたしはダビデのために正しい若枝を起こす。王は治め、栄えこの国に正義と恵みの業を行う。(5)

ダビデ以来、400年ほど続いた王国が終わりを迎えようとしていた時代に、エレミヤは1節で、「災いだ、わたしの牧場の羊の群れを滅ぼし散ら

す牧者たちは」と、主から受けたみ言葉を語りました。牧者と言っても牧師ではなく、王や祭司や預言者たち、国のリーダーたちのことです。彼らは民を滅ぼす牧者たちだと大胆に語ったのです。また2節で、「あなたたちは、わたしの羊の群れを散らし、追い払うばかりで、顧みることをしなかった。わたしはあなたたちの悪い行いを罰する」と、主は言われると告げます。群れを顧みない指導者たちへの審判です。

ただ審判と共に、3節で、遠い将来のイスラエルの回復が預言され、あなたたち牧者は羊を散らしたが、「このわたし（主なる神）が、群れの残った羊を、（あなたたちが）追いやったあらゆる国々から集め、もとの牧場に帰らせる。群れは子を産み、数を増やす」と語り、「見よ、このような日が来る」(5) と遠い将来の日を預言します。

「このような日」という言葉が、エレミヤ書だけで 16 回も現れます。それほど彼は歴史を非常に長い視点で、息長く、巨視的に捉えて活動したのです。4節にある「牧者」はキリストを指すと言われ、キリスト預言の1つになっています。やがて、キリストがまことの牧者として群れを集め、養い、正義と恵みの業を行う。その名は「主は我らの正義」と呼ばれると語るのです。

イエスが生まれる 600 年も昔の預言ですが、ここに旧約と新約の接点の1つがあります。

9月

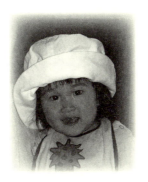

1

ヨハネ16・25〜33
あなたがたには世で苦難がある。しかし、勇気を出しなさい。わたしは既に世に勝っている。(33)

　モーツァルトは美しい音楽を作りました。それは天上の音楽だとさえ言われます。モーツァルトはネガティブな暗い音よりも、ポジティブな明るい澄んだ音をより強く聞いたからでしょう。たとえ恐ろしい闇の場面があっても、それは一時的で、その後もっと明るい希望の徴を奏でたということです。私たちも不安にさせる闇の力よりも、神のご支配をより強く聞く耳を持ちたいものです。イエスは、「あなたがたには世で苦難がある。しかし……わたしは既に世に勝っている」とおっしゃったのですから。

　創世記1章1節には、天地創造の初め、闇が深淵の面にあり、それを神の霊が覆っていたとあります。神の霊とは神の力に満ちた恵みの働きですが、神の恵みと平和こそすべての闇にまさる力です。それは創造の最初の日からあり、その力がすべての力を圧倒していくのです。いかなる闇の力も、神の平和の力に勝つことは決してありません。心が沈んでいる方も、イエスを仰いで、勇気を出しましょう。

2

ルカ23・32〜39
父よ、彼らをお赦しください。自分が何をしているのか知らないのです。(34)

　非情な裁きを受け、ボロボロにされて十字架に吊るされながら、イエスは、神に執り成されたのです。自分を磔刑にする者らのためにここまで祈る人がいるでしょうか。しかし、イエスはその当人以上に案じて祈られるのです。イエスは一体どうしてこうした深い愛を持ち、他者のために執り成しができたのでしょう。

　イエスは、公生涯を始めるにあたり、ヨルダン川で洗礼者ヨハネから洗礼を受けられました。水から上がると、「あなたはわたしの愛する子、わたしの心に適う者」(3・22) という天からの声を耳にされたと記されています。十字架の上で、その声を思い出されたのではないでしょうか。神に

愛される子。神の心に適う者。父なる神の究極的な愛が、この苦難に耐えさせただけではなく、彼らのために祈ることさえ可能にしたのでしょう。自分にとって支えとなる神の言葉を持つこと。人生の最後的な拠り所となるものを持つこと。それが私たちを支え、生涯を支えます。

イエスが十字架上で執り成された祈りが、初代教会のキリスト者らに、どれほど大きな励ましを与えたかは、最初の殉教者ステファノを見ればわかります。彼は石打ちの刑を受けて倒れたのに、渾身の力を振り絞って起き上がり、跪いて「主よ、この罪を彼らに負わせないでください」(使徒7・60) と祈りました。そして安らかに息を引き取りました。

3

エレミヤ書22・13～19
災いだ、恵みの業を行わず自分の宮殿を　正義を行わずに高殿を建て　同胞をただで働かせ　賃金を払わない者は。(13)

公共の福祉が優先されるのではなく、競争に勝ち抜いた一部の者らが、優れた設計者による御殿のような高殿に住んで人生を謳歌しているのです。問題は指導者に留まらず、6章13節では、「身分の低い者から高い者に至るまで　皆、利をむさぼり」とあります。利益、利益、少しでも得をすること、経済、経済。至る所で「利」を追求しているのですが、何か大切なものが欠落し、世が転倒してしまっていると、預言者は指摘します。

17章9～10節でもこう語ります。「人の心は何にもまして、とらえ難く病んでいる。誰がそれを知りえようか。心を探り、そのはらわたを究めるのは　主なるわたしである」。人の心は捕らえ難く病んでいるとは、もちろん心の病のことではありません。貧しい人、乏しい人の訴えが退けられ、彼らがただ同然の低賃金で働かせられる。その利己主義、自己中心をどこまでも貫く者たちの癒し難い病のことです。主は、彼らの心を見究め、そのはらわたを白日の下に晒されると預言者は迫っています。

主を信じるとはどういうことでしょうか。単に神の宮を立派に建てたり、心の平和を得ることだけではなく、正義と公平を貫くことではないでしょうか。口先では神を敬っていても、恵みの業が行動となり社会の中に現れて来ないことへのいらだちが預言されているのです。

4

Ⅰコリント 1・18 〜 25
そこで神は、宣教という愚かな手段によって信じる者を
救おうと、お考えになったのです。(21)

　5年間、教会の両面タブロイド紙「おおやま便り」を1万枚地域に配りました。郵便ポストに入れても見ずに捨てられたり、見ても心を動かされることなく捨てられるかもしれません。ただ、これは「宣教の愚かさ」の行為だと位置づけて行いました。神の愚かさに共鳴して、私たちも少しは愚かであっていいと思ったのです。

　女性の体重は平均50kgほど、男性は60kg前後。100kgの人は少ないでしょう。1万枚の重さはジャスト100kg、厚さ1m。その100kgを台車に載せ、配送業者が教会前の坂をのぼるのに苦労しました。

　ある年、配布直前に躓きが起きました。Aさんが誤字を発見したのです。泣きっ面に蜂で、他にも誤字があり、一時は配布をよそうと思ったものの、100kgの紙の処分もきつく、諦めて誤字のあるまま配ろうと考えました。小さい傷に目をつぶろうというのです。誤字の発見はバザーの翌日で、皆、疲れ切っていました。私もクタクタ。ですから仕方ないと思ったのです。

　ところが、翌朝読んだ聖書に、「泣きながら夜を過ごす人にも　喜びの歌と共に朝を迎えさせてくださる」（詩編30・6）とありました。このみ言葉によって元気になり、気分も爽快。1万枚をパソコンで1枚ずつ訂正するのが正解だと思ったのです。気が遠くなりますが、朝から訂正を始めました。まさに愚かです。パソコンが壊れるかもしれないのに。

　間違いを認めることは嫌なことです。しかし訂正しつつ思いました。「おおやま便り」を手にして訂正に気づく方、1枚1枚の訂正の苦労を思いやる方、そんな方がいれば、その方こそ教会に来ていただきたい方なのではないか、と。なぜなら、人間の弱さと愚かさ、それを恥ずかしくても認めて乗り越えたことに気づく方ですから、キリストの十字架の愚かさにも心動かされるに違いありません。そう気が付くと、1万枚を最後の1枚まで訂正するのが喜びになりました。

　キリストは愚かさに徹されました。失敗は避けても、愚かさを避けては

なりません。

ルカ 23・46
父よ、わたしの霊を御手にゆだねます。

5

イエスは、「父よ、わたしの霊を御手にゆだねます」と大声で叫び、息を引き取られました。マタイもマルコも記しています。これは、詩編31編の「まことの神、主よ、御手にわたしの霊をゆだねます」（6）とほぼ同じ言葉です。

この言葉は、ユダヤ人の子どもらが寝かされる時に、母親から最初に教えられる祈りの言葉です。夜、誰もが眠りの暗闇に入っていきますが、その暗がりでも守ってくださる神の御手にこの言葉で委ねますと祈るのです。三つ子の魂百まで。イエスは母マリアから教えられたこの祈りを、息を引き取る寸前に祈られたのかもしれません。幼い子どもが、母や父の腕に委ねて眠りにつくように、父なる神の御腕に安らかに信頼し、お委ねしますと祈られました。

ここにある安らかさは、なすべき一切の業をなし終えたイエスの安らかさです。ヨハネ福音書は、「成し遂げられた」（19・30）と語って、息を引き取られたと記します。私たちから言えば、救いはここに成就したのです。旧約聖書の預言がここに成し遂げられ、イエスは安らかに神に委ねられたのです。「あなたがたには世で苦難がある。しかし、勇気を出しなさい。わたしは既に世に勝っている」（ヨハネ 16・33）と語られたことが、ここに実現したのです。確かに今も私たちは地上で多くの悩みがあります。しかしイエスはすでに私たちのために、この世に勝ってくださったのです。死によって、死に打ち勝ってくださったのです。

私たちも勇気を出し、恐れずキリストに信頼して、大胆に生きましょう。キリストは道なきところにも道を切り拓いて導いてくださる方です。私たちはこの世の闇も自分の闇も見つめ過ぎずに、キリストの光を仰いで今日も進んでいきましょう。

6

> ヨハネ7・37～39
> 祭りが最も盛大に祝われる終わりの日に、イエスは立ち上がって大声で言われた。「渇いている人はだれでも、わたしのところに来て飲みなさい。」(37)

　過越の祭りは、イスラエルの三大祭りの1つです。最終日は最も重要な日で、難民などで外国に散らされた人たちが巡礼で戻り、最高に盛り上がりました。この日とばかりに力の限り祝い、歌い、踊りました。

　日本なら神輿が宮入りする日が最大の日で、昔は順番を巡ってケンカが起こり、部外者は怖くて近寄れないこともありました。今はケンカが減り、女性も神輿を担ぎますが、祭りは町人が鬱憤を晴らし、ガス抜きするのを許された日で、昔は相当に荒れました。

　過越の祭りは、出エジプトの前夜、神の使いがイスラエルの家々を過ぎ越されたのを記念するもので自由と解放を祝う日です。その祭りがクライマックスに達した時に、イエスは立ち上がり、「渇いている人はだれでも、わたしのところに来て飲みなさい。わたしを信じる者は、聖書に書いてあるとおり、その人の内から生きた水が川となって流れ出るようになる」(37-38)と、大声で群衆に呼びかけられたのです。祭りが最高に達したのです。本来なら誰もが喜び、渇く人はいないはずです。ですが、現実には祭りの傍らで、渇く人、苦しむ人がいます。儀式は盛大ですが、形骸化して元のスピリットが失われ、悩みを抱え、癒されない人が多くいたのでした。イエスは特にその人たちに呼びかけられたのでしょう。

　祭りは華やかで、暗い現実は隠されていますが、一旦内部に入れば解決されない問題があふれています。イエスは悩む人、苦しむ人、心に渇きを覚える人たちに、私の所に来て飲みなさいと言われました。今日、教会が、心の渇きを覚える人らを癒す場所になっているでしょうか。

7

> ルカ21・7
> 先生、では、そのことはいつ起こるのですか。また、そのことが起こるときには、どんな徴があるのですか。

　弟子たちは、やがて神殿が崩壊すると聞いて、まさかそんなことがある

はずがないと驚きました。60年ほど昔、初めて丸の内のビル群を見た時、地方出身者の私はその壮観さに圧倒されました。私が就職したのは製鉄会社だったので、構内に数十本のレールが敷かれ汽車が何台も走る巨大な設備と生産ラインに圧倒されていましたが、丸の内ではまた違った意味で圧倒されました。そこは日本経済の中枢、エリートたちと富の集中する場所でした。その威容を見て、誰がそのビル群と経済が崩壊すると考えたでしょう。きっとそんなことは決してないと言ったでしょう。ローマ帝国最盛期に帝国が崩壊するとは誰も想像しませんでした。唐の最盛期に国が滅びると誰が思ったでしょう。アメリカの経済的地盤沈下が言われても、それが崩壊するとは誰も現実には思っていません。

　イエスが神殿崩壊を予告された時、弟子たちもまさかと思ったのです。神殿の立派さ、奉納物の豪華さに目を丸くしていたので、イエスの言葉に、「まさかそんなことがあるはずがない」という思いが、「ではいつですか？」「どんな前兆がありますか？」との質問となって口を突いて出たのです。

　では神殿崩壊の予告は真っ赤なウソだったのでしょうか。実際は、イエスの死から約40年後、西暦70年の第1次ユダヤ戦争で、後の皇帝ティトスが率いるローマ軍によって徹底的に破壊されてしまいました。ところが、そのローマもやがては亡びました。アメリカも日本も100年後にどうなっているか、誰も予想はつきません。

ルカ21・20～24
エルサレムが軍隊に囲まれるのを見たら、その滅亡が近づいたことを悟りなさい。(20)

　私の考えは矛盾するかもしれませんが、原爆が投下されなければ、あのとき一億玉砕が現実に起こったと思っています。原爆賛成ではありませんが、原爆投下がなくても日本は降伏していたという説には甘さを感じます。当時の国家による思想改造の下では、一億総玉砕の道しかなかったはずです。実際、陸軍中野学校は14歳から17歳の少年を護郷隊として養成し、一億総特攻の道を歩もうとしていたのですから、恐るべき一億玉砕が現実に起こってもおかしくなかったのです。──もちろん私は、原爆投下

はあってはならないことで、2度と起こしてはならないと思います。今や、これは人類絶滅兵器になりかねません。人類は痛い歴史の教訓から学ぶべきです。

エルサレムはローマ軍の前で玉砕しましたが、その60年後に、再びバル・コクバの乱が起こり、修復不可能なほど徹底的、絶望的に破壊されました。現在残る嘆きの壁は、この徹底的な壊滅のわずかな名残りで、永遠に絶望的な廃墟になっています。

ところで、ルカ福音書は西暦70年代に書かれましたから、著者は神殿の徹底的な破壊、すなわちイエスの予告の実現をまのあたりにして書いています。イエスの予告は荒唐無稽な、ありもしない宗教的夢想家の妄想ではないことを確信して記したのです。

20節は、「エルサレムが軍隊に囲まれるのを見たら、その滅亡が近づいたことを悟りなさい」と、刻々と迫る滅亡のようすをリアルに記しています。これはイエスの予告もさることながら、著者が目にした滅亡に至るリアルな光景でしょう。要するにイエスの予告は的中し、神殿も都も壊滅したのです。イエスはそこまで時代の行く末を見抜いておられたのです。

9

ルカ21・5～6
あなたがたはこれらの物に見とれているが、一つの石も崩されずに他の石の上に残ることのない日が来る。(6)

イエスは神殿崩壊予告をきっかけに、人間のいかなる壮大壮麗な営みもやがて崩壊し、終わりが来ることを預言されました。

2015年のノーベル生理学・医学賞を受賞した大村智さんは、昔、夜間の工業高校の先生だったそうで、ノーベル賞が初めて庶民の身近になりました。同じ年に、物理学で梶田隆章さんが受賞しました。彼はニュートリノ振動を発見した人です。少し前まで、物体や人体を自由に通過する物質があるなどと誰が信じ得たことでしょう。しかし、人体だけではなく、巨大な地球を突き抜けて素通りできるニュートリノという物があるということを発見したのです。まさに人類が打ち立てた金字塔と言えます。

もちろん、今はそれが金字塔でも、やがては知の地平を切り拓く別の人

らによって、更に新発見へと導かれて新たな金字塔が築かれるに違いありません。科学の歴史はそのようにして今日に至っています。今、申し上げたいのは、私たちが目にする壮大な建物も国家もまた科学技術や新発見も、永遠でも究極でもないということです。すべては古くなり、乗り越えられる運命にあります。どんな地上のものも永遠ではなく有限であって、滅亡を免れません。そのことを、イエスは今日の箇所でおっしゃられたのです。

　ただイエスは、だからこの世は絶望的だとか、裁かれるべきだ、消え去るべきだと言おうとしておられません。神殿崩壊を予告し、絶望的なことが次々起こることを予告されますが、たとえ時代が滅び、天地が滅びるとも、神の言葉は永遠に滅びないこと、真理にこそ人類の希望があることを21章で語られたのです。

10

ルカ21・29〜33
天地は滅びるが、わたしの言葉は決して滅びない。
(33)

　たとえ世界や私たちの身に、「天地が滅びる」と思えるほどの絶望的なことが起こっても、イエスの言葉において必ず希望が存在すると告げられています。

　芥川龍之介は、「羅生門」にしても、「鼻」や「河童」にしても、犬のような鋭い嗅覚で社会と人間の嘘を嗅ぎとった人です。「人の世の至る所に嘘を、何か根本的な自己欺瞞を見た」と言っています。クンクン嗅いで腐ったものを探り出す、それに長けて辛辣な批評をしました。今の社会を考えても、「民主的」と言いながら何かそこに欺瞞があります。「自由社会」と言われますが、ここにも嘘が混ざっています。平等と言っても微かな偽りの臭いが漂っています。芥川は欺瞞を見抜く天才的な眼力をもって、天地にある何ものも真に人間を支えてくれないことを鋭く見抜き、しかも支えてくれるものがなければ、安心して生き得ないのが私たち孤独な人間であることを見事に喝破しました。しかし、この世を喝破してキリスト教にも近づきますが、少しの所で委ね切れずに自殺してしまいました。

　彼のような鋭さではないが、欺瞞を見抜きつつも自分を支えてくれる力

を見つけられず、不安を持ってさ迷う私たち小さな魂にとっても、「天地は滅びるが、わたしの言葉は決して滅びない」というキリストの言葉は、巌のように確実で、永遠に信頼できることを、イエスはこの21章で証しされるのです。

11

Ⅰテモテ4・1～5
神がお造りになったものはすべて良いものであり、感謝して受けるならば、何一つ捨てるものはないからです。
(4)

　100歳以上の人が約9万人を超えました。30年前は何と5600人。30年間で17倍弱増え、しかもかくしゃくたる方が増加中です。その理由として挙げられるのは、医学の発達もさることながら、食生活の改善です。100歳以上の元気な方は、油っこいものも好んで食べ、ビフテキもとんかつも若者のようにペロッと平らげるそうです。また新聞を毎日じっくり読み、政治欄やスポーツ欄も面白く読んでいるそうです。

　若い人の中には、健康志向で菜食中心の食事を心がけている人も多いと聞きます。人は誰しも歴史の流れの中で生きています。菜食中心の人々は多分飽食の時代、肉類や油類の美味しい食べ物にあふれた時代に青少年期を過ごした方ではないでしょうか。実は健康志向の時代とは、飽食時代への反動なのだそうです。つまり、飽食時代を猛反省して健康志向時代が来て、菜食主義へと向かったのです。しかもそれが行き過ぎて一部の人は今度は極端な菜食中心主義となりました。飽食への反動である健康志向の食文化を最高と思って、過剰な菜食になってしまったというわけです。歴史は、思想もファッションも食も流行り廃りがあり、右に揺れ、左に揺れて、正反合で進むというのは本当でしょう。

　いずれにせよ、「神がお造りになったものはすべて良いものであり、感謝して受けるならば、何一つ捨てるものはない」のであって、すべての食べ物は本来良いものです。いろいろな種類のものを何でも食べ、偏らないバランスのとれた食生活をし、感謝していただくことこそ心と体の健康の秘訣です。さらにそこに加えるなら、健康な長寿のためには、体をよく動かし、できるだけ人の世話にならず、好奇心旺盛に生きることです。そし

てできるだけ男性も食事作りをするなら家庭円満も間違いなしです。

12

マタイ24・3～14
世の終わるときには、どんな徴があるのですか。(3)

　何人かの牧師たちで話していて、共通の知人が、心臓を外に取り出して手術したと聞きました。ピクピク動く心臓を執刀医が手術するようすを想像して、現代という時代を思い、思わずため息が出ました。
　お昼に、皆で食事に行きました。初めてのお店で、入口に半間ほどの新しい神棚がありました。居酒屋風で、ランチの丼ぶり物をいただいて、帰りに見ると神棚の扉が開いていて中に紙が貼ってあるのです。覗き込むと大型の名刺でした。店員に聞くと、社長さんのものだと言っていました。社長さんを祀っているのです。驚きました。遊びでしょうが、21世紀が始ってまもないというのに、世界も終わりに近づいていると言うべきか、すでに世紀末だと思いました。
　その夜、テレビで、全国展開する美容整形のクリニックを取材していました。急激に売り上げを伸ばしたクリニックだそうで、どうして伸びたのか。受付係から看護師さんまで、従業員1000人ほどの9割が美容整形を受けていて、頬のたるみ、しわ、まぶた、目の形、鼻などの整形を施しているようで、自分たちに経験があるのでお客さんに良いアドバイスができるのだそうです。
　それにしても、ここで働く人はほぼ全員、作りものの顔を持っている人かと思うと、私は整形を必ずしも悪と思いませんが、人が自分の自然さから遠ざかり、世界はどうなるのだろうと思いました。たとえば男性が、ある女性を好きだと思っても、整形しているから好きなのかもしれないと思うと、複雑な気持ちです。後から騙されたとなりかねません。外見ではなくその人の本質を見抜く目を、男女共に持たなければならない時代でしょう。
　これらが「世の終わり」の徴とは言えませんが、時代を見る目ではあります。その目から見ると、すでに世の終わりの感があります。

225

ルカ 21・9
世の終わりはすぐには来ないからである。

13

　「SEKAI NO OWARI」は、男女4人の有名ロックバンドの名前です。「世界の終わり」というほどですから、凄い歌詞を歌っているに違いないと思って聴きました。しかし、実際に数曲を聴いてみると「世界の終わり」でもなんでもなく、普通に恋愛や人生を歌ったり、歌詞もどこかの道徳家が作ったようなものでした。

　イエスの言葉に戻れば、戦乱やいろいろな異変が起きても、これらの現象が、「世の終わりがすぐに来る」ことを示すのではない、怯えてはならないということです。怯えるから詐欺に引っかかり、詐欺的宗教の思う壺にはまります。つまり、戦乱や地震やいろいろな天変地異を世の終わりと結び付ける者がたとえキリストの名を名乗ったとしても、メシアではないということです。そうした詐欺的な宗教者は口がうまく人を誘導します。そして一度入ると、脱会すれば不幸が来ると脅して抜けられないようにマインド・コントロールしてきます。カルト宗教がまさにそれです。彼らは恐怖で人を支配するのです。

　イエスはまったく反対に、恐れるな、終わりはすぐには来ない、だから慌てるなと語ります。イエスは冷静な方です。落ち着いて冷静に生きよと言われるのです。本当の信仰は実に冷静です。ファナティックな、扇動的、扇情的なものではありません。たとえ世の終わりが来そうな時にも、慌てず、隣人を愛し、今日をしっかり生きるように説かれます。宗教改革者のルターは、「たとえ明日、世界の終わりが来ようと、今日、リンゴの苗木を植える」と言いました。これこそ信仰の本筋です。これがキリスト教です。プロテスタントもカトリックもこの姿勢は同じです。

14

ルカ 21・32〜33
すべてのことが起こるまでは、この時代は決して滅びない。天地は滅びるが、わたしの言葉は決して滅びない。

バッハのヨハネ受難曲の最後に、慰め深い歌が歌われます。まるで子守唄を思わせるほど安らかで、澄み渡ったすばらしい歌です。コーラスが、墓に葬られたキリストに向かってこう歌います。「安らかにお眠りください。聖なる亡骸よ」と。これが幾度も繰り返し歌われ、心に迫ってきたところで、更に、「私は今より後、嘆き悲しむことはしません。安らかにお眠りください。私をも安息へとお導きください」と歌われ、「あなたのこの墓は、私に天国、神の国を開き、地獄を閉ざしてくれるのです」と続きます。

キリストの墓は、神の国へと道を開き、地獄を閉ざしてくれる。これはバッハの信仰告白でしょう。そして最後に、コラールが歌われます。「私の亡骸を……本当に安らかに、1つとして苦しみも痛みもなく、最後の審判の時まで憩わせてください。時至れば、私を死の眠りから目覚めさせてください。この目で、限りない喜びの内にあなたを見ることができるように……」。何とすばらしい歌でしょう。

イエスは、「すべてのことが起こるまでは、この時代は決して滅びない。天地は滅びるが、わたしの言葉は決して滅びない」と語られました。たとえ天地が滅び、地球も宇宙も崩れ去っても、また私自身が滅びても、神の言葉は決して滅びず、永遠です。神の言葉は過ぎ行かず、滅びないのです。私たちはこの言葉を信じ、この信仰に帰依し、そのご支配に服したいと思います。

私たちの肉体が滅び、いつか死が訪れる日が来るでしょう。もし神から離れて神と関係をなくせば、私たちは肉体的にも精神的にも滅びて、虚無と無に転落するのかもしれません。しかしキリストにある時には、私たちは感謝を持って死を受け入れることができるのです。喜びのうちに、再び神の国で目覚めることになるからです。

15

Ⅰコリント 12・12～14
体は、一つの部分ではなく、多くの部分から成っています。(14)

（子どものための黙想）

皆さんの体にはいろいろな部分がありますね。頭、両手両足。また顔の一番上には眉毛、その下に目、鼻、口があり、両側に耳があります。あるよね。ない？　あった、よかった！

体の中でも目は高い所にあり、いつもほかの部分を見下ろしています。目が一番上だから威張って、「おいみんな、おれは一番偉いのだから、みんなもおれみたいになれ」って命令して、みんなが目になればどうなるでしょう。どこでおいしい匂いをかぎますか？　どこで大好きな唐揚げを食べますか？　どこでお母さんが呼ぶ声を聞くでしょうか？　できないよね。でも、「体は、一つの部分ではなく、多くの部分から成っています」とあるように、目と鼻と口と耳と、いろいろが助け合っているからうまくいくんだよ。

体は不思議だね。両手は同じ形ですが、右手と左手が違うからうまく物をつかめます。「そら、Bちゃんボールを投げるよ」「うまい、両手でうまくつかんだね」「Dちゃんは落としちゃった。片手でつかもうとしたからね」。神さまは両手が互いに助け合うように作ってくださったんだ。これを協力って言います。

歩く時も、左足を前に出した時に右足が突っ張って床を蹴るから左足が前に進むんだよ。皆、協力し合っているんだ。協力しないで、左足は左に、右足は右に行きたい、左足は前に、右足は後ろに進みたいとなったら体はバラバラになっちゃいます。やっぱり助け合わなければなりません。

今世界に何億の人がいますか。80億人くらいです。80億人いても、神さまは、世界の人が皆、助け合い、協力し合い、支え合って生きるようにとお考えです。1人が苦しめば他の人も苦しいし、1人が悲しめば他の人も悲しいよ。80億の人は、皆それぞれ、神さまに愛された人としてつながっています。だから戦争してはいけないし、意地悪しちゃあだめなんです。皆が助け合い、協力し合い、補い合って生きるように、神さまはお造

りくださったのです。

ローマ6・1〜5
わたしたちは洗礼によってキリストと共に葬られ、その死にあずかるものとなりました。（4）

16

洗礼は、キリスト・イエスに結ばれることであり、キリストと共に葬られ、キリストと共に甦らされることです。葬りと甦り。これがキリスト・イエスに結ばれる洗礼において起こります。ここが重要なのです。主観的に結ばれた思い込むことではありません。また人間的な努力によって実現することではありません。すでに神さまによって実現されていることを感謝して受け取るのです。

3節の「キリスト・イエスに結ばれるために洗礼を受けた」とは、「キリストの中へと沈められ、バプテスマされる」ことです。「キリストに結ばれる洗礼」と言いましたが、キリスト者とはキリストの中へと沈められた者なのです。

ガラテヤ書3章26〜27節は、「あなたがたは皆、信仰により、キリスト・イエスに結ばれて神の子なのです。洗礼を受けてキリストに結ばれたあなたがたは皆、キリストを着ているからです」と語ります。洗礼を受けて、「キリストに結ばれ」るだけではなく、キリストを着物のように着る。キリストの赦しと憐れみと恵みに全身覆われる。こうしてキリストの命に与るのです。

私たちが洗礼を受けるのは、シンプルに考えて、キリストが洗礼をお受けになったからであり、その洗礼にあずかるのです。「正しいことをすべて行うのは、我々にふさわしいことです」（マタイ3・15）と、イエスご自身が洗礼をお受けになる時におっしゃいました。だから私たちも謙虚にそれに従い、洗礼の恵みにあずかるのです。洗礼は単純素朴にイエスへの従順の業です。また復活のイエスが、マタイ福音書28章19節で、「あなたがたは行って、すべての民をわたしの弟子にしなさい。彼らに父と子と聖霊の名によって洗礼を授け」と、洗礼をお命じになったからでもあります。

こうして、イエスご自身が洗礼を受け、イエスが洗礼をお命じになった

229

ので、私たちは信仰の告白として洗礼を受けるのです。

17

マタイ 18・1〜9
はっきり言っておく。心を入れ替えて子供のようにならなければ、決して天の国に入ることはできない。(3)

　ラテン・アメリカで人気がある、イザベル・アジェンデという女性作家がいます。身内にチリの革新的な元大統領や外交官がいて、本人も国連で働いたり、華々しい活動をしましたが、軍事クーデターのために国外に亡命して今は米国在住です。後に一族をモチーフに小説を書いて有名になりました。私生活では両親の離婚、自分の離婚と再婚、亡命生活、28歳の娘の突然の死など、次々不幸を経験した人です。家柄はいいが少し変わった人で、ゴミ捨て場に捨てられていた目の不自由な犬を拾って来て、その目を手術で治してあげて一緒に暮らしているそうです。

　意志の強い、自分の力で道を切り拓いてきた女傑です。しかし娘の死後、長くペンを取れず、再び書き始めた今、人生を振り返って、「私の人生の方向を変えたさまざまなことは、まったく自分の手にあまることでした。私の父は私を捨て、母は外交官と結婚し、軍事クーデターが起こり、娘の死が突然に起こり……」などと、人生は決して計画通り行かないことを謙遜に語っています。強い意志の人ですが、長く人生を旅するうちに、人生はままならぬことを素直に認め、謙遜にされ、神の前に子どものようになられたのだろうと想像しました。

　死ぬためには、財産も技術も名誉も不要です。金持ちも貧しい人も皆、死において完全に平等です。人生は、出世や何者かになるための道でしょうか。むしろ子どものようになって天国に入れていただく歩みかもしれません。

18

マタイ 18・1〜9

はっきり言っておく。心を入れ替えて子供のようにならなければ、決して天の国に入ることはできない。(3)

　沖縄が気骨あるすばらしい人たちを輩出しているのは、沖縄には本土より13年も早くキリスト教が入ったからかもしれません。宣教師らも気骨ある人が伝道をしており、シュワルツ宣教師もその1人です。彼は銀座教会で牧師をし、弘前の東奥義塾で教え、長崎の鎮西学院の院長をした人ですが、やがて当時人々が見下していた沖縄に「下って」伝道したのです。この姿勢からわかるのは、彼は宣教師としてこの世的出世を望まず、地方で、一粒の麦として地に落ちて死ぬことを肝に銘じた人だったということです。その土地に自分が必要とされると見るや、決断して自らを捧げていったのです。そういう人であったからでしょう、沖縄の青年たちに多大な影響を与えました。子どものような純真な心を持っていた人なのでしょう。

　この信仰の土壌の中に、徳島出身の医師・大久保孝三郎という人が来ます。彼は沖縄に来てキリスト教に触れ、キリスト者になり、医院を開業し、「貧富の別なく診察を行ない……その患者は……裕福ではない労働者階級であった」のです。往診に行くと、患者のカマドの薪を観察したそうで、薪の有無で家の経済状態を判断し、薪がない家では薬代を取らなかったそうです。この診療姿勢がキリスト者として島の人に影響を与え、患者の中に信仰を持つ人たちが出たのです。

　彼が沖縄の庶民に向けた温かい「眼差し」、また「悲しむ者に寄り添う」姿は、沖縄社会の一隅を照らしたと言われています。私たちもかみしめたいことです。(一色哲著「南島キリスト教史入門」参照)

19

ヨハネ 1・1〜5

言の内に命があった。命は人間を照らす光であった。光は暗闇の中で輝いている。暗闇は光を理解しなかった。(4-5)

　ヨハネ福音書は西暦90年代に書かれました。ローマ皇帝ドミティアヌ

スの大迫害の旋風が吹き荒れた時代です。世は暗黒時代を迎えていました。キリスト者は、秀吉や江戸幕府による残虐非道なキリシタン弾圧時代のような、厳しい試練に直面しました。息を潜めて暮らしたのは容易に想像できます。

しかし、いかに劣悪な時代においても、「光は暗闇の中で輝いている」とヨハネ福音書は語るのです。創世記１章の初めに、神は「光あれ」と言われた、すると、「光があった」とあります。神こそ光の創造者です。いかにドミティアヌスの迫害がひどくても、神がこの世界を治め、「光は暗闇の中で輝いている」のです。いや、ドミティアヌス時代に限りません。ヨハネ福音書は、どんな暗黒時代やどんな地域であっても、ロゴスの光、キリストの光、神の愛の光は何者にも屈せず、届いていると語っているのです。

「言(ことば)の内に命があった」のです。この命は神の命であり、地上に命を与えます。言の内に命の源があるからで、この命こそ人間を照らすまことの光でした。そして、まことの光は闇の中でも消されることなく輝いているのです。繰り返しますが、いかに闇が深まり、強まろうと、この光は万民の中で輝いています。

「暗闇は光を理解しない」かもしれません。理解しないでしょう。光を拒絶するでしょう。闇は光を受け入れる度量を持たないのです。闇は自分で事足りると考えているからです。だから、外に向かって心を開かず、固く心を閉ざすのです。しかし、イエスはすべての人に心を開きました。すべての重荷を負う人、苦労する人に心を開かれました。それを覚えて今日の１日も感謝して生きましょう。

20

ヨハネ１・７〜８
光について証しをするため、また、すべての人が彼によって信じるようになるためである。彼は光ではなく、光について証しをするために来た。

洗礼者ヨハネは荒野に出て活動しました。人の住む町ではなく、荒野に出て活動したのは、世の荒野性をあぶり出すためでしょう。そして、彼の最も偉大な仕事は、「光について証しをするため、また、すべての人が彼

によって信じるようになるためである」とあるように、キリストを指し示す「ひかりの証人」として来たことです。彼は、「わたしはその履物のひもを解く資格もない」(27)と語って、光に仕える「ひかりの証人」に徹して生きました。それを神から授かった使命として、ひかりの僕(しもべ)として命を擦り減らしたのです。彼自身は光ではなく、光を証しするため、「すべての人が彼によって信じるようになるため」です。

「証し」という言葉が何度も出てきます。漢字の証しは「言」偏に「正しい」と書き、言葉を正しく語るということですが、元は「證」と書いて、諌め、告げることを意味しました。ギリシャ語ではようすが違い、マルチュスと言って、やがて英語のマーター、つまり殉教者の語源になります。証人、目撃者を指します。今日の箇所でマルチュスという言葉が3度使われています。ヨハネは光であるキリストを証しする人として、やがてヘロデに斬首され、殉教の死を遂げます。ただ、「ひかりの証人」ということは、英雄的な死だけを言うのではなく、浮き沈みや曲がりくねった歩みをしても、死に至るまで光を証しつつ生きた証人、信仰を貫いた証人すべてを指します。

繰り返すと、彼は光を証しするために来たのです。闇を証しするのでも自分を証しするのでもありません。彼が生涯をかけてしたことは、「死」を証ししたのではなく「命」を証ししたのです。まことの光であるお方、世に来てすべての人を照らすお方を指し示したのです。

21

マタイ 20・29～34

二人はますます、「主よ、ダビデの子よ、わたしたちを憐れんでください」と叫んだ。(31)

O先生は戦地から帰って来た後、熊本大学医学部に進学しようと猛勉強されました。ところがそこに、結婚していた姉が重症の結核になり、2児を連れて実家に戻って来ました。狭い家だったので、姉が伏す同じ六畳間でO先生も寝起きして猛勉強をされたのです。

深夜、暗い電灯の下で勉強する先生に姉が、「○ちゃん、背中をさすってくれない？」と、床ずれの苦痛に耐えがたく細い声で訴えるのです。ま

た時々、「〇ちゃん、お祈りしてちょうだい」と頼むのです。小さい頃は、「天のお父さま、イエスさまのみ名によって」と祈っていたO先生ですが、敗戦で絶望して帰って来て祈りができなくなっていました。でも姉に「お祈りしてちょうだい」と、痛みに耐えかね蚊の鳴くような声で囁かれ、やむなくつっかえながらお祈りをしました。祈り終えると姉が涙を流し、「アーメン」とガリガリに細った体に力を込めて応えたそうです。また、「讃美歌を歌ってちょうだい」と求められ、「みゆるしあらずば　ほろぶべきこの身、わが主よ、あわれみ　すくいたまえ。イエスきみよ、このままに、我をこのままに　救い給え」(54年版『讃美歌』511番)や、「主よ、み手もて　ひかせたまえ」(同285番)の愛唱歌を、勉強の手を止めて歌ったそうです。

　こうして猛勉強の3か月間、痛みに耐えかねての姉の祈りと讃美歌の求めで先生は再び祈るようになり、姉と涙を流して讃美歌を歌うようになり、念願の医学部にも合格したのです。しかも合格後、O先生は医学の道を捨てて牧師になる道に進まれたのです。

　「背中をさすってくれない？」「讃美歌を歌ってちょうだい」。いつ果てるともしれぬ苦しい咳をし、血痰を吐き、日々死に瀕しながらどうして元気な証しなどできるでしょう。「背中をさすってくれない？」「讃美歌を歌ってちょうだい」、それで十分です。それで十分、光の証人ではないでしょうか。蚊の鳴くような声でいいのです。自分が求めていることを、素直に神に打ち明け、人に申し上げて生きればいいのです。

22

ヨハネ1・11
言は、自分の民のところへ来たが、民は受け入れなかった。

　イエスは、いわば自宅に帰ったのです。ところが家の者らは赤の他人のように冷たく追い出したのです。もし実社会で似た経験をした方があれば、イエスがなめた苦しみ、無念さがよくおわかりでしょう。

　祖父の頃から食堂を営み、手広く食堂と飲み屋、宴会場を経営する知人がいました。本人は父親の後を継いだものの非常に線の細い方でした。一

方姉の夫がやり手で、店を手伝ってもらううちに経営にも口出しするようになり、社長の座を狙っているのでないかと疑心暗鬼に駆られ、ひどいノイローゼになって入退院を繰り返しました。よい弁護士がついているのに、本当に気の毒な状態でした。後を継ぐ器量があればいいのですが、ない場合には相当つらいと思いました。それにしても、自分のものが他人に乗っ取られることほど怒り狂うことはありません。「言は、自分の民のところへ来たが、民は受け入れなかった」とは、それに似ています。

しかしキリストが世に来て、そのような苦難をお受けになったことに深い意味があるのです。もしキリストが信じ難いほどのひどい苦難を受けられなかったら、私たちがひとりで苦難に耐えて苦しみ、その結果、憎悪に駆られて闘うか、絶望に身を任せるか、この世を恨んで死ぬかしかなかったでしょう。自爆テロまがいのことをしたかもしれません。

しかし命であり、まことの光である方が私たちの身代わりに嘲笑され、唾を吐かれ、なぶりものにされ、十字架で殺されたが復活されました。だから私たちは希望に生きることができるのです。キリストご自身が試練を受けて苦しまれたからこそ、試練を受けている人たちを助けることがおできになります。ご自分の弱さを身にまとっておられたからこそ、私たち弱い者を深く思いやってくださるのです。

ヨハネ 1・14
言は肉となって、わたしたちの間に宿られた。

23

日本最初の知的障碍児の福祉施設は滝乃川学園です。立教女学院の教頭であった石井亮一というキリスト者が東京北区の滝野川で始めた施設です。

滝乃川学園の2代目学園長は石井筆子という方ですが、彼女は明治10年代にフランスに留学し、津田梅子の学校でフランス語を教えました。「鹿鳴館の華」と詠われ、小鹿島という高級官僚と結婚した才媛です。そして娘3人を授かります。しかし2人は知的障害児、1人は虚弱で生後すぐ天に帰ります。しかも、後を追うように夫も35歳の若さで亡くなったのです。

娘2人を滝乃川学園に預けていたので、筆子はその後も学園を支援しますが、やがて園長の人間性に惹かれて再婚し、石井筆子になったのです。そして日本最初の知的障碍児・障碍者施設のために骨身惜しまず特に教育に尽力しました。娘3人が亡くなると、彼女は墓の墓標に、漢語で「鴿無止脚還舟」（鳩は脚を止める所がなく舟に還る）と刻みました。ノアが箱舟から最初に放った鳩に似て、大地に足をつけることなく天に還った子らを覚えて、神に委ねたのでしょう。

20代はさぞ飛ぶ鳥を落とす勢いであったろう女性です。ですが障碍児を持ち、夫と死別し、知的障碍施設の園長と再婚し、ここは神が自分を呼んでおられる地だと考え、特に知的障碍児教育に打ち込みました。信仰が受肉した時、私たちは思いもしなかった所へと導かれます。イエスは弟子たちを、「わたしについて来なさい」と言って招かれましたが、イエスに具体的に従う時には、予想もしなかった場所へと導かれることがあるのです。

「言は肉となって」とありますが、私たち自身の信仰の受肉についてこんなことを考えさせられました。

24

民数記 22・5〜31
神はバラムのもとに来て、こう言われた。「これらの者があなたを呼びに来たのなら、立って彼らと共に行くがよい。」(20)

昔、九州での駆け出し牧師時代に、在日韓国人と結婚して日本に来ていた韓国人女性が教会にいました。中高生の息子、娘たち4人がいました。ある時、この女性が、バラムとロバの所から、「どうしてバラムは、バラクの所に行くがよいと神に言われたのに、彼の上に神の怒りが燃え上がったのですか」と問われました。今考えれば、彼女は、神の怒りに似た何かを感じていたのかもしれません。

あくまで私の推測ですが、恐らく当初は、「恐れずこの在日の男性と結婚しなさい」という言葉を聞いたか、そういう思いで結婚したのでしょう。ところが結婚後20年ほど経つうちに、どこか神の怒りのようなものを感じたのでこんな質問をなさったのではないかと今になって想像します。と

いうのは、夫はあるヤクザの幹部だと私は人づてに聞いたからです。

　ヤクザ関係の真偽に今は触れませんが、ただ彼女個人は、その人と結婚しながら堅く信仰を貫いて来たことを知っていただきたいのです。子どもたち全員を信仰に導きました。あっぱれな女性だと思います。この女性がこんなことができたのは、「言は肉となって、わたしたちの間に宿られた。わたしたちはその栄光を見た」（ヨハネ1・14）とあるように、言がイエスとなって受肉した栄光に活き活きと触れていたからでしょう。だから尋常でない環境の中で信仰を貫き、思いがけぬ所へと導かれたのです。

　どんな事情があってもヤクザと結婚してはいけないとは言えません。職場で出会って愛が芽生えたそうです。それに、すでに夫は亡くなりましたが、その愛は一貫して真実であったし、夫も妻が信仰を貫くのを許しました。そして子どもたちは熱心に教会に通い、受洗しました。地上に受肉したキリストは、こういう常識を越えることをもなさる方なのです。

25

マタイ2・13〜15
主の天使が夢でヨセフに現れて言った。「起きて、子供とその母親を連れて、エジプトに逃げ、わたしが告げるまで、そこにとどまっていなさい。(13)

　聖家族は、ヘロデ大王の迫害の手が伸びるとエジプトに逃げ、難民生活を何年も送りました。したがってキリスト教信仰は難民と無関係ではなく、教会は難民を覚え、努めて難民を受け入れようとしてきました。日本は難民をなかなか受け入れない国ですが、聖家族の難民生活を考える時、日本のキリスト者も無関心であってはならないでしょう。

　ある年、イギリスの知人のボゼナさんが、今年は誰にもクリスマス・カードを送りませんとメールをくれました。「自分は今、ヨーロッパに命がけでやって来る数十万の難民たちが嘗めている絶望的窮地を追体験しています。いくつかの国では剝き出しの敵意、疑いの目、あからさまな拒絶を経験し、一方、温かい思いやり、好意的な援助の手を差し出す人たちも経験しているのが彼らで、今年はクリスマス・カードをやめ、彼らを支援するために尽くします」とメールにありました。

　彼女はイギリス国籍を持つポーランド人です。第2次世界大戦中、ポー

ランドは西からナチの侵略と、東からソ連の侵入を受けました。まだ首の据わらない生後数週間の彼女は両親と共にシベリアに強制移送されたのです。零下40度の極寒の地で難民生活を送った1年後、ロシアを北から南に縦断、今のカザフスタン、ウズベキスタン、タジキスタン、イラン、パキスタンと、各地で難民生活を送り、次に夏は40度を越えるインドに送られました。やがてレバノンに移送され、そこからオーストラリアに着くまで、約10年の難民生活を強いられたのです。

エジプトにおいて、聖家族の難民生活があったからでしょうか、エジプトには早くからキリスト教が伝わり、現在もコプト教と呼ばれるエジプトのキリスト教が、世界のキリスト教の大切な一翼を担っています。

26

ルカ6・20〜23
貧しい人々は、幸いである、神の国はあなたがたのものである。今飢えている人々は、幸いである、あなたがたは満たされる。(20-21)

東日本大震災の被災地の仙台と石巻に行った時、津波で被災した人の手紙を読みました。その方は高校生の孫と天井まで来た津波からやっと逃がれ、2階の屋根に這い上がって一夜を過ごして助け出された方でした。

あの夜は、町の一切の明かりが消えたので、空に満天の星が恐ろしいほど煌々と輝いていたそうです。ところがその時、一切のものを奪われ、こんな場所で孫と凍えそうになって震える自分たちの上に、あまりにも燦然と輝く夜空のひどさが腹立たしく怒りを覚えたというのです。私はそれを読んで、地上で何時間も怯えていたその人の気持ちがビシビシ伝わってきました。

ところがその数か月後、同じような経験をした別の人から話を聞いたのです。その人もやはり屋根に逃れて、同じように満天の輝く星空を見たのです。ところがこの人は先の人とは反対に、「何てすばらしいのだろう、神のご支配は確かにあるのだ」と確信したというのです。

私はこの2人の対照的な感想を知って驚きました。ほぼ同じ条件に置かれながら、全く逆の感想が生まれた厳粛な事実に驚いたのです。前の人には激しい怒りがありましたが、後の人には不思議な喜びがありました。同

じ星空を見て、怒りではなく、自分たちを奮い立たせてくれる励ましを得ておられるのです。3・11の甚大な災害に同じように遭いながら、なぜこうも違うのかと思って驚きました。

多くの人は、貧しいことは「災いだ」「不幸だ」と思います。それが理性の下す素直な結論です。ところがイエスは、貧しい人、今飢えている人、あなた方は幸いだと言われるのです。その違いに驚きます。どうしてこれほど大きな違いが起こるのでしょうか。

27

Ⅱテモテ2・1〜7
キリスト・イエスの立派な兵士として、わたしと共に苦しみを忍びなさい。(3)

「ともし火」という童話があります。最近再読し、以前は思わなかったことに気づきました。途方もない力持ちで暴れん坊のラニエロという大男が、エルサレムからイタリアのフィレンツェまで、ともし火を消さずに運んだ話です。彼はそんなことなど簡単だと思いましたが、実際に行うとそれは実に大変なことで、ともし火は少し風が吹くだけで消えそうになるからです。

ともし火を消さないために、反対向きに馬に乗って火を守り、怪力なのに強盗を殴り倒して追い払うこともできず、パッツオ、パッツオ、バカ、間抜けと囃し立てられても我慢しなければならず、一度は暴れまくりもしますが、火が消えそうになるのでがまんします。暴れん坊の大男が実に細心の注意を払ってともし火を守り、やっとフィレンツェに持ち運んだという話です。

彼は、消えないように、消えないようにと、そればかりを願いながら旅を続けました。こんなか弱いものを必死で守ろうとするなんて、生まれて初めてのことだったのです。こうして、やがて彼は、荒々しい戦を憎み、優しく、なごやかなものを喜ぶ男になったのです。

再読しながら、これは何年かではなく、何百年、何千年と、終末の日が来るまで教会を保つことを言っているのではないかと思ったのです。終末の日が来るまで、教会は地上からなくなりません。教会を保つには、ラニ

エロと同様、力ずくではなく、細かい心遣いと柔らかい心で、消えないように、消えないようにと必死で守ることが必要だと思ったのです。ラニエロはそのことに自分を献げたのです。

受洗当時、私たちの信仰は自分のためのものでした。それでいいでしょう。しかし、やがて自分のためのキリストや自分のための教会から、キリストのための自分、教会のための自分にまで進まなければなりません。そこまで献げて本当のことがわかってきます。

28

Ⅰペトロ2・1～5
あなたがた自身も生きた石として用いられ、霊的な家に造り上げられるようにしなさい。(5)

「うす赤き冬の夕日が壁を這ふ、死刑に耐えて一日生きたり」

島秋人という死刑囚の歌です。季節はうす赤き夕日が伸びて部屋に入ってくる12月頃です。夕日が独房の壁をゆっくり音を立てず這っていくのです。死刑の日がいつ来るかわかりません。今日かもしれなかったのです。刻々と確実に忍び寄っているはずです。その息詰まるような緊張に耐え、自分の罪を内観し、今日も1日が終わったのです。緊張感が滲み、同時に安堵感が滲み出た歌です。

「温もりの残れるセーターたたむ夜、ひと日のいのち双掌に愛しむ」

同じ島秋人の歌です。中学時代の恩師のお連れ合いからいただいたセーターです。就寝の時になり、寝床に入ろうと独房でセーターを畳んでいると、今日も死刑にならなかった自分の体温がセーターに残っているのです。セーターを持つ両手が、この1日の命の重さを感じるのです。そこに、命あることの恵みといとおしさが湧いてくるのです。

彼は極貧の中で育ち、劣等生で文字も十分書けませんでした。空腹のあまり農家に押し入り、魔がさして主婦を殺してしまいました。獄中、その恩師の奥さんから短歌を習い、朝日歌壇などで特選に入ります。処刑されましたが、獄中でキリスト者になった人です。

これらの歌は1日を締めくくる歌です。しかし人生の締めくくりも、神と人から授かったかたじけないほどの愛と恵みに感謝し、与えられた命と

恵みを手に取り、「生きた石」を味わって、締めくくりたいと思います。

29

マタイ 10・26〜31

体は殺しても、魂を殺すことのできない者どもを恐れるな。むしろ、魂も体も地獄で滅ぼすことのできる方を恐れなさい。(28)

チェコは長く共産主義政権下にあり、キリスト教は弾圧されてきました。しかし 1989 年に、「ビロード革命」という銃や大砲によらない革命が起こり、国境線が崩れて爽やかな自由の空気が国に吹き込みました。その時のキリスト者の働きは大きく、決定的に重要な役割を担いました。

実は、その「ビロード革命」の数十年前からチェコの民主化の準備はさまざまな人によって進められていたのです。アルフレッド・コカブ牧師はその 1 人でした。彼は 1967 年にチェコから最初にテゼ共同体を訪れた人ですが、弾圧されて、何年間も牧師資格を剝奪され、宣教を禁じられました。そこで、優れた牧師でしたが博物館のボイラー係になり、驚くことに地下室のボイラーのそばで、夜間、牧師を志す青年らに密かに神学教育をしたのです。

政府が牧師資格を剝奪しても、神の召しは剝奪できません。たとえ肉体を殺せても魂を殺すことはできないという信仰に生き、石炭で顔を真っ黒にしながら青年らに聖書と神学を教えました。「あなたがたは地の塩である」(マタイ 5・13)。塩が塩気を失えば捨てられるとイエスは言われます。厳しいですが、心に留めたいみ言葉です。日本にも「一隅を照らす、これ国宝」という言葉があります。比叡山を開いた最澄の言葉ですが、イエスの言葉に一脈通じます。

コカブ牧師の上に、共産主義国家という個人を圧倒する大岩がのしかかりました。その困難に向き合い、なぜ苦しみ続けなければならないのかという疑問が起こっても彼はキリストを信じ続け、ごくわずかの塩が地に風味を添えることを思ってキリストに従ったのです。こうして、彼はチェコの最も困難な時代に信仰を証し続ける証人になりました。

241

30

黙示録 3・19～22

見よ、わたしは戸口に立って、たたいている。だれかわたしの声を聞いて戸を開ける者があれば、わたしは中に入ってその者と共に食事をし、彼もまた、わたしと共に食事をするであろう。(20)

　会話や対話を指す conversation という英語は、もともと食卓で食べ物を受け渡す動作を指しています。互いに信頼し合い、こちらから相手に、向こうからこちらに食べ物を受け渡し合うのがこの語のもとの意味です。気の置けない信頼し合う者らとの食事とおしゃべり、そのやり取りは何と心が満たされる、光あふれる美しい時間でしょう。

　キリストが、私たちの心の扉をノックしておられるのです。戸を開けるならキリストが入って来て、一緒に親しく食事をし、言葉を交わして交わってくださるのです。あなたの相談相手、慰め手、支え手になろうと約束してくださったのです。しかしそのキリストといえども人の心の扉をこじ開けることはできませんし、そうはなさいません。また、扉は中からしか開けることができず、外から開けることはできないのです。神はそこまで1人ひとりを尊重し、貴ばれるのです。

　このお方が、私たちの心の扉を今日も叩いておられます。そのノックが聞こえますか？　今、「日々の黙想」を皆さまに届けているのは、私自身が心の扉を叩いておられるお方にドアを開いて応答するためであり、皆さまもこのお方に応答してドアを開いていただきたいからです。そして、「もし誰かが、私の声を聞いて扉を開くならば、私は中に入って、その人と共に食事をし、彼もまた私と共に食事をするであろう」ということが、大都会にいる人にも、地方に住む人にも、ポツンと一軒家に住む人にも、また女性にも男性にも例外なく実現して、その人生の最後の日まで祝福されるためです。

10
月

ルカ 18・18 ～ 30
それでは、だれが救われるのだろうか。(26)

1

イエスの言葉に打ちのめされた金持ちの議員は、弟子たちの反応に驚いたでしょう。救いの道の厳しさを噛み締めたのは、自分だけではなかったのです。他の人たちもその厳しさにタジタジになっていたのです。するとイエスは、「人間にはできないことも、神にはできる」(27) と明言されました。救いの道の厳しさ、人の力で絶対達し得ない命への道のけわしさに金持ちの議員は一時たじろぎましたが、次に発せられた言葉を耳にして、全身にサッーと光が射すのを感じたでしょう。

自力での道は閉ざされている。しかし神はそれをしてくださる。神には可能である。「らくだが針の穴を通る」(25) ことができるのです。この後、イエスの3度目の十字架と復活の予告がなされますが、イエスが世に来られて十字架で磔にされたのは、人は自分を救えないが神はそれをしてくださる、神には何でもおできになるということをその身で示すためでした。

インドの貧しい人たちのために働いたマザー・テレサは、しばしば神の不在を感じて深い闇に襲われました。ですから彼女は闇の底から天の神に祈ったのです。祈りなしに、あの使命を果たすことはできなかったのでした。「神に親しめば親しむほど、霊的孤独に陥る。また神の不在を感じる」のです。私たちは自分の力では救えません。お金も地位も功績も、どんな努力も救いの力を持ちません。神の不在を痛感するだけです。

それでシスターらは、毎朝貧しい人たちへの奉仕に出かける前に、必ずミサに出て、キリストの体（ご聖体）に霊的に与り、力をいただいてから赴いたのです。力をいただいても人間にできるわけではありません。しかし、神にはできます。神がそれを成し遂げてくださる。だからこそ彼女たちは、パンとブドウ酒（ご聖体）に与って出かけたのです。救うのは神ですから、徹底的な無力の中で、神が働いてくださる時を待ったのです。

2

ルカ 23・50 ～ 55

ヨセフという議員がいたが、善良な正しい人で、同僚の決議や行動には同意しなかった。……この人がピラトのところに行き、イエスの遺体を渡してくれるようにと願い出て……納めた。（50-53）

　昨日の 18 章の金持ち議員は、人にできないが神がしてくださると聞いて、「ああ、よかった。富を捨てなくていいんだ、自分は金持ちのままでいられる、このままでイエスに従っていっていいんだ」と思ったかもしれません。するとペトロが、「このとおり、わたしたちは自分の物を捨ててあなたに従って参りました」（18・28）と発言したのです。議員はびっくりしたでしょう。ペトロの言葉に度肝を抜かれ、気持ちを引き締められ、何も捨てることのない、安易な道に戻ろうとした自分を恥じたでしょう。

　今日のルカ 23 章に、アリマタヤのヨセフという議員が出てきます。彼はイエスの死後、遺体を十字架から取り下ろして自分の墓に葬った人物です。ルカでは、ヨセフは「善良な正しい人」であったとあり、マタイは、彼は金持ちであったと書き（27・57）、マルコは、彼は身分の高い議員であったが、勇気を出してイエスの遺体を引き取り、十字架から降ろして自分の新しい墓に納めたと書きます（15・43-46）。

　3 福音書を総合すると、ルカ 18 章の金持ちの議員はアリマタヤのヨセフであったのでないかと思います。彼はルカ 18 章を通してイエスと決定的な出会いをし、あらためて心を引き締められたはずですから、イエスの無残な十字架の死に接して、たとえ自分の地位や名声、また財産を失っても、勇気を出して遺体の引き取りを申し出て、自分の墓に葬ろうと決断したのではないでしょうか。

3

ルカ 18・24 ～ 30

神の国のために、家、妻、兄弟、両親、子供を捨てた者はだれでも、この世ではその何倍もの報いを受け、後の世では永遠の命を受ける。（29-30）

　家族間の人間関係は楽しくもありますが、失望や時に怒りもあり、甘えもあります。時にはバトルも起こり、決して赦せない激しい感情さえ露骨に出たりします。しばらく顔を合わさずにいると懐かしく無性に会いたく

なります。けれどもしばらく一緒にいると行き違いが起こり、2度と会い
たくないなどと言ってしまいます。そんな家族関係を持つ人が無数にいま
す。またある人が、自分の骨は主人の家の墓に決して納められたくないと
言っていたのを思い出します。夫の家との葛藤がずっと尾を引き、それを
捨てられないのです。

　実は、「捨てる」というギリシャ語は日本語より広い意味があって、「赦
す」とか、「自由にする」という意味も含みます。罪を赦すという語も、
捨てるという語も、解放するという語も同じ言葉です。神の国のために、
家、妻、兄弟、両親、子供を「捨て、赦した者」は、だれでも、この世で
はその何倍もの報いを受け、後の世では永遠の命を受けるとも訳せるので
す。ですから、この箇所を、いろいろな過去を背負って生きている私たち
に、イエスは、神の国のために、この身近な者らを「捨てた気持ちで、赦
した者」はと語って、招いておられると考えることもできます。するとイ
エスの言葉がこれまでと違った新鮮な意味をもって迫って来るでしょう。
「神の国のために、捨てよ、そして赦せ」という言葉は、大きな励ましに
なります。

　「神の国のために」捨てて赦す。これは生き方の新しい転換点になるで
しょう。すなわち、イエスは捨てよと単に言われたのではなく、あなた方
は彼らを赦すことによって、彼らから自由になりなさいと、彼らからの解
放の福音を語られたのです。

ルカ 18・18 ～ 30

4

あなたに欠けているものがまだ一つある。持っている物
をすべて売り払い、貧しい人々に分けてやりなさい。そ
うすれば、天に富を積むことになる。それから、わたし
に従いなさい。(22)

　赦せない親や兄弟、また夫や妻、その他身近な人にどう接すればいいの
でしょうか。単純に言えば、彼らを捨てて彼らを赦すことです。彼らを神
に委ねるのです。すると彼らへの感謝も生まれます。ベタベタするのでは
なく、彼らから自立した1人の人として、あらたまった思いで感謝するの
です。

　あるキリスト者夫婦は、子どもを失って悲嘆に暮れ、妻が鬱になり、神

をも呪いました。しかし最後にこう思うようになったそうです。「私たち
は大切な子どもを神からお預かりしている。だから、彼らを手に握り締め
ず、手のひらを広げてその上でお預かりします。子どもを失って学びまし
た。もちろん子どもをぞんざいに扱うとか無関心になるのではなく、手の
ひらを広げて、握り締めずにその上で大事にお預かりしていく。その思い
になった時、やっと心に平和が来ました」と。味わい深い言葉です。

　別の人も書いています。「子どもたちは、私たちを訪ねた、『見知らぬ
客』です。確かに生まれた時、この子はどんな性格か、どんな癖の子か、
どんな人生を選択するのかわかりません。そんな見知らぬ客が、何ら遠慮
なく甘え、もてなしを求め、友人になることを求め、その後、再び『彼ら
自身の旅』を続けるために去っていく。その後はほとんど振り返らずに離
れていきます」。これも正鵠を射た言葉です。確かに子どもたちはそうで
しょう。もしそれを引き留めようとすれば子離れできぬ親になり、更に手
を強めると、親離れできない子どもにしてしまうでしょう。そういう親が
今日、多くいます。

　この金持ち議員は、いろいろなものをたんまり握りしめ、その上、永遠
の命も握りしめたいと思ってイエスの所に来たのです。しかしイエスは、
それらを握りしめず、神にお返ししなさいと語られたのです。

5

詩編 22 編
わたしは兄弟たちに御名を語り伝え　集会の中であなた
を賛美します。主を畏れる人々よ、主を賛美せよ。
(23-24)

　イエスは十字架上で、「エロイ、エロイ、レマ、サバクタニ（わが神、
わが神、なぜわたしをお見捨てになったのですか）」（マルコ 15・34 参照）と
叫びましたが、これは詩編 22 編の 2 節の言葉です。

　しかし、この詩編は更に先にたどっていけば、やがて神の御名を賛美す
るに至り、更に、「主を畏れる人々よ、主を賛美せよ」(24) という群衆へ
の呼びかけにまで達します。そして、更にその呼び掛けは、「イスラエル
の子孫は皆、主を恐れよ。主は貧しい人の苦しみを　決して侮らず、さげ
すまれません。……それゆえ、わたしは大いなる集会で　あなたに賛美を

ささげ　神を畏れる人々の前で満願の献げ物をささげます」（25-26）となるのです。

　福音書を見ると、イエスが十字架にかけられた時、多くの群衆が処刑場のゴルゴタの丘を取り囲みました。イエスは十字架上から、その群衆を「大いなる集会」に見立てて、神に、私は大集会で、「賛美をささげる」「満願の献げ物をささげます」と言って祈ろうとされたと思われます。十字架につきながら　神に賛美をささげられました。なんと偉大な魂でしょう。すべての願いがかなって、喜びのうちにささげられる満願の感謝の献げ物です。「エロイ、エロイ、レマ、サバクタニ」は、神への恨み節ではありません。恨み節どころか、言葉はもはや口から聞こえませんが、神への全幅の信頼をささげますと大胆に語られていたのです。

　このような偉大な人物はかつてもいなかったし、今後も出ることはないでしょう。信仰の耳をもって聴くなら、詩編 22 編の感謝と賛美の言葉が、2000 年の時を超えて十字架上から私たちに聞こえてきます。

6

マルコ 15・33 〜 41

百人隊長がイエスの方を向いて、そばに立っていた。そして、イエスがこのように息を引き取られたのを見て、「本当に、この人は神の子だった」と言った。(39)

　イエスにあるのは、相手を倒すことの放棄です。イエスの非戦論は思想であると共に生活であり、人生です。私たちはテロや戦争、凄惨な事件があふれる時代に生きていますが、光は闇の中で輝いており、闇は決して光に勝ちません。イエスの平和はやがて成就します。信じてよいのです。信じていきましょう。

　すべての人たちは平和と幸いを求めているのではないでしょうか。ある時、ホームセンターに行って、疲れたので休憩所に座ってジュースを飲んでいたところ、横に年配の人が座って、長靴を脱ぐような仕草をしていました。ハテ、何だろうと思って見ますと、左足がないのです。義足を脱いでいたのです。思わず、事故ですかと聞きました。バイクに乗っていて自家用車にはねられ、17 m 跳ね飛ばされたそうです。幸いヘルメットをかぶっていたので頭は大丈夫でした。35 年前の 40 歳の時のことで、今 75 歳。

仕事は何ですかと聞くと、「鳶です」と言います。数か月の入院とリハビリ後に復帰して、最近まで鳶をしていたと聞いてびっくりしました。鳶というのは建築現場で足場や鉄筋を組んだり、高い所で仕事をする職業でフラついてはならない重労働です。お願いして義足を見せてもらいましたら、重く、3キロほどありました。持ち上げてみて、思わず、「アッパレ」と心の中で叫びました。それをはめて、退院後も何十年も他の人に負けじと鳶職をしてきたのです。仕事を辞めた今も、毎日何千歩か歩いているそうで、朝一番にお宮にお参りするそうです。

　すべての人は平和と幸いを求めているのではないでしょうか。イエスは、その平和と幸いが自分だけのものではなく、すべての人のものになるように、ご自分を捨て、十字架につき、復活を予告されたのです。

ルカ 18・35 ～ 43
ダビデの子よ、わたしを憐れんでください。(39)

7

　全盲の男が叫び続けたのです。主よ、憐れみたまえ（キリエ・エレイソン）。教会で 2000 年にわたって受け継がれてきた歌であり祈りです。

　黙阿弥が描いた「水天宮利生深川」に、全盲の若い娘が出てきます。没落士族で、母が赤子を残して亡くなり、父と 5 歳の妹と赤子と自分の 4 人家族で長屋に住みます。父は筆を作って売る極貧生活。高利貸しに 2 円借り、3 か月で利子 8 円、元本とで 10 円。借金取りは布団も鍋も釜も持っていくと脅すのです。冬の凍える寒さに、5 歳の女の子が、「ワタクシハ寒サコラエマスルガ、トト様ト、オネエ様ガ寒イノデ、心配デゴザイマスル」と語り、涙を誘われます。新装の歌舞伎座で松本幸四郎が父に扮し、都民の半額券で鑑賞しました。

　全盲の娘は嫁に行けず、仕事もできません。家族の重荷の自分を責め、父にすがって、「ただ死にとうございます」と言い出し、涙に明け暮れる日々。それをかばう妹が、「今ニ私ノ目ガ潰レ、オネエ様ノ目ガ見エルヨウニナルカラト、水天宮様ガ言イマシタ」と励まし、痛々しくてなりません。すると隣の豪華な屋敷の大家から浄瑠璃が聞こえます。立派な蔵が完

成し、今、宴のたけなわです。すると幸四郎が、「隣の家では立派な鯛のお頭付きで祝っているが、塀一枚隔てた我が家では、貧乏に苦しめられている」と嘆いて、心中に追い込まれていく……涙のストーリーです。

エリコの盲人の背景は不詳ですが、全盲で家族の世話になりっぱなしで、迷惑をかけている罪悪感と、一生世話になって過ごす哀れさ、歯がゆさを覚えていたのは容易に想像できます。「イエスのお通りだ」と聞いて、「ダビデの子よ、わたしを憐れんでください」と叫びだし、人々が、「黙れ、コラ、静かにしろ」と叱りつけて黙らせようとすると、一層大声を張り上げ、「ダビデの子よ、わたしを憐れんでください」と叫び続けたのです。キリエ・エレイソンは、万民共通の祈りです。

8

ルカ 18・35〜43
神をほめたたえながら、イエスに従った。(43)

この事件は、直前の大金持ちの議員や弟子たちと関連させて読むと、深読みできます。イエスは、「金持ちが神の国に入るよりも、らくだが針の穴を通る方がまだ易しい」(25)と言われ、弟子たちは、「それでは、だれが救われるのだろうか」(26)と疑いました。彼らの疑いにもかかわらず、盲人は素直に信頼したのです。「人間にはできないことも、神にはできる」(27)との信頼です。この信頼が神によって義とされ、イエスは、「あなたの信仰があなたを救った」(42)と言われたのです。不可能も可能にしてくださるとの信仰。人にはできないが神にはできるという信頼。その時、盲人は癒されたのです。

マルコ福音書の並行記事(10・46-52)は、彼が、「上着を脱ぎ捨て、躍り上がってイエスのところに来た」(50)と書いています。物乞いで集めたお金が入っている服を投げ捨て、イエスのところに駆け寄りました。ここに彼の信仰が如実に現れています。お金ではなく神への信頼。それが彼を救ったのです。これは、金持ちの議員が躊躇したことでした。盲人はその後、「神をほめたたえながら、イエスに従った」(ルカ18・43)とあります。彼は福音をわずかに理解しました。そのわずかな理解だけで従ったの

です。

　これは、私たちの生き方や信仰のあり方に示唆を与えます。たとえほんの少しでも福音を理解すれば、それを思い切って生きることが大事なのです。日々に必要なエネルギーは 1800 〜 2000 カロリーと言われます。誰も一生生きるエネルギーをまず貯めてから生きはしません。今日生きるエネルギーだけを摂取すればいいのです。今日だけ。これが大事です。信仰においても同じで、一度にたくさんはいらないのです。今理解できたもので生きればいいのです。むしろ過剰な摂取は病気の原因になります。今日、希望を抱いて生きるエネルギーを授けられれば十分。この人はそれをしたのです。

Ⅰテモテ 5・1 〜 2
老人を叱ってはなりません。むしろ、自分の父親と思って諭しなさい。(1)

9

　50 代のパウロが、愛弟子のテモテを諭した言葉です。なぜ人は、上から目線で老人を叱ってしまうのか。時代遅れと思うからか。もしそうなら、それは古代も現代も同じです。年々人も社会も変わり、以前の考えは通用しません。それを嘲り、厳しく裁いてしまうのでしょう。

　叱るというギリシャ語エピプレソー（επι+πλησσω）は、尖った言葉、刃物のような鋭い言葉で語るという意味です。私たちは年取った人にだけではなく、そんな目つきや言葉で人を裁くことがありはしないでしょうか。高齢者は言葉がスムーズに出てきません。鋭い言葉で叱られたら頭の中が真っ白になりうろたえます。もちろん若い方でもそんな方はいるでしょう。

　言いたいがとっさに言葉が浮かばない。「アー」「ウー」と言って、その先言葉が続かないのです。2、30 年前ならもう少しテキパキ言えたのに、今はうまく言えないと思うと、羊のようにおとなしく引き下がったりするのです。でも、老人は穏やかに話しかけると、80 年、90 年歩いて来た道を振り返り、若者が思いもかけない味のある言葉で貴重な経験を話し出します。若い世代は彼らなりに新鮮な経験を話しますが、老人は試練を経て、渋みも、深みも、濃淡もある思いがけない宝を持っていてその経験を話し

てくれる宝の宝庫です。

　特別養護老人ホームに入居しているお年寄りは、いろいろな理由で家で
は生活できなくなった人たちです。私たちは年を取った今のお姿だけを見
ていて、若かりし頃の活躍していた姿は知りません。時々、スタッフが起
こす入居者への暴力的な事件が報道されますが、原因の１つは、過去のそ
の人の姿を知らないために、人の尊厳を軽んじ、尊敬を忘れた言動になっ
てしまうのかもしれません。気をつけたいものです。

詩編 8 編
人間は何ものなのでしょう。(5)

10

　親や科学者がデザインした、彼らが望むままの子どもを産むというデザ
イナー・ベイビーが現実味を帯びています。海外ではかなり前から報じら
れ、日本でも最近取り上げられるようになりました。

　その問題点は、３人の親から子どもを作るということです。２人ではな
く３人の親です。前代未聞のことで、私も最初、耳を疑いました。夫婦間
で受精した卵子のミトコンドリアに異常があって障碍を持つ子が生まれる
可能性が高い場合、異常なミトコンドリアを取り出して別の女性の卵子の
正常なミトコンドリアと取り替えるというのです。夫と妻と第３の女性の、
３人の遺伝子を持つ子どもを産むという最先端技術です。英国では下院で
可決され、上院に上程されて大議論が起こりました。ミトコンドリアを車
にたとえればエンジン部分だそうで、それを交換するというのですから。

　自然の中では、何人かに１人の割合で障碍児が生まれるのは万国共通で
す。本来そういう子が生まれるようになっているのです。神さまが、障碍
を持つ子と共に生きる社会を作るようにデザインされたとしか思えません。
それは、人の悲しみや苦労を思いやる連帯と共助の摂理です。

　個人も社会全体も、そういう子や大人を抱える時、悩んだ末に、共に生
きるにはどうすればいいかと制度や仕組みを工夫してきました。それは聖
書が教える相互扶助や共助の思想であり、愛に根ざした連帯です。神は、
人類の発展には連帯が不可欠だと思われて、あえて弱い部分をお作りに

なったに違いありません。人間が勝手なデザイナー・ベイビーをもくろむのは、自然の摂理に反し、神と自然への冒瀆ではないでしょうか。人間の目に一見マイナスと思えることを取り除くことは、長い目で見て本当に人類の幸せになるのでしょうか。

11

Ⅰテモテ5・17～19
長老に反対する訴えは、二人あるいは三人の証人がいなければ、受理してはなりません。(19)

　3人いれば訴えが受理されると語ります。解釈の仕方では、2人でも受理されるととらえることができます。1人の意見に偏らないためです。聖書は、心の問題だけではなく、現実の人間の問題を扱っているのです。

　時に現実は想像を超えています。昔、某教会で起こったことです。大学紛争後、青年らが去り、残った青年が教会役員に選ばれました。しかし彼は、礼拝の司式で祈らないのです。祈祷を飛ばし、次の讃美歌に行くので問題になりました。当然、誰も祈りなしの礼拝を望みません。祈りなしの礼拝は講演会です。

　すると、転会間もない男性が急先鋒になり、こんな彼は役員をやめるべきだと鋭く論陣を張りました。青年の方は大学紛争後まだ傷が癒えず、「今はまだ祈れない」と弁明しますが、男性は杓子定規に主張します。すると急先鋒の彼に味方する人が数を増し、急に牧師批判に矛先が向き、青年を擁護する牧師がおかしいと牧師追い出し運動に発展しました。尻馬に乗る人たちがいたのです。

　牧師は愛の深い方で苦しみますが、それを一般の方は知りません。いずれにしろ、教会は問題提起を受けて集会を開きました。そんな中、男性は同調者らと相談し合い、その中の一女性と特に意気投合しました。ある時、女性の夫が教会に来て、牧師に手紙を見せ、「これはお宅の教会員でしょう。こんな手紙を家内に送るような人をお宅の教会は育てているのですか」と詰問したのです。熱烈なラブレターでした。

　これらの経緯でわかったことですが、その男性は前の教会でも問題を起こして移って来た人で、その後この教会も去りました。ところが行った先

でも、牧師追い出し運動をしたというのです。上の某教会の牧師は、「彼は哲学者で、自分の神学的思想の優秀さを見せたかったのです。豊かな知性を持ちながらかわいそうな人でした」と語っていました。真相は藪の中ですが、教会においては偏った意見に惑わされず、公平でなければなりません。

12

Ⅰテモテ 5・17 ～ 25

何事をするにも、えこひいきはなりません。性急にだれにでも手を置いてはなりません。他人の罪に加わってもなりません。いつも潔白でいなさい。(21-22)

　ドイツから当時のメルケル首相が来日して講演や記者会見をし、ドイツの外交は「過去のナチス・ドイツの総括が和解の前提になっている」と大胆に語ったことがありました。侵略戦争への血の吹き出るような反省。心からのお詫びがあってこそ、他国との和解が成立し、今日のEU誕生の原動力になったのです。自分の罪を軽くし、相手の非を重く見るという偏見やえこひいきがあってはなりません。公正さ、公平性です。彼女は東ドイツ出身で、牧師の長女。20 代、30 代は理論物理学者として客観性を重視する科学の道を歩みました。

　今日のパウロの言葉は、今の日本の在り方にも向けられているように思います。えこひいきや偏見ではなく、公平さこそ、教会を成り立たせ、一国を品位あるものとし、近隣諸国との関係を健全にし、世界の平和を確立させる前提であるということです。良薬、口に苦し。メルケルさんの痛い発言は、戦後 70 年目を迎えた当時の日本のあり方への、友情のメッセージだったと思いました。

　箴言 27 章 17 節に、「人はその友によって研磨される」とあります。私たちは、傷に塩をぬられたと解するか、たとえヒリヒリ痛くとも友情によって研磨されるとはこういうことだと見るか。これが国の行く末も個々人の人生も左右します。耳の痛いことを拒絶していては、真の友を失うでしょう。巧言令色 鮮し仁。甘い言葉で味方を作るこの世において、箴言の言葉は心を鎮めて聞くべき言葉です。まことの友こそ、痛いことを言ってくれるのです。

254

偏見を持たず、えこひいきをせず、性急に裁かず、他人の罪の尻馬に乗らない。いつも潔白であれ。パウロもまた若き伝道者テモテにこう勧告したのです。

イザヤ書 52・13 ～ 15
見よ、わたしの僕は栄える。はるかに高く上げられ、あがめられる。(13)

13

わたしの僕（しもべ）とは神の僕のことですが、「はるかに高く上げられ、あがめられる」、最後には極めて高い所まで引き上げられ、神として礼拝されるとのキリスト預言です。ただ、この預言が暗示するもう１つの意味は、十字架です。十字架に引き上げられ、吊り下げられ、処刑場であるゴルゴタの丘のふもとに集った多くの人が、高い所に架けられたキリストを仰ぎ見るのです。

また、「かつて多くの人をおののかせたあなたの姿のように　彼の姿は損なわれ、人とは見えず　もはや人の子の面影はない」(14) と語ります。やがて高く上げられ、あがめられるお方ですが、その姿はなんと人の形を留めないほどにつぶれて醜く、人々は彼を見て驚愕し、呆然となって口をつぐんでしまうというのです。

「それほどに、彼は多くの民を驚かせる。彼を見て、王たちも口を閉ざす。だれも物語らなかったことを見　一度も聞かされなかったことを悟ったからだ」(15)。やがて来るべき王は、ダビデ王のように健やかな貴公子だと思っていたのが、そうではないと知って、王たちは唖然とすると言うのです。どんな姿か。これまで一度も聞いたことがないほど損なわれた姿、すなわち、人々の手にかかり、ボロボロになるまで嘲られ、殴られ、木に吊り下げられる神の子、王の王。王たちも言葉を失い、口をつぐみ、前代未聞のこととして唖然とするのです。

キリストはそういう方です。そういう方としてイエスの十字架の愛を、私たちは深く黙想しましょう。では何のために彼はそこまで侮辱され、損なわれ、人の姿を留めぬほどになって、木に吊るされたのでしょうか。本来、高い所に上げられ、あがめられるべき方が、どうしてこれほどに低く

され、卑しめられるのでしょうか。次の53章はそれを書きます。

イザヤ書53・10

14

病に苦しむこの人を打ち砕こうと主は望まれ　彼は自らを償いの献げ物とした。

　私たち罪人に代わり、「この人を打ち砕こうと主は望まれた」のです。「打ち砕こうと……望まれ」とは、激痛をもって砕くことを望まれたとの意です。英訳聖書は、神は彼を砕くことを喜びとされた、これが主の意志、喜びであり、神はこれを満足されたとしています。

　キリストを砕くのを「主は望まれ」たのです。主は、それをヨシとされたのです。創世記1章の天地創造物語の終わりに、「神はお造りになったすべてのものを御覧になった。見よ、それは極めて良かった」（31）とある言葉と重なります。キリストを打ち砕くことは、神の目に、「極めて良かった」のです。イエスは聖金曜日に十字架に付けられ、「わが神、わが神、なぜわたしをお見捨てになったのですか」（マタイ27・46）と絶叫されました。この解釈はいろいろありますが、イザヤ書53章からすれば、イエスの絶叫もはなはだ良いことだったと言えるでしょう。神はその絶叫をヨシとされたのです。私たちが信仰によって義とされるのは、この絶叫をヨシとされた神にかかっています。

　ある俳人が、「叫びたし寒満月の割れるほど」と詠みました。底冷えのする寒の入りでしょうか。夜空にかかる満月が青く、氷のように冷え冷えと冴え渡り、まるで割れんばかりだと感じたのでしょう。これは、イエスの十字架上の叫びを暗示しているかのようです。

　北海道では真冬、ひどく気温が下がると、森の固く凍った木々がカーンと鋭い音を立てて割れると言います。イエスの十字架上の叫びは、人類の歴史の最も寒い、寒の出来事だったと言えるかもしれません。十字架上で、満月の割れんばかりの鋭い叫びをされました。その絶叫を神はヨシとされ、同時に私たちの罪の贖いを完成してくださったのです。

15

マタイ6・22〜23

体のともし火は目である。目が澄んでいれば、あなたの全身が明るいが、濁っていれば、全身が暗い。だから、あなたの中にある光が消えれば、その暗さはどれほどであろう。

　教会員のＡ婦人は若い頃に結核になり、療養所時代に信仰を持ち、6人部屋の3人の方を信仰に導かれました。6人部屋の4人が信仰を持ったのです。Ａさんはまだ27、8歳でした。地味な方ですが、こうして長く4人で毎日祈り続けたのです。修道院みたいですね。教会はこういう人たちの信仰の礎の上に立っています。

　そのＡさんが導いた1人の方は、余命半年と言われる中で洗礼を受け、最期の息を引き取る時、「天の神さま、助けてください」と祈って召されたそうです。イエスの十字架上の祈りを思い出させます。もう1人の方も、Ａさんが、「イエスさまは一緒ですよ」と呼びかける中で息を引き取りました。この方も若く、20代で信仰に入りました。肉親も出入り禁止の病室で、信仰の友らは手を堅く握り合って息を引き取ったのです。

　残った1人、年上のＢさんも受洗し、退院後に教会のメンバーになって10数年後に召されました。Ｂさんが召される前に大塩清之助先生が訪ねられ、Ｂさんのためにお祈りしようとされたそうです。すると、「私のためではなく母のためにお祈りしてください」と頼まれたのです。「どうしてですか」と聞くと、「母は信仰も何の確信も持たずに亡くなりました。今頃、どこかでウロウロとさ迷っているのではないかと思うと悔やまれます。それで、自分が天に行く時に、母を探し出して、ウロウロさ迷っていた母の手を取って、天に連れて行きたいのです」と言われたそうです。

　何という親思い、親孝行でしょう。若い方ですが、信仰が血肉となり地に足がついています。地に足のついたこんな方々が教会の礎になっているのです。

16

イザヤ書 53・11
わたしの僕は、多くの人が正しい者とされるために　彼らの罪を自ら負った。

「わたしの僕」とはキリストです。彼は、多くの人が正しい者、義とされるためにその罪を負いました。身代わりとなって罪を引っかぶったのです。「正しい者とされる」とは、神の目から見た正しさです。人の目からではありません。主は、その信仰を見て義とされるということです。その人が清く正しい、聖人になったという意味ではなく、イエス・キリストに属する人になった、イエスとの関係で清くされたということです。何があろうと、イエスは彼を義とされるということでもあります。

朝毎にみ言葉を味わう生活が信仰者の生活です。取れ立てのキュウリはカリッと歯ごたえのいい甘い味わいがあります。私たちは誰でもそんな野菜畑を持っているわけではありませんが、朝毎にみ言葉を味わおうと思えば、毎朝、取れ立てのみずみずしいみ言葉を味わうことができます。もちろん、朝の忙しい時になかなかそれができない人もいるでしょう。

とはいえ、誰でも生きるには肉の糧が必要です。そのように、人は魂の糧を必要としています。短いみ言葉でいいのです。今日を、み言葉によって生かされ、日毎の糧をいただきましょう。そして神に祈り、神と交わり、日毎に新しい希望を授けられて進みましょう。

17

マルコ 16・1 ～ 8
行って、弟子たちとペトロに告げなさい。(7)

弟子たちと言えば彼も含むのに、わざわざペトロを加えています。ですから、弟子たち、中でもペトロには必ず告げてくださいとの意味です。ペトロは鶏が2度鳴く前に3度知らないと言って裏切りました。だから特にペトロに告げてほしいと加えたのです。彼を追及し、こっぴどく咎めるためではありません。再起を促し、彼も愛されていると必ず知ってほしいからです。

関西のある知人のことです。彼は大学時代に薬物依存になり退学。親は会社社長でした。困って仕送りの継続を頼みましたが、一度は送ってくれたものの以後は取り合ってくれません。次に姉に金の無心をしました。姉も一度は応じてくれましたが以後はダメで、生活に困った彼は万引きを始めたのだそうです。生活保護を受けても薬物はやめられず、何十回となく万引きをしたのです。

ある日、万引きをして店を出ようとした時、店員から手首をつかまれました。逆手を取られて、外そうとしても外れません。有段者でしょう。事務所に連れて行かれ、「ポケットの品物を全部出してくれますか」と言われ、言われたとおり品物を出すと店員はさらに、「これらを買い取ってくださるならお帰りください」と言ったそうです。そこでポケットにあった3000円で買い取りました。すると店員から、「初めてでしょうから、今後もお客さんとしておいでください」と言われたのです。

何度も万引きをしているのを知っているはずなのに、「今後もお客さんとしておいでください」と言われました。彼によると、「その時、トコトン堕ちてしまった自分を、『お客さんとしておいでください』と、人間として温かく扱ってくれる人がいて、この温かい言葉が再起につながった」と言います。彼はその後薬物依存から抜け出そうとする自助グループにつながり、今は依存しない生活を続けています。

ペトロの失敗を追及するのではありません。イエスは今も愛し、赦しておられることを告げてほしいのです。それは彼の再起のためです。

ルカ 24・33 ～ 40
「あなたがたに平和があるように」と言われた。(36)

18

ある年、心の病を持つドイツ人青年パイロットが、機長を操縦席から締め出し、149 人の乗客を道連れにしてアルプス山中に激突し自殺しました。婚約者は小学校教師で妊娠中。父は銀行員、母は教会のオルガニスト。皆から信頼され、慕われている両親でした。その教会の牧師の話が海外の新聞に載りました。むろん牧師は母親の働きを熟知しています。「彼（青年）

には不利な事実が一杯です。ですが、この家族は私たちの地域社会に属しています。私たちはご家族に付き添い、彼らを抱きしめます。これを隠しません。家族を支えていきます」。大事件を起こして酷評される青年の家族です。しかし牧師は彼らを強く抱きしめ、家族を支えますと語ったのです。日本の新聞は、アルプスの現場を訪ねた父親の姿に接した村の村長が、「（父親が）惨劇のすべてを両肩に背負っているような印象を受けました。疲れ果て、時折ひざまずき、涙ぐんでいました。ほとんど死んだかのようだった」と語っていたと書きました。あまりにも悲痛な事件です。

「それでも人生にイエスと言う」という本があります。ユダヤ人の絶滅収容所と言われ、最少でも100万人ほどがガス室に送られたアウシュヴィッツで生き残ったヴィクトル・フランクルの本です。彼は妻子を殺され、極限状況を経験しつつも生き残り、「それでも人生にイエスと言う」という講演を戦後にしました。地獄のような日々を経験したにもかかわらず、人の悪に負けず、ナチスに屈せず、深いところで人生を肯定するその言葉は、世界に衝撃を与えました。究極的な楽観とも言えるこの精神医学者の真摯な言葉に世界は驚いたのです。

牧師は、「それでもこの家族の傍らに立つ」と語りました。彼は青年のしたことを決して肯定しません。ですが両親を責めることができるでしょうか。責めていいでしょうか。たとえ全世界が責め立てても、「私たちはどこまでも彼らと共にいる」と、この牧師は語ったのです。

ルカ 19・1～10

19

ザアカイ、急いで降りて来なさい。今日は、ぜひあなたの家に泊まりたい。(5)

「泊まりたい」を直訳すれば、「ぜひ泊まらねばならない」という意です。ザアカイが救われるために、「ぜひ泊まらねばならない」とのイエスの気持ちが読み取れます。イエスは、彼の心をすでに見抜いておられたのでしょう。

傲慢には強気の傲慢と弱気の傲慢があります。強気の傲慢も弱気の傲慢も本来は何か高いものを目指しているのでしょうが、現実とのギャップが

大きく、トンチンカンな、的外れな生き方となって現れるのです。

弱気の傲慢の例はゲラサの汚れた霊に取りつかれた人です（マルコ5・1-20）。彼は弱気のために人前に出て行けません。びくびくして社会から引きこもっています。自分を石で叩き、傷つけ、痛めつけて苦しめ、墓場や山で叫びまわっています。弱気の傲慢を押し通して、人の言葉に耳を傾けません。ですから一層状況が悪くなります。

一方強気の傲慢の例はザアカイです。ザアカイは強気の傲慢を押し通し、徴税人の頭になりました。しかし強気の傲慢も実は一皮むけば弱さの現れでしょう。彼には強さと弱さが混在していたのです。弱さを隠すために傲慢を貫き、彼はローマの後ろ盾を得て、税金の暴力的取り立てという一般人が顔をしかめる仕事で力を伸ばし、その総元締めになりました。ローマの権力を笠に着てこの町の徴税人の親方となり、金持ちにもなりました。弱さを持つがゆえに、護身のために一層ローマの権力を盾にしたのです。そんな彼がイチジク桑の木に登って、人々もイエスも見おろしたのです。上から見おろしていると、彼の心に名状し難い愉快さが湧きあがったでしょう。皆が尊敬するイエスを見おろす快感です。愉快犯の心理にも近いものがあったでしょう。

こうした傲慢さも、もしかしたらそれは社会への何らかの仕返しであったでしょう。彼の心中には解決し難い魂の問題が渦巻いていたはずです。だからイエスはその彼の心の扉を叩くために「ぜひ泊まらねばならない」のです。

ルカ 19・1 ～ 10
人の子は、失われたものを捜して救うために来たのである。(10)

20

ここに、イエスの使命が簡潔に言われています。「人の子は、失われたものを捜して救うために来たのである」。イエスは、木の上から見おろす私たち 21 世紀のザアカイにも、さあ、降りて来なさい。そんな高い所にのぼる必要はない。肩肘張らず、対立的に人と接さず、普通の人間として大地に足をつけて生きなさい。こう言って、私たちと出会うために来てお

られるのではないでしょうか。

朝日新聞に、「愛さないと見えないものというのがあるんじゃないですか」という言葉が載っていました。これは個人の愛情の話ではなく、科学的な研究会で話されていた言葉だというのです。鷲田清一という阪大の元総長の連載「折々のことば」に紹介されていました。そこにはこう綴られていました。研究と言うのは誰もができる客観的な作業だと思っていたら、愛の眼差しがあって初めて見えて来るものがあるというのです。愛がなければ、見えない、見逃してしまうものがあるというのです、と。イエスの愛に出会って、ザアカイはこれまで見えないものが見え出したのです。神の愛に出会う時、見える世界があるのです。イエスはそれが見えるようになるために、私たちの所に来てくださったのではないでしょうか。

21

詩編 139 編
わたしは恐ろしい力によって　驚くべきものに造り上げられている。(14)

脳の働きの解明が進んでいます。脳に生じた言葉や感情の起伏が血流となって変化するのを、放射性物質を使って観察する装置が作られているようです。

人の言葉は動物の鳴き声や叫びと明らかに違います。言葉は考えや感情、また意志の微妙なニュアンスまで伝えます。それができないと人間関係がうまくいきません。反対にニュアンスを伝え過ぎてギスギスすることもあります。この複雑な声、音声の組み合わせを可能にするために、大脳の言語中枢が発達したのだそうで、脳の発達に対応して言葉を話す口の構造が進化したとのことです。

こうして人間だけが言葉を話す高度な機能を持ち、自在に口を操り、考えを表現し、情報を伝達し、また知識を蓄積し、文化を他の人に伝え、後世の人に継承できるようになりました。数百億個にのぼる脳細胞とそこから数万の突起が伸びて、それが互いに絡み合い、数百兆から数千兆もの実に複雑な回路、網の目のネットワークが作り上げられ、言葉や呻きや言葉にならない呟きなどとなって出て来るようです。

神は、脳細胞、ニューロン、神経繊維、そして複雑な網の目の幾千兆ものネットワークを「秘められたところで」(15)お造りになり、私の最初の１日が始まる前から私の脳細胞を造る準備をされたのでしょう。「驚くべきものに造り上げられた」としか言えず、「地の底で織りなされた」(15)としか言えない世界です。そして、意志や考えがこのネットワークの網目に生じるか生じないかのうちに、すなわち、「わたしの舌がまだひと言も語らぬさきに」(4)、私の意志や思いをすべて、神はご存じです。しかもそれを究めたと思っても、更に究め難いものの中にあると詩編は歌うのです。実に気が遠くなるような偉大な世界です。今、脳科学はそんな所を究めようと、研究しているようです。

詩編 139 編

22

わたしは言う。「闇の中でも主はわたしを見ておられる。夜も光がわたしを照らし出す。」闇もあなたに比べれば闇とは言えない。夜も昼も共に光を放ち　闇も、光も、変わるところがない。(11-12)

　何かとてつもなく深い、深淵な真理が語られています。暗闇が私を覆い、私がそれによってたとえ支配し尽くされ、恐ろしい闇の中に完全に飲み込まれ、閉じ込められても、神の目はいとも容易に闇の中を見通される。闇も闇ではなく、夜も夜ではない。夜も真昼のように私をご覧になる、と。

　「闇の中でも主はわたしを見ておられる」とは、実にうれしい知らせです。「夜も光がわたしを照らし出す」とは、たとえ私が夜の闇に覆われても、稲光が輝けば一瞬に私の存在が明るく照らし出されるように、必要な時に、神は明るく照らし出してくださるということです。神の光は、隠れているどんなものも明らかにされるからです。「闇もあなたに比べれば闇とは言えない」とはどういうことでしょう。更に、「夜も昼も共に光を放ち」にある、夜が昼と一緒に光を放つとは何のことでしょう。そして、「闇も、光も、変わるところがない」とは、実に非常識な言い回しです。

　結論を言えば、ここで語ろうとしているのは、だから案ずるな、安心するがいいということです。１つは、時に非常に私たちを疲れさせる人間関係の中に現れる恐ろしい闇です。次に、自分自身が抱える自我の問題、それに苦しめられる自分の夜です。最後に社会の中の闇です。これらに対し、

案じるな、主に向かって心を高くあげよと呼びかけているのです。

23

イザヤ書 50・10 〜 11

お前たちのうちにいるであろうか　主を畏れ、主の僕の声に聞き従う者が。……見よ、お前たちはそれぞれ、火をともし　松明を掲げている。行け、自分の火の光に頼って　自分で燃やす松明によって。

　ハンセン病で苦闘した明石海人は、「深海に生きる魚族のように、自らが燃えなければ何處にも光はない」と歌いました。彼は闇の中でも自らを燃やして真剣に生きました。火を灯し自分で松明を燃やすために、多くの闘いがあり、それはそれなりの尊い意味があります。しかし、それと共にキリストはその燃える命の光を信じる者たちに約束されるのです。

　私たちは自分が工夫した光を掲げるのではありません。主の御名を信頼し、主を支えとするのです。主の御名を信頼する時に、それが私たちの足元を照らす松明、命の光になるのです。悲愴になって力むのではなく、キリストの御名を信頼して燃える。そこに深海にも生きうる光があるでしょう。同じハンセン病の玉木愛子は、「目をささげ手足をささげ降誕祭」と歌いました。ここには解き放たれた自由と喜びの空気が漂っています。

24

ルカ 19・11 〜 27

彼は、十人の僕を呼んで十ムナの金を渡し、「わたしが帰って来るまで、これで商売をしなさい」と言った。

(13)

　教会は地上を旅する神の民です。イエスの死で教会の使命は終わらず、復活と共に天に上るのではありません。むしろ地上の使命は、今から始まるのです。

　僕らに１ムナずつ与えて、これで商売をしなさいと語られたのは、信じる者らの群れは、どんな理由があろうと、使命を忘れず、使命に生きねばならず、託されたムナを布に包んで打っちゃって置いてはならないということです。たとえ少額の１ムナでも喜びをもって用いるなら豊かに実を結ぶでしょう。イエスが、「あなたがたは地の塩、世の光である」と言われ、「敵を愛し、迫害する者のために祈りなさい」と言われたのは（マタイ５章）、

イエスが再び帰って来られるまで、使命を果たすためです。また、「だから、あなたがたは行って、すべての民をわたしの弟子にしなさい。……わたしは世の終わりまで、いつもあなたがたと共にいる」（マタイ 28・19-20）と命じられたのも、地上を旅する神の民、教会の使命がここにあるからです。

医者ルカは、ルカ福音書と使徒言行録を書きました。使徒言行録は、イエスの復活後の弟子たちの伝道記録です。弟子たちは、共に 1 ムナを預かり、喜んで自分の使命を果たしたのです。復活のキリストとダマスコ途上で出会ったパウロが、小アジアとヨーロッパに伝道したのは、彼もキリストから 1 ムナを託されたからです。その後のアウグスティヌス、ルターやカルヴァンといった宗教改革者たち、そのほか無名の人たちも、それぞれ 1 ムナずつ託されて伝道し、キリストのために闘いました。これは世の終わりまで、すなわちイエスが再び帰って来られる時まで続けられる、キリストの僕の中心的使命なのです。

25

ルカ 19・11 〜 27

彼は、十人の僕を呼んで十ムナの金を渡し、「わたしが帰って来るまで、これで商売をしなさい」と言った。

(13)

キリスト教の神学者でも祈らない人がいます。祈らないというより祈れない。祈りに困難を覚えているのです。どんなに鋭く切り込む深い研究をしても、神との交わりである祈りができないなら、神の無限の愛を十分に味わうことはできません。祈りなくして神のみ声に耳傾け、神の創造の麗しさに感嘆の声を上げ、今を感謝して生きることはできないでしょう。祈りのうちにキリストの愛に錨をしっかり下ろして生きる時に喜びが生まれます。

イギリスＢＢＣ放送で長年北アイルランドの報道をしてきた著名なテレビ・リポーターが、25 年間勤めた仕事をやめてシスターになる決心をし、話題を呼んだことがあります。その修道会は、何とミサのパンを作るのが使命だそうです。テレビ界からパン作りの修道女になるのは非常に単純な世界に入るわけですが、彼女は、「愛と大きな喜びをもってこの決断をし

ました」と語っていました。他にも最近、高学歴の人の中に信仰の道に進む人たちが生まれているそうです。神の恵み、キリストの深い恵みの中に人生と生活の錨を下ろす。そうでなければ命が枯渇してしまうことを覚える人たちがポツポツと生まれているのです。

　神の恵みに錨を下ろせば不思議な泉が湧いて、これまでは自分のことしか考えなかったのが、他の人たちにも心が向くようになって、自ずと生き方が広がり、豊かにされます。キリストが分け与えられた1ムナ、それは不思議な力を持っている1ムナです。

26

ルカ 19・11 〜 27
彼は、十人の僕を呼んで十ムナの金を渡し、「わたしが帰って来るまで、これで商売をしなさい」と言った。
(13)

　しばらく前のアメリカで、空を飛ぶダウン症の子どもの写真が有名になりました。ヴィル君という3歳ほどの子どもが、リビングや鏡の前やお母さんの傍ら、また野原などで空を軽快に飛んでいるのです。

　ローレンスさんの家にダウン症児が生まれたと知った時、両親は非常にショックを受けたそうです。一時はお先真っ暗になったのです。ところが、写真家のローレンスさんは工夫して、このダウン症のヴィル君が家の中や外で宙を飛ぶ写真を撮り始めたのです。家族は地上にいるのですが、彼だけ空を飛んでいるように見える写真を何枚も撮ってカレンダーにし、「ダウン症児のいる世界は神の祝福がある世界だ」「ダウン症児はこんなに自由だよ」とダウン症児を広く知ってもらう啓蒙活動を始めたのです。むろんトリックを使って空を飛んでいるように見せかけたのです。

　一時は、ヴィル君は家庭に暗い影を落としました。でもマイナスが今、プラスに変わり、世界の人が空を飛ぶヴィル君と家族の写真を見ています。そしてその収益がダウン症児の基金や障碍児の基金に寄付されています。それだけではなく、障碍の有無によって命の選別をする人々に再考を促し、偏見の解消のために働くことにもなったのです。

　小さな子どもをウサギ小屋のケースに入れて何日も食べさせず、下の世話もせず、殺してどこかに捨てた事件が日本で起きました。実にかわいそ

うでなりません。人はそんなこともできますが、1ムナの愛があれば、ダウン症児と一緒に人々に希望を与えることもできます。

27

ルカ 19・37〜40
ファリサイ派のある人々が、群衆の中からイエスに向かって、「先生、お弟子たちを叱ってください」と言った。(39)

彼らは群衆に紛れこんで監視していたのでしょう。彼らは、弟子たちがイエスに触れて率直に信仰を言い表し、イエスを、「主の名によって来られる方」と賛美しているのを聞き、これは神への冒瀆だ、律法違反、死罪だと腹を立て、「お弟子たちを叱ってください」と訴えたのです。当時、神への冒瀆は死罪でした。

ある女性が教会に通うようになり、信仰を持ちました。ところがしばらくして教会にぱったりと来なくなりました。どうやら、夫に反対されたようです。キリスト教主義大学出の知的な方でしたが、家からは解放されていなかったようです。今の日本で信仰ゆえの死刑はありませんが、家庭では信仰の自由が保障されていないのです。古い封建的体質が残る家では、親や親戚から絶縁されることもあります。最近マスコミで働く女性の相談を受けて驚いたことですが、彼女は「結婚は家と家とがするものですから」と言うのです。マスコミ界でもまだそんな考えが残っているのです。

ファリサイ派の人たちの言葉をお聞きになったイエスは、「言っておくが、もしこの人たちが黙れば、石が叫びだす」(40)とお答えになりました。脅しに屈しない大変勇気ある発言で、普通なら到底言えないでしょう。しかし、主イエスは弟子たちの素直な信仰を背後から支えて、恐れずに新しい世界を拓いていかれました。

28

Ⅱコリント 11・29
だれかが弱っているなら、わたしは弱らないでいられるでしょうか。だれかがつまずくなら、わたしが心を燃やさないでいられるでしょうか。

ある人類学者が、車座に座ったアフリカの子どもたちとゲームをしまし

た。木の下に美味しい果物がいっぱい入ったカゴを置き、ヨーイドンで、一番に果物かごにタッチしたら全部もらえるゲームです。彼は、アフリカの子らは飢えているから我さきに走り出すと思って、ヨーイ、ドンと合図しました。すると子らは、われ勝ちではなく、全員が手をつないで一緒に走ってカゴにタッチしたのです。学者は不思議に思い、どうして一緒に走ったのと尋ねました。すると子どもたちは、大きな声で「ウブンツ」とうれしそうに言ったのです。

ウブンツとは、誰か1人でも悲しんでいたらどうして悲しまないでおれるでしょうということで、アフリカのコーサ族の言葉で、「みんながいるから私がいる」という意味だそうです。ウブンツ。大変示唆深い言葉です。私がいるのは、みんながいるから。私はみんなに支えられているし、みんなに祈られている。みんなによって癒され、支えられ、愛されている。1人も忘れられていない。それは教会共同体そのものです。

イエス・キリストが1人ひとりを愛し、ご自分は十字架で磔にされても、愛し続け、愛されるに値しない私も熱く愛してくださいました。そういうキリストに罪を赦されたみんながいて、私も罪を赦されて仲間にされています。その愛のゆえに、「だれかが弱っているなら、わたしは弱らないでいられるでしょうか」と語るのです。皆、1つであり、皆、キリストにつながっています。

キリスト教の一致は、理想を求めて集まった者たちの一致ではありません。キリストを一緒に仰ぐことによって集められた者たちの一致です。共にキリストを仰ぎ、キリストに近づけば近づくほど一致が確かになります。

Ⅰテサロニケ5・16〜19

29

いつも喜んでいなさい。絶えず祈りなさい。どんなことにも感謝しなさい。(16-18)

「喜び、祈り、感謝」は、3つの真珠です。この真珠でどう生きるのか。

第1の真珠は「喜び」です。喜びのある生活は明るく、前向きです。自分に自信があるからではなく、キリストがおられ、そこに希望の根拠があるからです。一切をイエスに委ねて、思い煩わず、単純に喜びを持って今

を生きよというのです。喜びを持って今に力を尽くして生きる。力んで無理をせよではなく、あなた方には希望の根拠があるのだから、恐れず、慌てず、落ち込まず、後ろ向きにならず、キリストが一緒におられるから喜びを持って、挑戦的に生きと語るのです。

第2の真珠は、「絶えず祈りなさい」です。祈りは神との交わりです。希望の源である復活のキリストと、絶えず交わりを持って生きよというのです。現実問題を、神との関係、キリストとの関係、すなわちあなたの希望の根拠に支えられて担いなさい。希望の源である神に心を向け、世の力に惑わされず生きよということです。たとえ思い煩いが起こっても、神に祈り、神と交わる時に心に平和がやってきます。平和があると、焦りがあるのとは違った展開に導かれます。

第3の真珠は、「どんなことにも感謝しなさい」です。感謝です。つぶやきや疑いではなく感謝する。試練や災難においても、あなたを支える希望の根拠である方がおられるのですから、感謝を抱きつつその苦難を担えば、苦難も用いられて新しい展開に導かれ、成長のきっかけにさえなるでしょう。

喜び、祈り、感謝。これらを持って生きることは、神があなた方に望んでおられること、神のみ旨に添うことです。この道を進む時、「あなたはこれで善し」という確信に導かれるでしょう。あなたに平安がありますように。

30

ローマ7・15〜25
わたしはなんと惨めな人間なのでしょう。死に定められたこの体から、だれがわたしを救ってくれるでしょうか。
(24)

薬物依存症からの回復を願う人たちのNA（Narcotics Anonymous）の会に出ていると、参加者の多くがコントロールできないものとの苦しい戦いを話します。負けてしまえば、「その行き着く先は皆、刑務所、精神病院、そして死が待っている」（NAのパンフレット）からと言います。

医者は、薬物依存は病気と言います。しかし依存症の人ばかりではなく、実はすべての人が、自分の内側に湧き起こる衝動をコントロールするのが

難しいのです。居ても立ってもいられない、したくてたまらない欲望への衝動。パウロはそれを今日の箇所で記しました。彼はイエスと出会い、この罪と肉の桎梏からやっと救い出されました。非理性的な悪しき欲望。なぜ私たちの心に、内なる暴力性が宿るのでしょうか。

しばらく前、妻が愛用する小型掃除機を私が叩き割ってしまいました。叩き割り、ふんづけ、長い棒をへし折りました。妻は、高齢で、膝や腰が痛く、重い掃除機を使うのは嫌だと言って、超軽くて最高に使いやすいとＣＭが絶賛し、笑顔で勧めていたコードレスの掃除機を買ったのですが、吸引力が弱過ぎるのです。そんな中、私は強力なダニに無数に嚙まれて日々それが増え続け、外泊まで考えるようになったのです。それで、こんな吸引力のない掃除機は捨てようと言うのですが、妻は聞かないのです。そんなやり取りの中、医者に行っても治らず、痒くてたまらないダニへの腹いせと、妻の強情さに頭に来て遂に爆発して叩き割ったのです（もちろん、妻に手をあげはしませんでしたよ）。

その時、自分の中にどんなに暴力性があるかを味わいました。実に惨めな人間です。

31

コヘレトの言葉3・11
神はすべてを時宜にかなうように造り、また、永遠を思う心を人に与えられる。それでもなお、神のなさる業を始めから終りまで見極めることは許されていない。

ヘンリー・ナウエンというハーバード大学で教えた有名な神学者がいました。彼は教授のポストを捨てて、カナダのデイブレークのラルシュで知的障碍児たちと共同生活を始めたのです。カトリックの司祭でしたが教派を越えたエキュメニカルな方で、日本では、日本キリスト教団出版局から最初の訳書『傷ついた癒し人』が出版されました。牧師を志す人の必読書です。

彼は、1年間のサバティカル休暇を終えてラルシュに帰宅した3週間後に65歳で急逝しました。多くのすばらしい本を書いていたので、世界の人たちが悲しみました。その後、ナウエンの日記も推敲されず出版され、その分彼の素顔を知り得て味わい深いものでした。ある日の日記に、「こ

のつかの間の世の中を嘆くのをやめよう。はかないものの中に輝く永遠だけを見て生きよう。私は、永遠が見える空間、永遠があがめられる場所をつくりたい」と、書いています。

　若くして名門の大学教授の座を捨て、知的障碍児たちと共に住み、彼らの、「輝く永遠」を見つつ生きたのがナウエンでした。知的障碍児たちの中に隠されている永遠、神が彼らの中に置かれた永遠、小さい者たちの中にある永遠をかいま見つつ、この人は本を書いたのですが、それが世界の多くの人の心を打ち続けたのです。こうして知的障碍児たちが生きるデイブレークは、彼を通し、永遠がかいま見える場所になったのです。

　とはいえむろん、私たちは「神のなさる業を始めから終りまで見極めることは許されていない」のです。今日１日、永遠を考える日にいたしましょう。

ルカ 20・20〜26
皇帝のものは皇帝に、神のものは神に返しなさい。
(25)

1

「神のものは神に返しなさい」。イエスはそう語られました。人は神に似せて造られ、私たち人間には神の像が目に見えない形で内面深く刻まれていると創世記にあります。確かに私たちは土の塵のような脆（もろ）いもので作られています。体も心もすごく傷つきやすく、壊れやすい存在です。しかし、その中に神の息が吹き込まれ、神の命が刻まれているのです。私たちは神のものなのです。私たちが生きているのは他でもなく、神の恵みによってであり、その赦しと憐れみがなければただの１日たりとも生き続けることはできません。

昔、モーセの足取りをたどってエジプトからシナイ砂漠を渡り、アカバ湾に面するタバを通ってイスラエルに入国したことがあります。タバには国境検問所があり、１時間ほど足止めされてイスラエルに入国できました。１歩、イスラエル側に入るや驚きました。これまでの荒涼とした砂漠と打って変わり、そこにはナツメヤシの木々が青々と繁る緑の世界が広がっていたからです。ふと木々の根元を見ると、何百本もある木の根元にすべてホースが這（は）っていて、給水されていました。イスラエル全土で緑化作戦を展開していると聞いていましたが、その徹底ぶりに驚かされました。ホースが外されたら数日で枯れるでしょう。そして実際に枯れた木がありました。私はその時、人間も、もし神から注がれる命のホースを引き揚げられたら、すぐにも息絶えるだろうと思い、命とは何かを思い巡らしました。

私たち人間は、神のものは神に返しなさいと命じられています。体も心も魂も、自分のものでありつつ根本的には神のものなのです。源は神にあります。神に返すとは、神の栄光のために生き、神のために命を使うこと。最も大切な使命は、そうした命の源である根本的な方を仰いで日々生きることです。

2

箴言 27・5 〜 11
香油も香りも心を楽しませる。友人の優しさは自分の考えにまさる。(9)

　私がいた教会には、毎週の礼拝の説教題を記した教会の看板を上手に書く方がおられて感謝でした。毎週ですから、その方が礼拝を休む時や旅行に出かける時は、いろいろとやり繰りして休まれました。

　Aさんも毎週、道路際に出す教会の看板を10年以上書いてこられました。味のある流麗な字で、歩行者が立ち止まって眺めているのをよく見かけたものです。Aさんは90歳を越しても大学に通って書の心を学ばれました。ある週に、「天使のような人々」という説教題の看板を書いていて、これはこの教会の人たちだと思ったそうです。Aさんは天使のような香りを教会で味わっておられたのでしょうか。私はそれをお聞きして、すばらしく光栄なことだと思いました。

　もちろん自分たちを天使だとおごるわけではありません。パスカルは、「天使を演じようとする者は、獣を演ずる」と言っていますから用心が要ります。またモンテーニュも、「人間にまず必要なのは十分人間になることである」と戒めています。天使になる前にまず真の人になるようにという勧めです。自負心を持たずにイエスを仰いで自然体でいるのがいいでしょう。それが一番天使に近いかもしれません。

3

ルカ 20・27 〜 40
この世の子らはめとったり嫁いだりするが、次の世に入って死者の中から復活するのにふさわしいとされた人々は、めとることも嫁ぐこともない。(34-35)

　掲句に続けて聖書は「この人たちは、もはや死ぬことがない。天使に等しい者であり、復活にあずかる者として、神の子だからである」と語ります。

　アメリカで先ごろ同性婚が認められ、男同士、女同士の結婚が異性間の結婚と同じように認められました。結婚として認められるとは家族として認められることですから、日本で言えば年金も健康保険も入れ、相続も認

275

められるという多くのメリットが生まれます。神の国は、復活した者同士ですが、それが先取りされている世界かもしれません。この世では同性婚に関していろいろな問題が論じられていますが、次の世ではただ人格的出会いだけが重要になりますから、この世で心配なことも何ら問題なく、すばらしい価値を発揮しているでしょう。

　いずれにせよ、結婚という在り方は、この世においてだけ必要な在り方だということです。死があるため、必然的に神がお造りになったのであって、神の国では結婚と出産はありません。そして皆、天使のように誰の妻、誰の夫ということに束縛されず、それらから超越して皆が独立的に、自由に生き、今よりもっとすばらしい喜びの生活があるのです。男女のジェンダーの違いも超えられています。そして1人ひとりが神に在って独立し、男尊女卑の差別はなく、独立した平等な人格として存在しています。人間関係のいざこざもなく、天使のように清々した人格として関係し合うということでしょう。

Ⅰコリント9・26～27
他の人々に宣教しておきながら、自分の方が失格者に
なってしまわないためです。(27)

4

　人に教えておきながら自分が落第生になる、人生ではそんなことがしばしば起こります。しかしパウロほど信仰義認に立脚し、神の子とされていることを信じた人が、なぜここまで失格者になることを恐れて努力するのでしょうか。それは、キリストに愛され、キリストの愛に迫られているからです。またその恵みが安価な恵みではなく、自分のようなとんでもない者をも救ってくださった測り難い恵みだからです。パウロはそれにお応えしたいのです。

　秋のバザー頃から、毎年1万枚のチラシを教会の皆さんと各戸に配布していました。元はと言えば、1万枚の配布を自分に課すため、つまり自分と戦うためでした。本当なら1軒、1軒、戸を叩いて1万軒の人たちに福音を説いてお渡ししたかったのです。しかしそれはちょっと無理だと諦め、せめてそれに近いことをしたいと1万戸の郵便受けに届けることにしまし

た。もちろん手渡した人たちもいます。

　この業を1人の業にしなかったのは良かったと思います。皆さんと共にする業であることは、1人の業よりもっと大きな価値があります。普段、伝道ができなくても、この時だけでも神の恵みに応える伝道ができますし、教会全体で心を合わせてキリストに仕えることが目に見える形になります。とはいえ、こうした業をしても、他の人々に宣べ伝えておきながら自分が失格者とならないために、自分自身を打ち叩くように律しながら生きなければならないと思っています。

5

マルコ4・35〜41
その日の夕方になって、イエスは、「向こう岸に渡ろう」と弟子たちに言われた。(35)

　イエスは1人で行くのではなく、皆と共に出かけようと呼びかけられました。イエスは言わば孤高の人です。しかし誰も寄せ付けない孤高ではなく、孤高でありつつ他者と心を1つにして共に進む人でした。弟子たちとだけではありません。この時も対岸のゲラサの人を救い出すために湖を渡られるのですから、この世で苦悩する者への連帯と愛の強さは想像以上に大きいものです。

　この時、弟子の中に、私は行きませんと言う者はいなかったようです。むしろ、さあ、出かけましょうと答えたことは、イエスの言葉を聞くや、「弟子たちは群衆を後に残し、イエスを舟に乗せたまま漕ぎ出した」(36)とあることから想像されます。イエスが呼びかけましたが、後は弟子たちを主体とした船出です。弟子の多くはガリラヤ湖の漁師です。イエスを乗せ、われ先にと太いオールを握り、自慢の腕で漕ぎ出したのでしょう。

　信仰生活は、ある意味でイエスの冒険の誘いに乗ることです。イエスの呼びかけへの応答が信仰の第1歩です。信仰歴50年の人も1年未満の人も、日々、新しい第1歩が必要です。日々の第1歩は多くの場合、自分自身との戦いという冒険です。ヘブライ12章4節に、「あなたがたはまだ、罪と戦って血を流すまで抵抗したことがありません」という言葉があります。そういう自分の罪との、日々新しい戦いの1歩です。

277

心の深い所で、イエスのみ声をお聞きしても、応じないでいると、自分の人生を裏切り、人生に裏切られてしまう可能性があります。弟子たちは「イエスを舟に乗せたまま漕ぎ出した」のであって、イエスのいない人間だけの無茶な出発ではありません。

マルコ4・35〜41

6

イエスは起き上がって、風を叱り、湖に、「黙れ。静まれ」と言われた。すると、風はやみ、すっかり凪になった。(39)

　「黙れ」は沈黙の命令ですが、「静まれ」は、馬の口に口籠を掛けよという意味です。言わば風に向かって、口に絆創膏を貼っておけと言われたのです。非常に面白い表現です。すると風はやみ、すっかり凪になり、先ほどまでのことが夢のように思われるほど静まったのです。満月の夜なら、湖面は鏡のように銀色に輝き、美しい静けさが辺りを支配したでしょう。ここに示唆されているのは、大自然に対しても持っておられるイエスの主権です。

　風が止み、凪になると、イエスは、「なぜ怖がるのか。まだ信じないのか」(40)と言われました。恐怖の原因は何なのか。君たちの心に何があるのか、なぜこうも不信仰なのかと問われたのです。

　ロシアのウクライナへの冷酷な侵略、イスラエル軍のガザ市街壊滅の容赦ない爆撃、そして有事に発展しかねない東アジアに高まる緊張。何日も私たちはそれを見て考えさせられています。そこに共通するのは、民族的、軍事的、経済的、国際政治力学的な、相手への恐怖心です。いずれにおいても、相手への恐れが容赦ない無慈悲な行動の引き金になり、一旦それに手を染めれば、相手の反撃があり、いっそう凶暴な攻撃となって戦争が激化し、仕返しの悪循環が続きます。

　弟子たちは、突風を見て恐れたのです。イエスが共におられるのをすっかり忘れ、イエスがいても突風が静まらない恐怖に脅え、イエスから目を離して、突風や激浪に目を奪われておののいたのです。戦争は相手への恐れと憎悪を掻き立て、人々は恐怖心に捕らえられて、そこから容易に抜け出すことができません。その傍らで、憎悪に比例するかのように温暖化す

る地球環境がますます悪化しています。人にも大自然にも主権を持つお方に祈りましょう。

マルコ4・35
イエスは、「向こう岸に渡ろう」と弟子たちに言われた。

7

　苦難や試練を通してイエスを知る時、見えぬものが段々見えてきます。「狭い門から入れ」と言われているのはそのことです。狭い門を通らず、だだっ広い楽な門から入っていると、肝心の時に力が出ません。いくら教会に通っても真理は見えてきません。

　重い障害を持ちつつ印刷業を営む中村雄介さんという方を教会で招き、講演をお聞きしました。私は、言葉に行いが伴うこの方の生き方に感銘を与えられました。実は、終わってわずかな謝礼と交通費を差し上げようとしましたが、受け取ろうとされないのです。それのみか、用意してきた感謝献金を置いていかれたのです。著書の売上代金もそのまま教会に献金してくださいました。往復のタクシー代も自腹を切ってくださり、伝道集会で教会は儲けてしまったのです。

　お金のことを申し上げているのではなく、印刷業を興し、「向こう岸に渡ろう」というイエスの呼びかけに応えて嵐の湖を何回も越えて82歳まで生きてこられた生きざま自体のことをお話ししています。「40代、50代になれば1つの教会を動かず、腰を入れて支える信仰者にならなければならない」。鈴木正久牧師の言葉を引いて話されましたが、そうした生きざままで生きる時に、信仰者は一人前の信者に成長し、嵐の海を数々越えて行く者にされるのです。それが中村さんでした。

　自分の今に安住してはなりません。自分という人間に、また自分の信仰に居座っていてはなりません。前進をやめ、成長をやめ、満足し切ったり、諦めて停滞してはなりません。それはもう死に体の姿です。信仰の魅力もキリストの香りも何もありません。若さの魅力は肉体の魅力です。ですが肉体を越えたところの魅力こそ、いつまでも残る人格の魅力です。

　「向こう岸に渡ろう」というイエスの呼びかけに応えたいと思います。

ヨハネ3・1〜15
人は、新たに生まれなければ、神の国を見ることはできない。(3)

　モーセは1本の木を神から示され、それを水に投げ込みました。するとマラの苦い水が甘くなったと記されています（出エジプト記15章）。人は天然のままだと多くの苦き本性を持っています。妬み、中傷、邪推、言い争い、性欲、金銭欲、権勢欲、口論、人を蹴落とす弱肉強食などです。この本性に、キリストの十字架という棒きれが投げ込まれ、キリストの十字架に結びつけられ、砕かれる時に、真実がこもった、作り変えられた甘き本性となって働き始めるのです。

　キリストが人生のターニング・ポイント、転換点になってくださる時、人は新しい人として生き始めるでしょう。「人は、新たに生まれなければ、神の国を見ることはできない」、「肉から生まれたものは肉である。霊から生まれたものは霊である」(6) と言われたのは、このことです。

　山手線は内回りも外回りも、同じ所をグルグル回りしています。私たちも天然・自然のままの本性では、この本性や欲望の周りを延々と回り続けているだけで、いくら回っても新しくなりません。自分の手で何とか新しい生活をと願っても実現しません。池に落ちた人が、自分を救おうとして自分の髪の毛を引っ張るのに似ています。そんなことをしても自分を救い出すことは不可能です。

　しかし、その山手線にも所々に転轍機が設置されています。ポイントです。ポイントが切り替えられると、これまでどんなにグルグル回りをしていても、そこから抜け出して新しい方向に向かって力強く走りだします。

　キリストは人生の転轍機です。その十字架の恵みに出会う時、その愛に触れる時、私たちは今までの自分を越え、古い生き方と違う新しい生き方へと方向転換して、進んで行くことができるのです。

9

Ⅰテモテ6・11〜16
主イエス・キリストが再び来られるときまで、おちどな
く、非難されないように、この掟を守りなさい。(14)

やがて主が再臨される。だから、歴史の終末を待ちつつ美しく生きなさい。その日、隠されていた秘密は一切明らかにされる。その時まで、キリストの善かつ忠なる僕として生きなさい。聖書はそのように勧めています。

元アメリカ大統領でノーベル平和賞の受賞者であるジミー・カーターは、90歳で肝臓癌を患いました。癌が脳の4か所に転移し、放射線治療を始める中、属する教会のバイブル・クラスの奉仕を受け持ちました。このクラスでは30年間に390回の話をしたそうです。教会は40人ほどの地方の教会です。

元大統領でノーベル平和賞受賞者なら大教会で奉仕してもいいでしょうに、この人は小さな教会でみ言葉を聞き、生きているのです。そこにこの人の信仰と偉さを見ます。ご自身、あと数週間の命だと考えながらも、驚くほどの心の平安をもって「信仰、愛、よい人間関係」という題でこう語りました。「誰でも問題に直面した時は、神の前で頭を垂れて祈ってください。『難しい問題に出会って困っています。どうか、どんなに重い荷物であっても、担うことができるように力を与えてください。どんな問題が起ころうとそれを担う力を授けてください』と」。

今日の聖書が、「おちどなく、非難されないように」と語るのは、こうした砕かれ、へりくだった生き方のことです。それは、「キリストが再び来られるときまで」善かつ忠なる僕であることができますようにという在り方であり、「神は、定められた時にキリストを現してくださいます」(15)と信じるからです。

青年テモテも私たちもまた大統領も、皆、同じ在り方でいいのです。別に高い所を望む必要はありません。立派な人物や毛並みのいい人間を演じる必要はありません。イエスを待ち望み、善かつ忠なる僕としてイエスと共に日常的に地べたを歩めばそれで十分です。

10

Ⅰテモテ6・15～16

神は、祝福に満ちた唯一の主権者、王の王、主の主……近寄り難い光の中に住まわれる方、だれ一人見たことがなく、見ることのできない方です。この神に誉れと永遠の支配がありますように、アーメン。(15-16)

　礼拝の目標は、この方への賛美、感謝であり、この方を証しすることです。このお方に生かされている人は誰もがしたいことです。幼子も若者も老いた者も、このただ1つのことはできます。信仰は極めてシンプルで、このお方との関係に生きることにほかなりません。私たちは、神の永遠の恵みに大きく取り囲まれています。現代人は人工物に囲まれて、神の恵みに永遠に囲まれているのがわからないのです。

　カール・バルトはこう語ります。「木が川の岸辺に生えていて、いつも川の隣にありつつ、しかし一緒に流れてしまうことがないように。北極星が天球の頂点にありつつ、しかし天球と一緒に動くことがないように。海が陸地をすべての側面から取り巻きつつ、しかしそれ自身は陸ではないように」。すばらしい譬えです。そのように永遠なる神の恵みは、時間の中にいる私たちを取り巻き、過ぎ去ることなく永遠に私たちと共にあります。神の恵みが永遠に私たちに伴走しているのです。幼児時代から約100年間も一緒に走ってくださるのです。

　私たちは神の無限に広がる恵みの大空に取り巻かれています。東から西から、北から南から、そして頭上から足元から、内側から、外側から、神の恵みが永遠に取り囲み、内在もしています。私たちは主の主である方、唯一の不死の方、近寄り難い光の中に住む方、誰1人見たことがなく、見ることのできない方を、イエス・キリストにおいて礼拝しているのです。主なる神を称えましょう。恐れることなく、ほめ歌いましょう。このお方が私たちの主であられるとは、何と幸いなことでしょう。

11

Ⅰテモテ6・12

命を得るために、あなたは神から召され、多くの証人の前で立派に信仰を表明したのです。

　洗礼の時の、兄弟姉妹たちの前での信仰の表明を指しているのでしょう。

あるいは彼が伝道者に任職された時の信仰告白であったかもしれません。

その信仰の原点に繰り返し立ち返り、そこに立ち続けなさいと言います。困難な状況の中でも敢えて耐え忍んでいくこと、しっかりそこに留まって動じないようにと。それは、自分がただ1人でする孤独な戦いではなく、十字架の主が一緒にしてくださることであり、すでにイエスがピラトの前でなさったことです。

ですから、「万物に命をお与えになる神の御前で、そして、ポンティオ・ピラトの面前で立派な宣言によって証しをなさったキリスト・イエスの御前で、あなたに命じます。わたしたちの主イエス・キリストが再び来られるときまで、おちどなく、非難されないように、この掟を守りなさい。神は、定められた時にキリストを現してくださいます」(13-15)と語るのです。テモテ個人の信仰の証しは、彼の私的なものに留まりません。それは歴史の主キリストがなさったことに堅く結びついています。私たちの証しも、キリストに堅く結びついているから重い意味を持ちます。

人前での信仰の証しは誰もが躊躇します。時々、「この人には信仰を証ししたい」「この人に福音を知っていただきたい」「教会に来てほしい」と思う時があります。その時、勇気を出して恐れず語りたいと思います。考え過ぎると何もできません。思い煩いは神に預けて実行することが大事です。マザー・テレサが、「私のしていることは大海の1滴のようなものにすぎない。しかしその大海は、この1滴なしには大海であることはできない」と言いました。大きいことを望む必要はなく、イエスと共に普段の地べたを歩めばいいのです。人は皆孤独です。この時代の中を、イエスと共に草の根で人々の友となり、希望の言葉を語って生きましょう。

12

マタイ13・44〜46
天の国は次のようにたとえられる。畑に宝が隠されている。見つけた人は、そのまま隠しておき、喜びながら帰り、持ち物をすっかり売り払って、その畑を買う。(44)

ある夏、フランスのテゼの丘に世界の青年らがあふれました。テゼ共同体の創立者ブラザー・ロジェの生誕100年で、共同体誕生75年でもあり、またロジェの殉教の死から10年の年でした。一牧師が始めた共同体の志

283

から、若者らが多くのものを学びました。

ブラザー・ロジェが発見したのは、プロテスタントとカトリック、ギリシャ正教など、全教派はキリストにあって1つだという宝でした。キリスト教の一致が、何百年という長い分裂の歴史の畑に埋もれていたのです。しかし彼はこの宝を畑に見つけるや、すべてを売り払って第2次世界大戦中にテゼの村に来て、命がけでユダヤ人難民と政治犯らをナチの手から助け始め、戦後はヨーロッパと世界の分裂の中で、和解の徴、平和の徴であろうと生涯を捧げたのです。

もちろん和解は、キリスト以外不可能です。ですが、小さくても和解を指し示す徴になろうとし、全教派が、対立的ではなく相補的存在（互いに補い合う存在）であろうと説いたのです。相補い合う存在になる時、実りが生まれます。妻と夫がそうです。男と女が対立的ではなく、互いに補い合い、響き合う時、双方の賜物が発揮されます。そんな和解の場をテゼは作り出し始めたのです。

その夏、多くの青年がテゼを訪れて感想を残し、再び世界に散って行きました。ある青年は、「戦争と宗教間の争い。ロシアとウクライナの紛争。ＥＵは結局単なるユートピアかと思い、気持ちが滅入った。だが、テゼ、ここにヨーロッパ共同体が実現している」と書きました。また他の青年は、「問題が山積みの世界だが、未来への希望をここで見つけることができる」と書きました。テゼ共同体は世界の若者に希望を与えています。時代の先端を行く多くの若者らに希望がないのです。しかしここには未来を拓く希望の徴と言える何かがあります。それを感じさせる何かが世界の若者を惹きつけるのです。その年、仏教の指導者らもテゼに来ていました。

13

ヨハネ 16・19 〜 22
女は子供を産むとき、苦しむものだ。自分の時が来たからである。(21)

イエスは、ご自分の死と復活を出産に譬えられたのです。妻と私は62歳の時、英語が話せないままイギリスに住みました。ある授業で、Labourの意味がわかりません。普通、レイバーは労働ですが、陣痛もレイバー

だったのです。その時、陣痛に始まる出産がいかに骨の折れる重労働かと思いました。レイバーは、元の意味は重い荷物を担いでよろめくことで、出産とはそういうことでしょう。

「自分の時」とは面白い表現です。陣痛の時ですが、この自分の時は、誰も代われない時です。彼女しか担えない、彼女に指定された時です。ところが、今はお金で代理出産する人がいる時代です。「自分の時」である自分の陣痛なしに、他人の陣痛で自分の子を持つ人たち。考えれば恐ろしい時代です。どんどん人間界が不自然になり、世界は人類という知的動物の実験場に化した感があります。

21節の続きには、「しかし、子供が生まれると、一人の人間が世に生まれ出た喜びのために、もはやその苦痛を思い出さない」とあります。赤ちゃんが生まれてしまえば、母親は苦しみをすっかり忘れてしまうのです。あれほど難産であったのにケロッとしている。ケロッとしているだけではなく、勝ち誇ったように幸せそのもので笑っています。1人の人間が世に生まれたという喜びは、何ものにも代えられない幸せなのです。

インドのタゴールの詩にこういう1節があります。「すべての嬰児は神がまだ人間に絶望していないというメッセージを携えて生まれてくる」。子どもが生まれてくるとは、本当にそういうことです。世界に絶望的な事件が起こるたびに思いだします。

ヨブ記 1・20 ～ 22

14

わたしは裸で母の胎を出た。裸でそこに帰ろう。主は与え、主は奪う。主の御名はほめたたえられよ。(21)

80歳を過ぎた隠退牧師の方から手紙をいただきました。妻がだいぶ前に脳腫瘍を患い、入退院を繰り返してリハビリもしてきたが、次第にいろいろな能力が急速に衰えてきたそうです。そこでその方は困り、ある専門医に相談して助言をもらったそうです。すると、今までのように妻を励ますより、会話能力や歩行能力その他、「それらの能力がまったくなくなっても、なお残るもの。つまりこの人間、その人を心から受け入れ、いとおしむことによって1日1日を幸せに過ごすように」というアドバイスをも

らったそうです。「そう思うようになったとたん、まず自分の心が和んで
きた。今まで妻は自分に急き立てられてつらかったのではないか」と気づ
くようになったと記した後に、ヨブ記1章の、「わたしは裸で母の胎を出
た。裸でそこに帰ろう。主は与え、主は奪う。主の御名はほめたたえられ
よ」の言葉を引用しておられました。

　人生の土台を何に置くか、です。「わたしは裸で母の胎を出た。裸でそ
こに帰ろう」。この方は、体も知力も衰えて人生の寂しい夕暮れを迎え、
自分にも他人にも頼れなくなり、情けなさを痛感する中で、あらためてヨ
ブのように、「わたしは裸で母の胎を出た。裸でそこに帰ろう」と、主な
る神に足場を置こうと考えられたのです。また、主なる神に足場を置く時
に、「能力がなくなってもなお残るもの。その人間、その人自身を心から
受け入れ、いとおしむ」という、単純な人間の原点に帰っていくことがで
きると語っておられると思いました。

　「主は与え、主は奪う。主の御名はほめたたえられよ」と、心底から思
い、祈れる日が来ることを求めましょう。

15

ヨハネ 11・25 〜 26
わたしはよみがえりであり、命である。わたしを信じる
者は、たとい死んでも生きる。(25、口語訳)

　ある年のクリスマスの時期に、思いがけないクリスマス・カードが届き
ました。肺がんの通知でした。「天気晴朗にして波静か」といったところ
で、心は何も動揺はありませんでした。ただ、心中密かに、今日から終わ
りの準備をしようと思いました。その夜、お風呂にゆっくりつかり、湯ぶ
ねで妻に感謝しました。こんな奴と長い間付き合ってくれてありがとう。
直接言うのは照れるので、お風呂でブクブク泡立てながらブツブツ申しま
した。その夜は久しぶりに熟睡しました。私は不眠症ですから、やっと永
遠の眠りにつけるのは喜びだからで、本当によく熟睡しました。

　2日目の夜、寝床に入ると、突然、「わたしはよみがえりであり、命で
ある。わたしを信じる者は、たとい死んでも生きる」という言葉で胸が満
たされ、「たとい死んでも生きる」と言うイエスの言葉に、電撃のように

打たれました。鮮烈な喜び。ああ、イエスはこのために来られたのだと悟りました。ここにキリストの中心メッセージがあると感じ、感謝しました。勇気が湧き、希望が訪れました。私に与えられる希望であると共に、万人に授けられる希望だと確信しました。復活こそ永遠の約束、希望、慰め、永遠の実在。死をも越えていく勇気、真理だと気づいて喜びに満たされたのです。

区の検診だけでは肺がんだと断定できません。精密検査を受けるので結果は2か月後に出ますが、外れるかもしれません。ですが今は、結果のいかんを問わず、肺がん通知で、主が、「たとい死んでも生きる」という重大なことを、腹の底に達するまで教えてくださったことを感謝しました。そして、このみ言葉は、本書を読んでくださっている皆さんの人生にも関わる、きわめて大事なことです。

16

ヨハネ 11・25 ~ 26
わたしはよみがえりであり、命である。わたしを信じる者は、たとい死んでも生きる。(25、口語訳)

シュナイダー牧師は、ナチスによって最初に殉教を遂げた人で、「ブーヘンヴァルトの説教者」と言われました。彼は強制収容所に入れられますが、ナチスの象徴であるハーケン・クロイツに向かって「脱帽」と言われる時も、たとえ最前列で収容所の指揮官の前に立っていても脱帽せず、かぶったまま断固立ち続けたそうです。非キリスト教的な印への敬礼は、良心の許す所ではなかったからです。

収容者たちは毎朝、過酷な労働に出る前に整列して点呼させられました。クリスマスなど祝祭日には、整列の静けさを破り、独房の重苦しい鉄格子を突き抜けてシュナイダー牧師の預言者の如き説教が人々の耳に聞こえてきたそうです。ブーヘンヴァルトの冬の早朝は氷点下です。肌を切る冷たさの中、鉄格子から説教が響き渡ったのです。イースターにも「主は言われる。わたしはよみがえりであり、命である。わたしを信じる者は、たとい死んでも生きる」という力強い言葉が響きました。整列させられていた人たちは、その圧倒的な、断固たる意志を示す勇気と力に、心の奥まで揺

り動かされて立ち尽くしたそうです。まるで、ヘロデの獄屋から呼ばわる洗礼者ヨハネの声、荒野で呼ばわる者の力ある預言者の声のように思えたと言います。

　彼は、ナチに決して屈しないキリスト者でした。そのため、殴られ、蹴られ、叩きのめされ、独房にぶち込まれ、13 か月間独房で耐えたのです。13 か月耐えたとは死ぬまで耐えた、ということです。この独房の恐ろしさを知る者は、この男の断固たる精神の偉大さに心打たれたといいます。また、イエスが死なれた金曜日は、どんな食べ物も断じて口にしなかったのです。ヘブライ 11 章 37 節に、「のこぎり」で引き殺されたキリスト者が登場しますが、戦時中のドイツにそれに類した信仰者がいたのです。

ヨハネ 11・25 ～ 26

17

わたしはよみがえりであり、命である。わたしを信じる者は、たとい死んでも生きる。(25、口語訳)

　シュナイダー牧師は単に口先で説いたのではなく、「わたしを信じる者は、たとい死んでも生きる」と、この言葉に生かされ、これを足場に勇気を授けられて獄中で生きました。独房にありながら、「世の光」であろうとしたのです。

　彼は教会から収容所に送られ、教会の講壇を取り上げられましたが、収容所が彼の講壇になったのです。しかし彼が語るや、直ちに看守が太い棍棒で滅多打ちにし、衰弱して軽くなった体は独房の隅に吹っ飛びました。それにもかかわらず、どんな野蛮な暴力も、その強固な不屈の意志、神から注がれる勇気には勝てなかったのです。収容者に犠牲者が出ると、彼は、収容所長に恐ろしい言葉を浴びせて弾劾しました。「あなたは大量殺戮者ですぞ。私はあなたを神の裁きの前に告発します。囚人を殺す罪を許しませんぞ」。だが 1 年 1 か月後、彼の体は遂に野蛮な力に屈しました。まともなところがないほどボロボロになった遺体が独房から運び出され、彼の死が全収容所に知れると、深い感動が一同に起こったそうです。死因は強心剤を大量に注射されたためでした。結婚して 13 年、42 歳の殉教死でした。

「わたしはよみがえりであり、命である。わたしを信じる者は、たとい死んでも生きる」。これがイエスの口から語られた時、45節以下でわかるように、イエスの身にもすでに死が迫っていました。そのような中で、イエスはこの言葉を、マルタに、私たちに、そして万人に語られたのです。「わたしを信じる者は、たとい死んでも生きる。あなたはこれを信じるか」。ここに私たちに勇気を与える岩、希望の確かな塔、愛の堅固な足場があります。

18

ルカ15・1～7
あなたがたの中に、百匹の羊を持っている人がいて、その一匹を見失ったとすれば、九十九匹を野原に残して、見失った一匹を見つけ出すまで捜し回らないだろうか。
(4)

「見失った」という言葉が3回出てきます。この言葉の元のギリシャ語には、「滅びんとしている」という意味があります。迷い出た羊が、襲われたり、谷に落ちたり、死が目と鼻の先に迫っていると感じている羊飼いの危機感を表しています。

ドストエフスキーの長編小説「カラマーゾフの兄弟」の中で、アリョーシャが、ヤケになって何をしでかすかわからない兄のミーチャを、街中くまなく捜しまわる場面があります。印象的な場面です。その時のアリョーシャは、この羊飼いの心境だったでしょう。聖書に親しんでいた作者は、今日の箇所を思いつつ書いていたかもしれません。兄に罪をこれ以上犯させてはならない、これ以上羊飼いである神から遠くへ行かないようにと、アリョーシャに、祈る気持ちで必死に捜しまわらせたのです。

羊がいなくなったと知った瞬間、羊飼いの脳裏にパッとその羊の顔が浮かんだでしょう。それは羊を愛しているからです。「アイツ、どこへ行ったんだろう。帰って来るだろうか。狼が出るのにアイツは馬鹿だからなあ」と胸騒ぎがしたでしょう。羊を大切に思っているからです。この譬えの終わりには、喜びだけがあります。小躍りして喜び、肩車して連れ帰る羊飼いの姿です。見つかった羊がかわいくてたまらないのです。喜びのあまり、友だちや近所の人たちまで集めて、一緒に祝ってくださいと有頂天になっている姿です。

19

ルカ 15・8〜10

ドラクメ銀貨を十枚持っている女がいて、その一枚を無くしたとすれば、ともし火をつけ、家を掃き、見つけるまで念を入れて捜さないだろうか。そして、見つけたら……（8-9）

　この譬えは少しコミカルなところがあります。銀貨をなくして慌てている一家の主婦をいたわるような、イエスの優しい眼差しが感じられます。イエスは、子沢山で夫が若死にし、女手1つで子らを育てていた、母マリアの姿を見て育たれたからでしょうか。家族と暮らしのことがいつも気がかりな主婦。台所と貧しい家計のやりくり。最下層ではなくても、たっぷりお金に余裕があるわけではない古代パレスチナの家庭です。

　「ドラクメ銀貨を十枚持っている女がいて」とありますが、もしかしたらこれは主婦のヘソクリでしょう。ドラクメはギリシャ貨幣で、デナリオン貨幣と同じ価値ですから、現在の価値に換算して1枚1万円ほど。ちなみに、日本最初の銀貨とされる和同開珎（わどうかいちん）は銀の含有率が80％ほどで、価値は低かったと言われます。ですがドラクメは95％ほどでローマ帝国に通用する権威ある通貨です。

　ドラクメ10枚ですから10数万円程度。私がヘソクリかもとする理由は、なくした銀貨を見つけた時、彼女は、「友達や近所の女たちを呼び集め」（9）とあって、夫や家族を呼んでいないからです。彼女はママ友や近所の女たちを呼んで「来て、来て、見てよ、見てよ！」と大声で言ったでしょう。失われた羊を見つけた羊飼いのように。

20

ルカ 15・10

言っておくが、このように、一人の罪人が悔い改めれば、神の天使たちの間に喜びがある。

　信仰に入ることは、神との交わり、キリストとの交わり、聖霊との交わりという、とても広い世界に入れられることです。彼女／彼の地上での悔い改めは、宇宙的な出来事として人の目に見えざる領域においてさえ喜びが共有されることになるということです。

　私は夕陽を見るのが好きです。東京では中々広い空も雄大な夕陽も望め

なくて寂しく思っていましたが、しばらく前に15階建てのビルで、久しぶりに荘厳な日没を眺めました。雲が比較的多い日でしたが、ちょうど陽が沈む辺りに雲の切れ目があったので、どんな夕陽になるか楽しみでした。

　快晴より雲があったほうが、夕陽は映えます。見ていると、太陽が雲の切れ目に差しかかって日が差し込んだ途端、それまで暗さの中に沈んでいた都心の無数のビルたちの西側面が一瞬にして黄金色に輝き出したのです。その純心無垢とも思える輝きに圧倒されました。そしてそれを見ながら、人間は皆、生命の源なるまことの神を仰ぎ、黄金色に照らされる瞬間を待っているのでないかと思いました。高いビルや低いビルたちのように、都会に住む私たちすべての者も、最後には皆、命を授けてくださったお方を仰ぎ、そのお方との生き生きと輝く無垢な交わりを回復し、神に照らされて、一生を閉じる日を待っているのでないかと思ったのです。

　ビルは顔を赤く染めて、照らされるままじっと沈黙していました。太陽の方を見ると、その日の最後のすばらしい光を、たなびく雲にも、青空にも、そして地上にも注いでいました。まるで、天使たちの奏でる喜びの音楽が天に鳴り響き、聞こえるかに感じました。「一人の罪人が悔い改めれば、神の天使たちの間に喜びがある」と語っているかのようでした。

Ⅰテモテ 1・12 ～ 17
「キリスト・イエスは、罪人を救うために世に来られた」
という言葉は真実であり、そのまま受け入れるに値します。わたしは、その罪人の中で最たる者です。(15)

21

　パウロはイエスの愛の前で、自分を振り返るのです。イエスの愛の前に立てば立つほど、過去に犯してきた罪の重さに打ちひしがれそうになる。だが同時に、「キリストは罪人を救うために来てくださった」という事実の重さに強く心打たれ、励まされたのです。

　「キリスト・イエスは、罪人を救うために世に来られた」。この言葉は確実でそのまま信頼して受け入れてよいものです。安心してこの言葉に委ねればいい。私が初めてこの言葉に接した時、まるで洗礼の恵みの水をバケツで全身に注がれるような錯覚を覚えました。ここに重荷を下ろせる場所がある、休みがある、休息できる場所があると思いました。それと共に、

私も罪人の最たる者、罪人の頭だと思いました。また罪人の頭、最たる者であるのがうれしく、誇らしく思われました。イエスにすべてを知られている罪人だからです。いまだ罪人ですが、「赦された」罪人であることがうれしくてなりませんでした。

「キリスト・イエスは、罪人を救うために世に来られた」という言葉は、当時、キリスト教徒の間に流布していた言葉です。しかし彼は流布している言葉を単に引用したのではなく、自分の不信仰な過去を振り返りつつ、心からアーメンと告白する自分の言葉として語ったのです。

22

Ⅰテモテ 1・12 ～ 17

「キリスト・イエスは、罪人を救うために世に来られた」という言葉は真実であり、そのまま受け入れるに値します。(15)

本当にどんな罪人も救われるのでしょうか。そうです。救われた後、再び罪を犯した人も救われるのか。そうです。2度、3度と信仰を捨てた人でも救われるのか。そうです。罪人を救うために世に来られたのです。そのために、今もキリストは十字架上で血を流し、傷んでおられます。その人が真に悔い改めて帰るまで、今日も、十字架で磔のままで待っておられるのです。

イスラエルの王国時代に神の箱がペリシテ人に奪われ、長くエルサレムから失われました。神の箱には十戒の石板が入っていたので、これがないのは民が精神的拠り所を失ったと同じことでした。しかしやがてダビデ王が神の箱を奪い返したので、民はこぞって喜びの叫びをあげ、角笛を吹き鳴らして箱をエルサレムに運び上げたのです。その時ダビデは、喜びのあまり箱の前で力の限りに踊りました。ところが、その姿を城の高窓から見ていた妻ミカルは夫を蔑んだといいます。今日の王様は御立派ですこと。空っぽの男が家臣のはしためたちの前で、恥ずかしげもなく裸になって踊っているわ、と（サムエル記下 6・20）。それを聞いたダビデは、「主の御前でわたしは踊ったのだ。わたしはもっと卑しめられ、自分の目にも低い者となろう」(21-22) と語り、服を脱ぎ、裸になって踊りました。主への感謝を、恥も外聞も捨てて力の限りを尽くして表現したのです。

パウロが、自分を罪人の頭と語るのは、本質的にダビデと同じです。自分がどんなに辱められても、その辱めを通して主が称えられ、主が証しされればそれで十分だと考えているのです。パウロの信仰と愛の情熱は、そういうところから発しています。自分の傷口に主が癒しのみ手を置いてくださった。その感謝が彼の喜びの原点です。

Ⅱテモテ２・１〜７
キリスト・イエスの立派な兵士として……（3）

23

私は軍隊の経験はありませんが、軍隊は、体育会系の運動部どころではない上下関係の徹底した所であるのは容易に想像できます。生きるか死ぬかの死闘を敵と繰り広げ、一丸となって当たらなければ殺されるわけで、のんびり議論する余裕はありません。上官の命令の下、一丸となって動かなければ相手を倒せません。「立派な兵士」は、良し悪しを超えて、上官を喜ばせようと命令に従います。

Ⅰテモテ１章18節に「雄々しく戦いなさい」とあります。孤軍奮闘ではなく、キリストが一緒に戦ってくださるので自分も雄々しく戦えるのです。キリストが一緒だから力の出し惜しみをせず、むしろ善意を出し切り、勝利を確信してひるまず戦うのです。後はキリストが引き受けてくださると信じるのです。戦場に安全な場所はありません。いつ死ぬかもしれません。明日はないかもしれません。しかし総司令官であるキリストがすべて後を引き受けてくださるでしょう。

続く19節に「信仰」とあるのはもちろんキリストによる、あるいはキリストにある信仰という意味で、私たちを罪の世から贖い出すために十字架の上におかかりくださった、キリストの「真実」（Ⅰテモテ１・15）を指しています。私たちの心を強く打つキリストの真実なあり方。いかなる魂も赦し救ってくださる、キリストの真実を信じる信仰です。

私たちはいわば貨車のようなもので、貨車は自分では止まったままで動けませんが、機関車に連結され、牽引されると、険しい峠の坂道も登っていけます。そのようにキリストの真実とつながり、それによって牽引され

293

る時には、私たちはいろいろな問題を抱えて心が折れそうな時にもキリストに牽引され、峠の向こうに越えて行くことができるのです。

24

Ⅰテモテ1・18〜19
雄々しく戦いなさい、信仰と正しい良心とを持って。

　雄々しく戦うというと、正義や人権を阻止する勢力と雄々しく戦うことや生活のさまざまな戦い、更には非戦なども連想するかもしれません。ところが2章1節で、「まず第一に勧めます」と語り、「願いと祈りと執(と)り成(な)しと感謝とをすべての人々のためにささげなさい。王たちやすべての高官のためにもささげなさい」(1-2)と語るのです。つまり、第一に祈りの戦いをせよと語るのです。

　キリスト者とは、すべての人々に代わって、神への祈りに召し出された人です。腕力で戦い、言論で戦い、頭脳で戦い、商売で戦い、スポーツで戦う人があり、音楽、美術、芸術方面で戦う人も、社会福祉や、今日では科学技術の分野で戦う人もあるでしょう。しかし私たちキリストに召された者は、祈りへと召し出されているのであり、祈りで戦う人間だというのです。

　これはキリスト者にとっても意外かもしれません。しかも、「すべての人々のために」というのですから、教会やキリスト教の狭い仲間のためにだけではありません。すべての人の救いのために祈ることに私たちは召されていると肝に銘じるべきです。キリスト者は、まず何よりもすべての人たちのために神に執り成しの祈りをする戦いの群れです。

　ですから、自分だけが大きく、豊かにされるのを祈っていると、次第に自身が貧しく小さくなります。

25

Ⅰテモテ2・1〜5
神は、すべての人々が救われて真理を知るようになることを望んでおられます。(4)

　バングラデシュは世界の最貧国の1つです。そこにテゼ共同体のブラザーたちがラルシュ共同体の施設を作り、20名の知的障碍者が共同生活をしつつ、地域から30名ほどが通って来るのを受け入れています。障碍者は全員イスラム教徒です。

　キリスト教徒とイスラム教徒が、信仰の違いを超えて共に朝夕に共同の祈りの時をもっています。どうしたら一緒に祈れるのでしょうか。互いに耳を傾け、祈る道を模索しているのです。ブラザーたちが志しているのは、どんな状況下でも喧嘩せず、共に生きることです。一方的に考えを押し付けず、共に生きる道を「選び取った」のです。そこに品位と名誉あるキリストの道を見出したのです。

　これは結婚に似ています。育った環境も文化も経験も違う2人が相手を伴侶として選びます。この人を相手として選ぶということは、別の人を伴侶とすることを捨てるという厳しい選びですが、ここでブラザーたちがしていることも同じです。どんな状況が来ても両者が共に生きることを選び、他の道を捨てたのです。

　別の観点で言えば、ブラザーたちが目指すのは、信仰に基づき新しい文化を創造することです。敵意という隔ての壁がキリストにおいて取り除かれたことの小さな徴（しるし）をイスラム社会で立てること。キリストは、人間が作る憎しみと分裂の壁を、ご自分の身において十字架につけて超えてくださり、双方をご自分において1人の新しい人に造り上げて、平和を実現してくださいました。和解です。テゼ共同体が目指してきたのはまさにこのことです。キリストにある和解の真理をバングラデシュでも知りたいと、知的障碍者を介して行っているのです。

26

イザヤ書 43・1

恐れるな、わたしはあなたを贖う。あなたはわたしのもの。

「贖う」とは、代価を払って買い戻し、囚われ状態から救い出すことです。キリストは神の独り子です。神はこの方を私たちのために罪の代価として支払い、罪の世から、神の愛のご支配のもとへ買い戻し、自由へと解放してくださったのです。

もはや自力で自分を贖ったり、救い出したり、義とされようと頑張る必要はなく、贖ってくださった神に委ねるだけでいいのです。信じ、任せることで、私たちの存在が受け入れられ、義とされるのです。「あなたはわたしのもの」と言われるのですから、安心して、自分の全部をお任せすればいいのです。これは、母親と子どもの関係に似ています。お母さんがどこかに行ってしまって泣いている子を、お母さんが戻って来て「もうどこにも行かないわ。安心よ。あなたはお母さんの子どもですもの」と言い聞かせるようなものです。抱きしめられて、どこにも行かないことが本当にわかれば子どもは泣き止み、笑顔が戻ります。

同じように、信仰は自我の業(わざ)ではなく、神が為してくださる神の業です。でも、「あなたはわたしのもの」と言われているのを疑い、自分は贖われているのを疑い、神が語られることを信じないと、そこから不安が忍び込みます。最初はごく小さな穴ですが、次第に大きくなって不安が増します。

私たちがキリストの贖いに与り、神に義とされる時に、不安が解消され、平和がやって来ます。贖うことで、キリストは不安を吸い取ってくださるのです。こぼれたインクを海綿で吸い取るように、キリストは私たちの罪も過ちも不安もマイナスも吸い取って——吸い取ると自分は汚れますが、ご自分のことは考えず——神の前に新しい私を備えてくださるのです。

27

> ヨハネ 14・27
> わたしは、平和をあなたがたに残し、わたしの平和を与える。わたしはこれを、世が与えるように与えるのではない。心を騒がせるな。おびえるな。

心の平和は内なる命の中心です。平和と喜びが、私たちの不安の深淵を埋めるのです。心のざわめきを鎮めるのです。ですからあらゆる時に、イエスの言葉を思い起こすといいでしょう。自分が好きな、自分の心を支えるイエスの言葉があれば、それを暗記したり、肌身離さず持って、時々見ることはいいことです。

イザヤ書30章に、「静かにしているならば救われる。安らかに信頼していることにこそ力がある」(15) とあります。安らかに信頼している。ただそれが重要です。慌てる必要はないのです。信じなければ何事も始まりません。平穏で落ち着いた生活は、何かをすることで得られるのではなく、ただ内なる生命の中心に平和のキリストをお迎えするかどうかにあります。キリストに安らかに信頼することにこそ力があります。この方が不安の深淵を埋めてくださるのです。

キリストは、すべての人の贖いとしてご自身を献げられました。ここにすべての人の渇きを癒す唯一の泉が湧いています。キリストの贖い。これが永遠に尽きない源泉です。贖うことによって、キリストはご自分を差し出しておられるのです。私たちが神を愛したのではなく、神が私たちを愛してくださった。それを知る時、私たちの平穏で落ち着いた生活がスタートするでしょう。

28

> Ⅰコリント 1・30
> このキリストは、わたしたちにとって神の知恵となり、義と聖と贖いとなられたのです。

キリストの贖いはすでに完了しています。この完了は、その影響が今も生き続けて働いているという意味の完了なのです。その人が気づいていなくても、すでに贖ってくださっています。それを否定しても、罪は贖い取られています。ですから、ただそれを受け入れさえすれば、キリストの恵

みがドッと流れ込みます。部屋の壁にガスの受け口があります。そこまでガスが来ています。ストーブさえつないで点火すれば、寒い部屋も急に温度が上がって暖かくなるでしょう。キリストの恵みも、そこまで来ているのです。それを受け入れればいいのです。

ある人が言っています。キリストはいつも私の内におられました。それに、私はずっと気づいていませんでした。でも気づいていないだけで、キリストは優しく、本当に私たちを思いやって、私の内におられたのです。おられたのに、私が探していなかっただけでした。自分本位にほかを探し、気に入る時だけ探すだけでした。これは私たちの実際の姿に近いのではないでしょうか。キリストは押し付けません。傍らで、静かに共に歩む方です。心の静けさの中で、「私はここにいる。怯（おび）えるな。恐れるな」と言ってくださるのです。

世界の根底に、神とキリストの良き意志があります。善人の上にも悪人の上にも、太陽を昇らせ、雨を降らせてくださる神がいます。ですから、どんなに平穏が乱され、心の落ち着いた生活が取り去られても、驚く必要はありません。神への基本的な信頼を持ってよいのです。地の基がことごとく揺らいでも、神の恵みは変わることなく私たちと共にあります。

29

Ⅰテモテ2・8〜3・1

だから、わたしが望むのは、男は怒らず争わず、清い手を上げてどこででも祈ることです。(8)

怒りやすく、争いやすい男性を数多く見て来ました。そういう私も青年時代は怒りやすく、争いやすかったのです。闘争心や敵対心が、ドロドロしたマグマのように腹の底に真っ赤に燃えていました。何かを言う時は、まず相手の言葉を否定して語ることもありました。相手とほぼ同じ考えでも、勝ちたいために相手を否定することもありました。本当の意味の自信がなかったからです。自分との和解ができていないので、温かく、大きく相手を包むことが少なかったと思います。それは子育てにも影響したと、後悔するところがあります。今でも若者の中に、自分以外は皆ライバルと思っているような人を見かけますが、それはシンドイ生き方です。自分の

反省からそう思います。

　それに対し 8 節は、「男は怒らず争わず」、平和の人であれと語るのです。穏やかで、人への敬意を持って生きる人であれ。感情的になるな、けんかっ早くなるなと言うのです。なぜ、そう語るのかが重要なのでしょうか。それが、「だから」という冒頭の言葉で示されています。キリストは、「すべての人の贖いとして御自身を献げられ」（6）たからです。ですから「怒らず争わず」と勧められています。「キリストの贖い」は前の段落を超えて、この新しい段落でも重要な意味を持ち、その贖いは、私たちのあらゆる日常生活に影響を及ぼすからです。「男は怒らず争わず」という態度は、キリストの贖いに裏打ちされて、初めて生まれてくるものであり、「わたしは、平和をあなたがたに残し、わたしの平和を与える」（ヨハネ 14・27）と言われたキリストの平和に与って初めて、不安や怒りの深い深淵が埋められて、平和が、また他者への尊敬が生まれてくるのです。

30

Ⅰテモテ 2・8〜3・1
だから、わたしが望むのは、男は怒らず争わず、清い手を上げてどこででも祈ることです。（8）

　「だから」というこの小さな接続詞を軽く見てはなりません。これはドアの蝶番のように、小さいですが隣の大切な部屋に通じる開閉の任務を担っていて、前のものを次へと引き継いでいます。

　旧約聖書の預言者たちは、社会正義の実現を切に願い、情熱を傾けてその実現に尽くしました。ところが彼らは、自分自身の不完全さにも苦しむ繊細な心の持ち主でした。イザヤにしても、エレミヤにしても然り。彼らは不正を糾しながら、自らの愚かさ、弱さにも目覚める人間でした。

　その意味においても、キリストの贖いを必要とし、それを根拠にして生きる私たちは、自分の魂を吟味すると共に、他者の魂の弱さや彼が持つ重荷への思いやりと共感なしに、正義を振りかざすことがあってはならないでしょう。イエスは、「自らの内に塩を持ちなさい」とおっしゃいましたが、外ではなく自分の内側こそまず糾されなければならないでしょう。

　キリストは「すべての人の贖いとして御自身を献げられ」（6）たという

ことこそ他者への敬意、尊敬の源泉です。キリストに培われての、その深い人間への洞察から、「男は怒らず争わず、清い手を上げてどこででも祈りなさい」ということが生まれるのです。すなわち気前良くあり、出し惜しみしない人間であることです。公平であり、無私であること、混じり気のない純粋な愛を持って祈ることです。朗らかであることや勇敢であることも含むでしょう。もちろんこれも、「ご自身を贖いとして献げられたキリスト」の泉から湧き出てくるものです。キリストご自身が、公平で、出しおしみせず、無私であり、勇敢でもあられたからです。

12
月

1

ヨハネ1・1〜5
初めに言があった。言は神と共にあった。言は神であった。この言は、初めに神と共にあった。(1-2)

「人類の歴史の中で最も偉大な日は、人類が初めて月面に立った日ではなく、神の御子が世に生まれた日である」。

アメリカの月面探査のアポロ計画で、これまで12人の宇宙飛行士たちが月面に立ちましたが、その1人、ジェームズ・アーウィンさんはこう語りました。印象的なこの言葉は、アーウィンさんをすばらしい宇宙飛行士に留まらせず、人間らしい大きな夢と視野を持つ宇宙飛行士に変えました。そして実際、当時大変驚きましたが、宇宙飛行士から後に牧師になった人が何人かおり、アーウィンさんもその1人なのです。

その最も偉大な日、神の御子の誕生のクリスマス（降誕日）の準備期間であるアドベント（待降節）が始まると、全世界の教会は1週毎に、キャンドルに1つずつ火を灯していき、御子の誕生の意味を黙想し、それを深めていきます。

世界は神によって造られたのではなく、偶然に生まれたのであるとの考えが現代人を覆っており、「どっちみち自分は偶然の産物だ」という考えにより、無責任や無気力、時には利那主義が人々の心を蝕んでいます。偶然生まれたのだから、「自分はいてもいなくてもよかった存在だ」という虚無感が生まれ、恐ろしいことに、一部の人に生きることへの腹立たしささえ生んでいます。そこからは弱肉強食の経済観や享楽主義や権力主義は生まれても、真の喜びや感謝、また他者への温かい眼差しは生まれにくいでしょう。

しかしヨハネ福音書は冒頭で、「初めに言があった」と、天地の初めにロゴスが、神が、理性が、まことが、真理が、愛があったと宣言して、世界は偶然によって生まれたのではなく、神の愛の意志のもとで生まれたと語ります。

アドベントを、神の愛を感謝して過ごしましょう。

2

マタイ 2・14〜15
ヨセフは起きて、夜のうちに幼子とその母を連れてエジプトへ去り、ヘロデが死ぬまでそこにいた。(14)

　9月25日の黙想に記した、10年間各国で難民生活を送った知人は、こうも書いていました。「今、私は強調しなければなりません。極寒のシベリアで、飢えと病気、多くの人の死を経験し、そこから逃亡した後、私たちは至る所で深い同情と温かい憐れみに出会い、窮地から救出するために手を差し伸べてくれる有り難い善意に助けられたのです。最も大事なことは、私たちの尊厳が回復され、尊敬を持って迎えられたことです。私たちが嘗(な)めた辛苦に満ちた物語が、人々に信用されたことです。その時、再び自分は人間だと実感しました。難民にとって安全な地に受け入れられることはもちろん大事ですが、人として接しられ、喜びが戻り、人間としての尊厳を持って扱われることは最も重要なことです」と。

　更に、「今日、疑いの目で見られ、はっきり拒絶された多くの難民は、人々に信用されず、嘘つきだ、甘えだ、居候だとレッテルを張られ、存在を望まれず、とっ捕まえて収容センターにぶち込み、元いた国に送還せよと言われています。しかし、彼らは家を売り、土地を手放し、先祖からのふるさとを捨て、逃げざるを得なかったのです」。

　彼女は、難民とはいえ彼らも人間であり、人としての彼らの尊厳を決して傷つけてはならないこと、犬や猫や動物たちと同等の扱いをしてはならないと力説していました。彼女の文章は今日の難民問題に深い示唆を与えるものです。

　いずれにせよ、2000年前、聖家族はヘロデが統治する間エジプトで難民生活を送り、同様のことが今日も繰り返されています。そこで、今年はクリスマス・カードを送らず、難民救援で働く2つの団体にお金を送りますと書いて来たのです。

　天に栄光、地に平和あれと祈るクリスマスに、地にある人らへの各々ができる支援を通し、神に栄光を帰したいと思います。

3

マタイ6・16〜18

断食するとき、頭に油をつけ、顔を洗いなさい。それは、あなたの断食が人に気づかれず、隠れたところにおられるあなたの父に見ていただくためである。(17-18)

　断食でも祈りでも、人に気づいてもらって賞賛を受ける……、それでは、すでに報いを受けています。神との関係にある良質のものが、人の賞賛という低レベルなものに堕ち、神との間の質の高い関係が途絶えてしまいます。これは2000年前のイエスの言葉ですが、現代人の問題にも光を当てます。現代人は世の報いを期待し、神の報いなど必要としません。しかしそれでは賞賛や金銭に換算できるものは手にできても、生き方の深さを失い、浅く、低レベルの動物的な生き方にさえ堕してしまうでしょう。

　実のところ、自分の心の奥の問題は、1人になって神に向き合わなければ解決しません。魂の一番深いところにある、誰にもやすやすと言えない問題を神の前に持ち出す時、初めて解決に向かいます。その時、人格の厚さを増し、人の味わいも生まれます。人の賞賛を気にせず、神の前に孤独になってこそ、自分らしいクリエイティブな力が湧くのです。

　確かに人の前で良く振る舞うほうが、神の前で良く振る舞うよりやさしいでしょう。人の前での断食も同じです。人の前ではちょっぴり誤魔化し、だませます。仮面もかぶれます。しかし神をだますことはできません。神の前で自分を見つめ直すのは不安があり、もしかすると自分を裁かなければならないかもしれません。他方、「隠れたところにおられるあなたの父」、人間を超えるお方と向き合うのは厳しさがありますが、そこにまことの命の泉が湧いています。そのような人は大地に深く根を張った木と同じで、試練に耐えるのです。

4

マタイ2・1〜2

イエスは、ヘロデ王の時代にユダヤのベツレヘムでお生まれになった。そのとき、占星術の学者たちが東の方からエルサレムに来て、言った。

　ここに占星術の学者とあるのは、口語訳では博士となっていました。また彼らは3人の王であるとの説もあります。

マルコ・ポーロの「東方見聞録」に、この3人の王のことが出てきて驚いたことがあります。マルコ・ポーロは別にそんなことを調べに、イタリアのベニスから中国まで行ったのではありませんが、途中、今のイラクかイラン辺りの町で、昔その付近の王国の王たちが、救い主を求めて西方に旅立ったという言い伝えが残っていると記しているのです。

ユダヤやその近辺に残っていたり、ヨーロッパに残っているならともかく、やがてイスラム圏になってマルコ・ポーロの時代もイスラムが支配していた地域です。そんなイラクやイラン辺りの地元の王の話として、3人の王の話が残っていると1300年代に書いていて、本当に驚きました。ですから、クリスマスの3人の王の話は気のきいた作り話などではなく、かなり信憑性がある話なのでないかと思っています。

5

ルカ 1・26 ～ 38
わたしは主のはしためです。お言葉どおり、この身に成りますように。(38)

あるクリスマスに、19歳になったOさんが久しぶりに牧師館を訪ねて近況報告をしてくれました。Oさんは中学生時代に一家をあげて中国の福建省から来日し、高校時代に礼拝に出席するようになって大学生となった女性でした。

彼女はバイトで授業料とお小遣いをまかない、その上、家にお金を入れてきたそうです。それで土日もバイトで教会に来られなくなり、帰りはいつも終電という生活でした。人並み以上に働き、勉強とバイトに明け暮れる19歳でした。

来訪の前の年に、一家は三田線沿線に一戸建てを買いました。一家5人がフルに働いて一戸建てを手に入れたのです。その時、高校3年生の彼女だけが日本語が堪能なので、家の購入の交渉から契約まですべて責任を持ってかかわったのです。今後のローンの返済計画も、一家の先頭に立って高校3年生が銀行と交渉しました。恐らくそれは何よりも多くのことを学ぶ人生の研修、フィールドワークとなったことでしょう。たくましいです。

今、私が申し上げたいのは、中国から来てまだ言葉の不自由なこの一家を高校生の彼女が牽引したという事実です。彼女を知る人は、どこにそんな力があるかと思うでしょう。外見だけを見ると、とてもそんな人には見えません。ところが彼女はイエスを信じる者として、母マリアのように、「わたしは主のはしためです。お言葉どおり、この身に成りますように」と、自分の賜物と可能性を力一杯差し出しました。信じて進むなら、高校3年生でも不可能と思えることが可能にされるということを、私はそのクリスマスに知りました。

Ⅰテモテ2・9
婦人はつつましい身なりをし、慎みと貞淑をもって身を飾るべきであり、髪を編んだり、金や真珠や高価な着物を身に着けたりしてはなりません。

6

　この言葉をそのまま受け取ると、宝飾店に行って身を飾るのはだめ、美容院に行くのもだめ、最低限の身なりでがまんしなさいととられる可能性があります。しかしそれは、当時の社会と今とを混同して考えることから生まれる誤解です。

　当時の教会は貧しい人が多かったのです。今では考えられないほどの貧しさです。そんな教会に、キリスト教の高い倫理観に惹きつけられてギリシャ・ローマの裕福な上流階層や貴族も来るようになりました。意識の高い人が増えるに従い、教会に行くとハイクラスの人と交わりができるということで、社交を求めて来る人たちも生まれたのです。伝道の使命が後退して信仰生活が社交になると、人々は信仰よりも身なりに気を遣うようになり、手の込んだヘアー・スタイル、高価な真珠や金や宝石類の髪飾りを着け、目の覚めるような艶やかな、あるいは高価な服装を毎週取り換えて教会に来る人が現れます。これは、そういう風潮に対する警告なのです。

　教会に集っているのは、キリストに贖われた兄弟姉妹です。大半が生活に苦労し、食べ物も充分手に入らない貧しい生活をしているのに、ごく一部の人が、「髪を編んだり、金や真珠や高価な着物を身に着け」て、貧しい人に無関心なまま教会に集う。そんなことでいいのかということです。クリスマス、イエスはどんな所で誕生したのでしょう。その誕生をまず知

らされたのはどんな人たちだったでしょう。イエスは誰の友となられたのでしょう。クリスマスは信仰の原点を覚える時です。

7

ルカ 15・11～24
急いでいちばん良い服を持って来て、この子に着せ、手に指輪をはめてやり、足に履物を履かせなさい。(22)

父の大事な指輪が、垢(あか)にまみれてささくれだった子の指にはめられたのです。れっきとした息子であるという徴(しるし)です。王子のように大事に育てられ、細くしなやかな長い指と、整った手を持つ息子だったのが、何年かの間に、当時の社会では忌み嫌われた豚飼いにまで落ちぶれ、食べるものにも窮する極貧生活者となりました。手はアカギレて皮がむけ、血豆ができ、爪の間に黒い土が挟まっており、息子は将来に希望をなくした男になって帰って来たのでした。

その息子に、「さあ、これをはめて！」と父は言い、指輪をはめたのです。この指輪は、「あなたはわたしの愛する子」「あなたはわたしの貴い、愛する子、わたしはあなたを選び、決して見捨てない」との徴です。「恐れるな。わたしはあなたと共にいる。たじろぐな」と、指輪は語るのです。「あなたはわたしにとって貴く、わたしはあなたを愛し、共にいる」「わたしの口から恵みの言葉が出されたならば、その言葉は決して取り消されない」「見よ、わたしはあなたをてのひらに刻みつける」と。これらは旧約聖書の言葉ですが、指輪はこれらの言葉の確かな徴です。

息子の指にはめられた指輪は、先ほどまで父の指にはめられていたものです。それは父の生涯をかけた血と涙と汗の象徴です。イエスの十字架は、あなた方を決して捨てないとの神の指にある指輪だと言ってよいでしょう。この指輪は、洗礼で約束される救いの確かさを意味しています。私たちは洗礼によって、神にある見えない指輪を指にはめていただいたのです。そこには、「あなたはわたしの愛する子、わたしはあなたを決して捨てない。恐れるな。たじろぐな」という言葉が刻まれています。洗礼を受けた私たちは、そのように刻まれた見えない指輪をいただいています。生涯、それを大事にしましょう。

307

ローマ 5・5
わたしたちに与えられた聖霊によって、神の愛がわたしたちの心に注がれているからです。

　放蕩息子は、父からもらった財産を浪費し、一文無しになって帰りました。本来なら父に顔向けできず、1歩も敷居をまたげないはずです。しかし父の愛は無限で、このような男にも変わらず続いていたのです。
　昔、結婚したが妻を愛せず、それが原因で信仰に挫折し離婚した牧師がいました。牧師もやめてしまいました。ただ聖書の研究は続けていました。ある時、今日の箇所をギリシャ語で調べていて、「注がれている」という言葉が現在完了形で書かれていると気づきました。
　どういうことか。自分は洗礼を受け、聖霊を与えられ、神の愛をいただいたが、信仰に挫折したので神の愛を失い、信仰も失ったと思ってしまった。ところがその自分に今も聖霊の働きが続き、神の愛が注がれていると知ったのです。1人の人を愛せず、神の愛を無にして挫折した人間なのに、愛は今も、私の心に注がれていると悟ったのです。ならば人間的挫折を超えて、再び、神の愛に導かれて人を愛してみよう、再び挑戦しようと示され、改心して、牧師に復帰しようと決意しました。
　この方も一種の放蕩息子だったのでしょう。父なる神からいただいた信仰の財産をすっかり使い果たしたと思い、一文無しの信仰者になったと悲観し、神に顔向けできない、許されない、敷居をまたげない人間だと自分を責めて、牧師をやめたのです。しかし父なる神の愛は放蕩息子の譬えと同様、いつまでも、挫折した自分を待っていたのです。聖霊によって、今も、後も、とこしえに、愛が注がれているのを知ったのです。
　神の愛は、今も、後も、どこまでも私たちに注がれています。私たちが神に帰ることは、死んでいたのに生き返り、いなくなったのに見つかったことだとイエスは言われ、共に食べて祝おう、さあ、祝宴を張ろうと言われるのです。

9

ルカ6・20～23

イエスは目を上げ弟子たちを見て言われた。「貧しい人々は、幸いである、神の国はあなたがたのものである。……」(20)

　自分は不遇な所に置かれている、損をしていると思っている人はいないでしょうか。自分はなぜこんな嫌な性格なのかと悩む人もいるかもしれません。

　ルカ福音書は、マタイ福音書に比べて不遇な立場にあります。マタイは新約聖書のトップに置かれ、世界の人が新約を開いてまず目にするのはマタイで、注目度が最も高いです。しかもルカは24章だけですが、マタイは28章もあり、長さの点でも見劣りがします。ですから、ルカはマタイの陰にあって日陰者の姿をしています。ルカのこの箇所に絞ってみても、あるのは4つの幸せですが、マタイ5章には8つの幸せが堂々と記されており、しかもマタイの方がダントツに有名です。

　両者のもう1つ大きな違いは聴衆です。今日のルカは、「イエスは目を上げ弟子たちを見て言われた」とあって、弟子たちだけに語っていますが、マタイでは、弟子たちと共に一般の大群衆に語っています。

　ルカは不遇だ、日陰者だと申しました。これはルカの短所です。しかし、同時にここにルカの長所があります。というのは、ルカはマタイ以上に、イエスが親しみを込め、個人的に、face to face で、弟子たちに語っておられるからです。顔と顔、目と目を合わせ、親密に語りかけておられるようすが手に取るようにわかります。

　物事は努めていろいろな方面から複眼的に見ることが大切です。別の観点から見れば、そこに、すでに恵みが届いているかもしれません。一見して不遇だ、見劣りがするという中にも長所があり、神の恵みが隠されているかもしれないのです。必要なのは隠された恵みを見る目を与えられることだけかもしれません。その目を与えられるように祈りましょう。

10

使徒 12・6〜11

今、初めて本当のことが分かった。主が天使を遣わして、ヘロデの手から、またユダヤ民衆のあらゆるもくろみから、わたしを救い出してくださったのだ。(11)

仏教に、「明珠在掌(みょうしゅたなごころにあり)」という言葉があります。光り輝く明るい珠(たま)、宝物はすでに自分の手のひらにあるとの意味です。他を探していたが、すでに手の上にあったというのです。

私は、20年前とは考えが随分変わりました。前は、自分は何もないという思いが強く、焦る気持ちで毎日生きていました。自分の所に神の恵みを何とか強引に引っ張ってこなければ、恵みは来ないかのような焦る思いでしたから、当然不機嫌でした。近年は、自分のいる所にイエスが共におられると感じるようになりました。

妙な例ですが、たとえ地震が来ても、自分が逃げる所に柱が倒れかかったり、瓦が落ちて来たりしないという、奇妙な安心感で生きています。実際はどうなるか知りませんが、地震が来ようが、大粒の雹(ひょう)が降ろうが、私の頭を避けて雹が降ってくれるような、そんな気持ちです。

ペトロは2度目の投獄の時、今日の聖書にあるように、天使によって救い出されたとあります。天使は、番兵2人に挟まれ、鎖につながれて眠っているペトロを起こし、鎖を外し、番兵たちを眠らせたまま、第1、第2の衛兵所を過ぎ、重い門を次々と開いて外に導き出したというのです。この事件を経験した彼は、「今、初めて本当のことが分かった」と主の力を知って喜びの声をあげました。ペトロとは次元が違いますが、私もなぜか自分の前を主が先立ち歩いてくださっているような妙な信頼を抱くようになっています。ただ、あまり自信過剰にならないように心がけなければならないとも心しています。

いずれにせよ、「明珠在掌(みょうしゅたなごころにあり)」というか、イエスが一緒に歩んでくださっているという信頼を持つと、誰でも焦りが静められ、心に余裕が生まれ、緊張が解け、明るくなります。

11

Ⅰヨハネ4・10
わたしたちが神を愛したのではなく、神がわたしたちを愛して、わたしたちの罪を償ういけにえとして、御子をお遣わしになりました。ここに愛があります。

「あなたがたのために救い主がお生まれになった」(ルカ2・11) というクリスマスの知らせは、闇に光が照り輝く出来事でした。飼葉桶の幼子イエスから、私たちに光が射していますが、それは柔和、優しさ、平和、希望、そして信頼の光です。これらはいわばクリスマスの香りです。

こんな言葉を読みました。「神は世界の技術援助のために専門家を派遣されませんでした。食糧支援や古着をお送りになりませんでした」。そうではなく、愛を送られました。人々に愛が必要だからです。誰でも人として尊厳を持っていることに気づかせるために、小さな乳飲み子を徴(しるし)としてお送りになったのです。

神はひっそりと来られます。飼葉桶の乳飲み子を見て、誰が神の御子と思ったでしょう。羊飼いたちは天のみ告げを聞かなければ、この乳飲み子を目にしても神の御子と認めなかったでしょう。神は、乳飲み子の内に隠れておられるのです。このことは何と喜ばしいことでしょう。神のなされることの奥深さに心打たれます。

神は静かな夜、弱さの中、全く無防備な乳飲み子の姿で来られます。だから私たちは沈黙し、深く静まり、そっと耳を傾け、祈らなければ、来ておられるのかどうかさえもわからず、通り過ぎてしまうでしょう。

12

マタイ4・1〜11
人はパンだけで生きるものではない。(4)

悪魔は物質主義者ですね。この聖句は、悪魔の浅はかさへの鋭い指摘です。彼は高貴な精神を欠く存在です。人を皮相的に、物質によってしか見ていないのです。だから悪魔なのでしょう。しかし、彼の物質主義にうまく丸め込まれる人が、今日なんと多いことでしょう。

椋鳩十(むくはとじゅう)の童話に、「さいごのワシ」というのがあります。南アルプスの

険しい山あいの絶壁に住む2羽の大ワシで、翼を広げると3mにも達する空の王者です。山奥に人間が入り、自動車道が網の目のように作られ、小動物が激減し、最後に残った大ワシです。童話の最後に、1羽が猟師によって撃ち落とされ、もう1羽は片方の翼を撃ち砕かれて生け捕りにされます。その場で殺すより見世物にするほうがいいというので、大きな檻に入れられ、毎日柔らかな美味しいウサギの肉をあてがわれます。ところが、ワシは食おうとはしません。15日たち、いかに腹を空かしても一片の肉切れも口にしません。一度は新しい肉を嘴にくわえたので人々はホッとします。ところが、くわえた肉を、なんと、オリの鉄格子めがけて投げつけました。「こんなもの、食えるか！」と言わんばかりに。こうして飢えは絶頂に達し、25日目に狩人が新しい肉を持っていくと、ワシは鉄格子にガッと噛みついていました。朝日がランランと開いたワシの目に映えて、金色に光っていました。その目はギラギラと激しい怒りを含んでいるようでした。恐る恐る近づいてもワシは動こうとしません。さらに近づくと、ワシは睨むような目をむいて、鉄格子に噛みついたまま、冷たくなっていたのです。

　ワシでさえ物欲で生きないと語りたいのでしょう。ましてや人は物欲のみで生きるようには造られておらず、もっと高貴な存在に創造されています。だから「人はパンだけで生きるものではない」のです。

詩編 39・5 〜 13
わたしは御もとに身を寄せる者　先祖と同じ宿り人。
(13)

13

　ダビデの詩です。先祖とは彼の先祖イスラエルを指しますが、それに限定する必要はなく、人類の先祖らと「同じ宿り人」だと解していいでしょう。私たち万民は皆、地上では一時の宿り人です。50億年ほどの地球の歴史からすれば人生は一瞬の宿りにすぎず、極めて短く地上に身を置かせていただいているだけです。しかし、100年ほどの人生にも、私たちは大地震、大津波、台風、山火事、噴火、疫病の流行、その他さまざまな自然災害や異変に遭遇し、前人未到の時代が来たと思えることさえ起こります。

すると、神はなぜこんな試練を与えるのか、無垢な子どもまで巻き込み、どうしてこんなひどい災いを与えるのか。神はいるのか、神は正義か……と、人はつぶやきます。恐らくそれは当然な疑問であり、つぶやきでしょう。

だが冷静に考えれば、私たちは世の一時の宿り人にすぎず、各人は一瞬この世に住まわせていただいているにすぎないのです。神は宇宙と万物を造られましたが、そこには当然神の意図があり、森羅万象をみ心によって維持し、できるだけ混乱が少なく営もうとしておいででしょう。もちろん神には1人の人も尊い存在であり、人類の滅亡を意図されません。しかし、溝に枯葉がたまると時々掃除が必要なように、この宇宙と大自然の営みを維持する手立ては必須で、地震も噴火も他の自然現象も大災害を最小にするために必須なのでしょう。それに比べて、人類が引き起こす戦争、化学物質による地球汚染、環境破壊、人体と生命体への異常介入は、神の自然の営みと違ってはなはだ危険です。そこには競争原理が潜み、人類そのものを滅ぼしかねないところがあります。

ダビデが歌うように、宿り人として神の前に慎ましく留まることこそ、最も賢明かつ安らかな生き方ではないでしょうか。

ヤコブ3・18
義の実は、平和を実現する人たちによって、平和のうちに蒔かれるのです。

14

紛争を生む人が平和を語っても、ポーズだけで平和を生みません。平和を生むには、平和的態度で平和を求め、平和を祈って平和を蒔くべきです。

原爆の語り部、沼田鈴子さんは、大阪一の荒れていたある高校の生徒らに話すことがありました。それは彼らに大きな影響を与えますが、沼田さん自身が彼らとの出会いで変えられました。沼田さんは荒れている高校生を前に、被爆時の状況や戦争の憎しみを語るより、戦後の自分のありのままの姿、被爆後の自分の生きて来た道を語ろうと思いました。人を憎み、荒れていたこと、挫折の苦しみ、そして魂の根っこがすっかり腐ってダメになっていたこと、それがいろいろな人との出会いで立ち直ったことを。

やがてこのことがきっかけとなり、沼田さんは毎年平和公園のアオギリの下で、アオギリに起こり自分に起こった話を人々に語り始められました。そのアオギリは被爆して黒焦げになり、伐採の話も出て一度は死んだかに見えたそうですが、その木から芽が出て見事に復活したのです。そのアオギリに自らの人生を重ねて、絶望的になっていた自分も生きてみようと奮い立ったことを語ったのです。

これが、平和公園のアオギリの前で、1人のキリスト者として、彼女が平和の種を蒔き始めたきっかけでした。その後、沼田さんは老人ホームに入りましたが、その「アオギリの話」を聞きに次々と訪ねて来る人に、88歳の最晩年まで平和の種を蒔き続けたそうです。

一度は人生に腐りきり、ヤケになり、心が荒れたのですが、キリストに救われ、やがて平和の種を蒔く人になったのです。沼田さんの場合は、単に原爆の被害者の話ではなく、アジアの多くの人たちを過酷な目にあわせた加害者の話でもありました。沼田さんはイエスと出会い、心に平和を与えられた者として、「平和のうちに」、平和を祈って、平和の種を蒔いたのです。

15

ルカ 17・1〜4
これらの小さい者の一人をつまずかせるよりも、首にひき臼を懸けられて、海に投げ込まれてしまう方がましである。(2)

ある年配の女性が洗礼を受けました。その方が祈祷会で初めて祈られました。「自分は日本に帰らず、長く外国に住むこともできましたのに、何か日本に帰らねばならない思いが募って帰りました。それは、あなたに日本でお会いし、洗礼を受けるためだったと今、知りました」。この祈りを聞きながら、私はこの方をつまずかせるより首に石臼をくくりつけられて海底に沈められる方がましだ、つまずかせてはならないと肝に銘じました。当時は事情を知りませんでしたが、重い苦悩を背負っておられる、どこか孤独が漂う方でした。

ところがそれから20年ほどたち、最近その方から、息子たちに再会しましたという喜びの手紙をいただきました。息子たちが立派に成人し、お

母さんに会いたいと言って来たのだそうです。結婚歴があるのを知りませんでした。どんなにか大きな打撃を受け、夫と離婚し、子どもたちと離れ、試練を背負って生きて来られたかを知りました。それと共に、昔は耐えられないほどであった試練が、何十年も経って喜びに変えられていたようすを知りました。キリストが状況を変えてくださっていたのです。

　首に石臼をくくりつけられ、海底に沈められる方がましであるとは、キリスト者に手を出せばひどい目に遭うぞという脅しとすら感じます。キリスト者を熱く愛するがゆえの真剣さです。神を仰ぎ、キリストを主と告白する神の子たちを罪に誘い、罪を犯させる者は、海底数メートル、いいえ、数千メートルの深海に首に石臼をつけて沈められる方がましだというのです。そこまでキリストにある者は守られているということでしょう。まるで瞳のごとく大事に守ってくださるのです。何と真実にあふれたキリストの愛でしょう。

ルカ 17・5〜6

16

もしあなたがたにからし種一粒ほどの信仰があれば、この桑の木に、「抜け出して海に根を下ろせ」と言っても、言うことを聞くであろう。(6)

　ある神学者は、100％人事を尽くす時、神が働いてくださることがあると言います。その時、不可能が可能にされる時があるというのです。信仰は神への丸投げではなく、棚からぼた餅でもありません。もちろん、人事を尽くしても聞かれないこともあります。いや、どんなことも聞かれるのであれば神は人間の奴隷同然です。そんな神は神ではありません。しかし、人事を尽くす時、不可能が可能にされることがしばしば起こるのも事実です。パウロは、「キリストの愛がわたしたちを駆り立てている」（Ⅱコリント 5・14）と言い、「わたしたちが正気でないとするなら、それは神のためであった」（13）とも言います。自分の欲に駆られて常軌を逸するのではなく、神と隣人への愛のために常軌を逸するのは特に大事です。

　ＮＨＫの連続テレビドラマ「花子とアン」の主人公村岡花子の父は信仰者で、常軌を逸するタイプでした。ですが父の愛が偉大だったから、あの花子が育ったと思います。

ある女性の話です。彼女は孫のことになると行動が尋常でなくなる人で、時に役所の課長に直談判し、保育園の人らを困らせもしました。通園しつつ、週数回、50分ほどかかる大学の幼児グループに、また1時間半はかかる小児療育センターにも連れ出していました。1日3万歩以上歩く日もあり、発達の遅い孫のためとはいえ、人には異常な人に映ったでしょう。ですが一度も不平を言わず、孫と歩きながら草花を楽しんだり、立ち止まって一緒に空の雲を眺めたり、自動車修理工場やマンションの建築現場でしばらくいろいろな機械や自動車や働く人を眺めたり、2人で楽しんで来るのでした。

尋常でないほど人事を尽くす愛に生きると、神はからし種ほどの小さい信仰を用いて何かの実を結ばせてくださることがあると、そのお孫さんのその後の経過から知りました。桑の木が抜け出して海に根を下ろすことはなくても（ルカ17・6）、お孫さんが社会に根を下ろすのに十分なことがなされているようです。

17

ルカ 17・7 ～ 10
あなたがたも同じことだ。自分に命じられたことをみな果たしたら、「わたしどもは取るに足りない僕です。しなければならないことをしただけです」と言いなさい。
(10)

新米牧師の頃、島原の高齢女性の証しを聞いたことがあります。敬虔な信仰者で、日曜の礼拝のために、金曜日は銭湯に行き、身を清めてみ前に出ますと言われました。毎日風呂に入れなかったからですが、聖なる方のみ前に出るので、いわばお殿様の御前に身を清めて出るように神さまのみ前に出るのですと証しされたのです。私はいたく感動して、聖なる主の前には、聖なる思いで謹んで出なければならないと反省させられました。これは礼拝に与る基本の心でしょう。

また別の機会に、重度の弱視の方が、自分はよく目が見えないので、予告されている聖書を数回繰り返して読んで出席しますと言われ、この方にも教えられました。駆け出し時代、説教準備に聖書は読みますが、すぐに難しい注解書を読み、それで考えて説教していました。何度も聖書を読み込み、自分の考えで説教するのではなく、いわば注解書や神学書の受け売

りです。この方からも、キリスト者とは何かの基本を学びました。2人共学歴など問題ではありません、その信仰に教えられました。もし教会につながっていなければ、こういう信仰生活の素朴な奥深いところはわからずにいたでしょう。

明治時代のある信徒の話です。彼は日曜日は皆より一足先に教会に着いて下足番をしていました。昔は草履や下駄の生活です。下駄の種類は多くなくて間違えやすく、大きな教会だと下足番がいります。道も舗装ではなく、雨の日は下駄も足も汚れます。下足番は雑巾を貸し、札を渡し、下駄箱を整え、後始末もする奉仕で、当時で言う下男の仕事です。その方は下男の仕事で教会に仕えました。知らない人は、帰りに、「おい君、そこの下駄を取ってくれ」などと言いつけたのですが、実は男は国会議員でした。しかし腰が低く、キリストに仕えるように人々に仕えたのです。

ヨハネ 1・1 ～ 5
光は暗闇の中で輝いている。暗闇は光を理解しなかった。
(5)

18

闇が力を振るう時にも、光は輝いています。イエスは、「あなたがたには世で苦難がある。しかし、勇気を出しなさい。わたしは既に世に勝っている」（ヨハネ 16・33）とも語られました。キリストは必ず最後的に勝利します。ユダの裏切りでイエスは逮捕され、大祭司の官邸に連行されました。しかし、闇が力を振るう時も堂々としておられました。最後的な勝利を既に手にしておられたからです。暗い夜であり、暗い時代ですが、イエスは堂々と、悠然と立っておられました。彼らはイエスを逮捕しますが、「天地は滅びるが、わたしの言葉は決して滅びない」（マタイ 24・35）と語られたお方は、揺るがぬ真理を持って堂々とどこでも歩まれるのです。

あるキリスト教系の大学で 1 人の教授が追放されました。誠実で温厚な人でしたが大学のある方針に対して良心を曲げず、その結果大学を退きました。しかしこの人はその後も、何ごともなかったかのように大学に来ては、図書館を利用していたそうです。自らやましいところがなく、大学側に狭量があるので、大学のキャンパスに入っても、悠然と、堂々として歩

き、生きられたのです。もしかすると、彼を追放した教授たちの方が、彼の姿を見て、コソコソと隠れるように足早に去ったのではないでしょうか。

　福音書はイエスについて、まるで荒磯の岩に砕けて飛び散る波のように、逮捕の時も、ここに厳然と不動を貫かれたと告げています。繰り返しますが、それはたとえ闇の時も、闇の中にも、光が存在し、その光は何ものも滅ぼせないからです。

19

詩編 72・1 ～ 4
神よ、あなたによる裁きを、王に　あなたによる恵みの
御業を、王の子に　お授けください。(1)

　詩編72編は1節に「ソロモンの詩」とあります。ソロモン王は、正しい裁きをする力をお与えくださいと、また、王の子に、あなたによる恵みの業（わざ）を行う力を与えてくださいと祈りました。「お授けください」とは、寄贈してくださいの意です。自分に少しその力があるけれど足りないので補ってくださいというのではなく、私も、私の子どもも手に何も持っていません、ですからあなたから授けられとうございます。……これがソロモンの心です。彼は大王ですが、そうした低い思いで祈っています。

　列王記上では、彼は神に、長寿や富でなく、訴えを正しく聞き分ける力をお授けくださいと祈っています（3・6-14）。人の話をよく聴き、訴えの真相を聞き分ける力です。今の日本では、健康と長寿と富が求められていますが、もっと大切なものがあると、若いソロモン王は気づいていたのです。約3000年前の王ですが、実に立派です。主はそれを喜ばれたとあります。

　この詩編でも、民の訴えを正しく取り上げ、貧富を分け隔てせずに正しく裁くことと、国土（山々）が平和と恵みをもたらすようにと願っています。「国土に平和」でなく、「国土が平和を」もたらすことです。王が山や丘を正しく管理し荒廃させなければ荒れるわけがなく、国土が民に平和をもたらし、恵みをもたらします。しかし戦乱に明け暮れ、乱開発を行い、現代風に言えば商業ベースの金儲け主義の政策を行うなら、山も丘も崩れ、民は苦しむでしょう。

自然への真の畏敬がないなら国土は荒廃し、平和も実現しません。

20

マタイ2・1〜12
彼らが王の言葉を聞いて出かけると、東方で見た星が先立って進み、ついに幼子のいる場所の上に止まった。学者たちはその星を見て喜びにあふれた。(9-10)

　3人の学者が星に導かれて東の国からやって来ました。星が人の頭上を遥かに超え、沈黙をもって輝いています。一言も物言わずに輝いています。真理は物を言いません。しかし、人を惹きつけるほどの輝きを持って雄弁に人を導くのです。

　神は、人類にキリストを押しつけられません。もし神が独裁者のようであるなら、私は信仰を持たなかったでしょう。神は、私たちが人格的に自由に応答することを待っておられるのです。この学者らの物語を読めばよくわかります。キリストは人間の方から探し出されるのを待っておられるのです。他方、真理は光を放ってその人の探索を導きます。人々は心に語りかけられる真理の光、真実の光に導かれて必ずキリストの許へと導かれるのです。

　このようにキリスト教は、真理、真実を大切にし、虚偽や不真実を忌み嫌います。憎んで、自分の不真実を砕いてくださいとさえ祈り求めるのです。このクリスマス、虚偽や不真実や虚構がまかり通る現代に、真実が輝きを取り戻すように切に祈りましょう。

21

ルカ17・20〜21
神の国はあなたがたの間にあるのだ。(21)

　大都市パリのカタコンベ（地下共同墓地）を見学したことがあります。地下40mほどに無数のトンネルがあり、約600万人の遺体が埋葬されています。250年前から100年ほどかけて作られた地下の無縁墓地です。見学は私1人ぐらいだろうと思って行ったら、老若男女100人以上が長蛇の列を作って入場待ちでした。地下まで降り、高さ3mほどのトンネルをし

ばらく行くと、両壁に頭蓋骨と大腿骨などで整然と垣根風に壁が作られ、方々に枝分かれして延々と続きます。枯れていますが、すべて本物の頭蓋骨と手足の骨です。手足の骨は薪のように束ねられ、頭蓋骨が列を作って嵌め込まれていました。

すべて手で触ることができます。1つ1つの頭蓋骨は各人が生きた証拠、尊厳を持つ個人です。私は思いを深くし、しみじみとある頭蓋骨に触れ、目のくぼみや上顎に優しく触れながら、その方の存在、その方に起こったであろう人生の悲喜劇を思って、そこから離れられませんでした。祈りなしに一瞬もいることができない厳粛な場所です。頭蓋骨を持ち上げると、骨はすっかり枯れて400ｇほど、大腿骨は200ｇほどです。地下は迷路で、迷い込めば絶対出ることはできません。実際、禁を破って奥に入り、死体となって見つかった人がいたそうです。

その墓所で思ったことは、人の本質は痛いほど1人だということです。家族という共同体はあり、その価値は非常に貴いのですが、永遠的な意味では1人です。子どもが小さい時は養育責任が親にあり、安心して暮らせる家庭を作ってあげる責任もあります。でも人の本質は家族と切れています。それを600万体の名も無き頭蓋骨、大腿骨から思いました。しかし他方、たとえ数百年経って完全な無縁になっても、神は個々人の命の源であり、神との関係は永遠に切れることはないとも確信したのです。

「私たちの唯一の慰めは、私が、身も魂も、生きている時も死ぬ時も、私のものではなく、私の真実な救い主イエス・キリストのものであることです」（ハイデルベルク信仰問答）

22

ルカ 17・22 ～ 37
しかし、人の子はまず必ず、多くの苦しみを受け、今の時代の者たちから排斥されることになっている。(25)

今日の聖書箇所ではキリストの再臨について述べ、人の子は稲妻のように突如現れること、地震、津波や火山の噴火のような予知できない出来事を伴って突如来られると強調されています。しかしイエスは、弟子たちと私たちにそうした再臨のことを語りながらも、今は、まず目を向けるべき

ものがある、それは「人の子はまず必ず、多くの苦しみを受ける」ことであると注意喚起されるのです。人の子キリストの受難、十字架、死を強く強調なさるのです。このことは神の必然として必ず起こる、これは起こらなければならない、そのことにまず心を向けるべきである、と。

すなわち、キリストの十字架なしには、再臨にも世の終わりにも恵みの意味は生まれません。キリストの十字架の恵み、憐れみがあるゆえに世の終わりが恵みの喜びとして、人々に勇気を与える希望の日として現れるのです。もし人の子の受難、十字架がなければ、世の終わりは恐ろしいだけの世界の終末、カタストロフが襲う恐るべき裁きの日、最後の審判の恐怖の日として人類に襲いかかるでしょう。しかし、キリストは世界の苦難をご自分の身に負うことによって、世界の終末をむしろ喜びの時とされたのです。

イエスは、人間嫌いから自分の腹の毒気を吐き出されるような方ではありません。十字架にかかって呪われることによって、私たちの罪の毒を取り除いてくださったのです。そのことを弟子たちに語ろうとして、今日の言葉を語られたのです。25節は今日の箇所で最も重要な言葉です。

ルカ 17・28〜37

23

二人の男が寝ていれば、一人は連れて行かれ、他の一人は残される。二人の女が一緒に臼をひいていれば、一人は連れて行かれ、他の一人は残される。(34-35)

この世においては、こうした別れも起こります。ある人は救われ、ある人は取り残されるのです。ロトの妻のように後ろを振り返って塩の柱となった人もいます。関東大震災では多くの人が荷物を大八車に積めるだけ積んで逃げました。ところが、たくさんの荷物を積み過ぎて逃げ遅れ、しかもその荷物に火がつき、最後には自分にも火がついて焼死した人がたくさんいました。欲に駆られて振り返って取り残される、それが私たち人間です。

しかしたとえ塩の柱になっても、イエスの死、贖いの死が私たちをすっかり覆ってくださらないはずがありません。「死体のある所には、はげ鷹も集まる」(37)。でもそこにイエスがおられるのです。十字架の主がいて

321

くださるのです。なんと値なき高価な恵みでしょう。その高価さに驚きます。たとえ償い切れないことを起こしてしまっても、主は、「償い方なかりしかば、憐れに思い、ことごとくその負い目を赦したり」と、ご自分の十字架と引き換えにお赦しくださるのです。神の独り子の命と引き換えにお赦しくださる。

マタイ18章には、1万タラントンの負債が赦された僕（しもべ）の話が出てきます。今に換算すれば6000億円ほどの高価な赦しです。イエスの苦難と死が、私たちの罪を包み、贖ってくださるのです。憐れみ豊かに扱ってくださるのです。そのためにこそ、「人の子はまず必ず、多くの苦しみを受け」（ルカ17・25）ねばならないと語られるのです。

12

24

エフェソ4・2〜3
一切高ぶることなく、柔和で、寛容の心を持ちなさい。愛をもって互いに忍耐し、平和のきずなで結ばれて、霊による一致を保つように努めなさい。

街にはクリスマスの彩り（いろど）である赤、緑のクリスマス・カラーがあふれています。近年は、発光ダイオードの黄金色もクリスマス・カラーの仲間に加わって街路樹を飾っています。街ゆく人々は、クリスマスの赤はキリストの苦難と血を意味し、緑は、永遠の真実、誠実、平和を意味するなどとも知らずに、ただお祭り気分に浸っているように見えます。また、クリスマシー・セント（クリスマスの香り）というのがありますが、これは愛、平和、信頼のクリスマスの香りが社会に漂うことで、人々の胸に愛、平和、信頼が生まれることを願うものです。

クリスマス・イブには明かりを消し、美しい光の中でキャンドル・サービスをしますが、これは1つの象徴です。世の闇の中にまことの光が輝いている徴（しるし）。そのまことの光は決して闇に負けない徴。闇とはこの世の闇、人々の闇ですが、自分の心の中にも巣食っている闇です。闇の力は強大です。しかし決して真理の光であるキリストに打ち勝つことはありません。いかに闇の力が私たちを打ち倒そうとしても、恵みの光は闇の中に輝きます。私たちは闇に圧倒されることはないのです。

そのような象徴を示すために、イブ礼拝では講壇に灯（とも）されている大きな

キャンドルの火から会衆の1人ひとりに火が分けられます。講壇の大きな火はキリストの火です。そのキリストの火を1人ひとりが受け取り、来年に向けて、自分と人々の心にキリストの愛と平和と希望の火が灯ることを祈りましょう。

ルカ2・1〜7
宿屋には彼らの泊まる場所がなかったからである。(7)

25

　聖家族は宿に泊まる場所がなく、人の居場所ではない家畜小屋の、臭く、寒々した、湿った暗い片隅をあてがわれたのです。お金を積めば宿の一室を与えられたでしょうが、家畜との相部屋でした。神の子イエスはそんな場所で呱々の声をあげられたのです。神の子イエスは、この世に居場所がない人らの所に来られました。「闇の中を歩む民は、大いなる光を見　死の陰の地に住む者の上に、光が輝いた」とイザヤが預言したとおり（イザヤ書9・1）、人々に光を照らし、希望を与えるためです。馬槽に神が来られたのです。皇帝や大王の御殿でなく、悩みの多い、陽の当たらない世界に住む人たちの所に、まことの神が来られたのです。

　この世に居場所のない人や日陰で暮らす人が、今も多くいます。自分の家だが居場所がなく、母や妻だが居場所がなく、父や夫だが居場所がなく、子どもだが居場所がなく、職員だが職場に居場所がない方がたくさんいます。肩身が狭く、不安で、辛抱しなければならず、辛いでしょう。戦争や紛争で居場所を失った難民も多数います。原発の事故で居場所がなくなった人もいます。世界には、どこにも身を寄せる場所がなくなった人、泣いている人があちこちにいるのです。

　イエスが馬槽で生まれたのは、そのような、居場所や身の置き所がない人たちの隣人となるためです。苦しむ隣人と出会い、真理の道となって励まし、ご自分の命の光で生きる喜びを与えるためです。イエスは今も馬槽におられます。決して諦めたり、絶望してはなりません。あなたのことが覚えられているのです。あなたの友となり、兄弟となっておられるのです。そしてそのイエスはすでに、闇に勝利しておられます。

26

エレミヤ書13・1～11

人が帯を腰にしっかり着けるように、わたしは……わたしの身にしっかりと着け、わたしの民とし、名声、栄誉、威光を示すものにしよう、と思った。しかし、彼らは聞き従わなかった。(11)

　主が誉れとされるのは、人間国宝が織ったような立派な帯や天皇に献納されるような帯ではなく、普通の市井の人々が普段に付ける帯です。その帯は綿でも、化学繊維でもよいが、帯の使命を果たさなければならないのであって、朽ちて使い物にならないのでは話にならぬということです。

　エレミヤが語るのは、ユダの人たちは、主の前に人間としての生き方や信仰のあり方で襟を正さなければならないということ。神は愛だからどんな私も受け入れてくださる、卑しく愚かな私も受け入れてくださるという信頼は大事でしょう。しかし、だからと言って私はどう生きてもいいのだ、努力も悔い改めもいらない、自分の利得だけを考えて生きればいいのだということにはなりません。キリスト者は襟など正す必要はないという考えになれば大間違いです。

　エレミヤの時代、ニセ預言者は偽りの預言をし、祭司は富をかき集め、身分の高い者から低い者に至るまで利を貪り、そんな中で、「主は何もなさらない。我々に災いなど来ない」と語り合っていたのです。そうなればもう、彼らを待つのは滅び以外ではありません。ユダの人らは朽ちた帯のように使い物にならず、誉れどころか、神の名を汚す存在になっていたのです。

　主に愛されているということを真剣に受け取るなら、私たちは自分を切磋琢磨すべきです。硬度の極めて高い珠や石を削ったり磨いたりするように、我が身を磨き、削り、鍛錬したいものです。キリストの誕生は腐敗や傲慢でなく、切磋琢磨の喜びを与えてくれるのです。

27

イザヤ書9・1

闇の中を歩む民は、大いなる光を見　死の陰の地に住む者の上に、光が輝いた。

　ある日の礼拝後の学び会で、非正規労働者の問題を話し合いました。い

ろいろな人の発言から、1人では考えつかないことを学べて幸いな時でした。

　政府は、企業が元気になり、会社が儲かるようにという考えで、次々と新しい政策を連発してきました。しかしその陰で多くの若者が非正規労働になり、懸命に働いても当たり前の生活ができない状態に置かれています。当たり前とは、長時間の過重労働を強要されず、まっとうな賃金を得て、望めば結婚もできる、そんな当たり前です。しかし悲しいことに経済の論理が優先されて人間が卑しめられ、低くされているのが現実です。

　イザヤが活動した2700年前のイスラエルと今の日本の状況は違いますが、「闇の中」を歩み、「死の陰の地」に住む人々の現実には驚くほど共通するものがあり、驚かされます。

　そうした中で、今日の聖書は、「闇の中を歩む民は、大いなる光を見死の陰の地に住む者の上に、光が輝いた」と語ります。希望の光があなた方の上に昇り、あなた方は必ず大いなる希望を与えられる。人生に絶望するな、主はあなた方に味方し、必ずや道をお示しくださると預言するのです。

　クリスマスの主が、暮らしにも人生にも行き詰まり、悩む人々の前途を照らしてくださるようにと祈りましょう。

28

イザヤ書9・1〜6
ひとりの男の子がわたしたちに与えられた。(5)

　ヘンデルの「メサイア」が演奏される季節です。キリストの誕生の預言から、その生涯と永遠の命までを歌うオラトリオです。長いので全曲演奏されることはほぼありませんが、いかに省略されてもこの5節は必ず歌われます。彼は、5節を小気味よい出だしで始め、やがて印象的で、大胆な大合唱となるすばらしい曲に仕上げました。5節の深い意味を知っていたのでしょう。

　ヘンデルは52歳の時に脳卒中で右半身不随になり、認知能力が落ちて演奏活動ができず、人生最大の危機を迎えて再起不能と思われました。

リュウマチ、ノイローゼ、その上に脳卒中。ところが彼は不屈の闘志で病気とその後遺症と闘ったのです。ドイツのアーヘンで徹底して温泉治療に励み、大変な意志力でリハビリをし、半年後、奇跡的に回復してオルガン演奏ができるまで再起しました。ところが、せっかくの再起でも演奏旅行がうまくいかず、坂を転げ落ちるように零落して借金取りに追い回されることになりました。

　ある夜、借金取りを逃れて街をさまよい、疲れて帰ると一通の手紙がきていました。聖書の言葉が並べられた私信の作曲依頼です。ところが彼は絶望のあまり腹だち紛れに破り捨てます。そして眠りにつきますが、眠れぬ夜に苦しみ、ふと破り捨てた紙切れを拾い上げると、そこに「慰めあれ」という言葉があったのです。彼は思わず飛び起き、もう一度見ると、汝に「慰めあれ」と語る神の言葉があったのです。

　彼は絶望のどん底で、与えられた命を感謝し、今、授けられた神の「慰め」を心から喜ぼうと悟り、この思いがハレルヤの大合唱となって全身を満たしたのだそうです。人生の闇の中、死の陰の地に置かれて、大きな希望の光を得た彼は、わずか3週間で「メサイア」を書き上げました。「メサイア」には彼のこの救いの経験、神との出会いの喜びが随所にあふれています。20回ほど演奏会で聞きましたが、彼の喜びの経験が随所から伝わります。

　ヘンデルは50代後半になって新しい境地を拓いたのです。何歳になっても、神の許しがあり、時が熟せば、どの人にも新しい境地が拓かれるでしょう。ただし「求めよ、さらば与えられん」。求めることなしには与えられません。

ルカ2・1〜7
宿屋には彼らの泊まる場所がなかったからである。
(7)

29

　イエスは、皇帝アウグストゥスから人口調査の勅令が出された時代に、ユダヤのベツレヘムの町でひっそりお生まれになり、布にくるまれて飼い葉桶に寝かせられました。宿には泊まる場所がなかったからです。「キリ

ニウスがシリア州の総督であったときに行われた最初の住民登録」(2節)ですが、住民の福祉のための登録ではなく、全住民から税金を取り立てるための基本調査です。

アウグストゥスは紀元前31年から紀元14年までの初代ローマ皇帝。帝国は、西はスペイン、東はシリア、パレスチナまで、北はドイツ、南はエジプトを始めアフリカ大陸の地中海沿岸全域を統治し、広大な国土を、シリア州、マケドニア州、アカイア州などと分けて統治しました。

「すべての道はローマに通じる」とは、一旦事が起これば、どの地域にも軍隊を急派できるように軍用道路を整えたからで、それが文化的意味にも転用され、すべての文化・物資がローマに通じるという意味にもなりました。

勅令は、戦前の日本にもありました。大日本帝国で天皇が臣民に絶対権力を持って発布した命令のことで、議会の審議も承認も不要でした。「神である天皇」が独断的に決定できたのです。同じように、ローマ皇帝も自分の肖像を刻んだ貨幣を発行し、そこにはアウグストゥスは「主である」、神であると刻まれていました。そして日本の戦前と同様、皇帝礼拝を強要しました。

ですから、今日の聖書箇所からは、当時の独裁者の姿を垣間見ることができます。他方、それとは対照的に、社会の底辺にいる人たちの姿も、今日の所や8節以下の羊飼いたちの姿に垣間見ることができます。聖書は確かに歴史書として見ても、かなり面白い発見があります。

ルカ1・38
お言葉どおり、この身に成りますように。

30

ポール・マッカートニーが作詞し、ビートルズが歌ったのが、"Let it be"という有名な曲です。世界的にヒットし、世界に"Let it be"を広めました。当時、日本の若者もこの歌に慰められ、希望を持ち、力を得たのです。今もこの歌を聞くと励まされる人たちがいます。

"Let it be"は、いろいろな意味が含まれ、日本では、「なすがままにして

置け」とか、「あるがままに」、更には「勝手にしやがれ」と訳されました
が訳しにくい言葉です。それにしても、"Let it be" が、聖書のマリアの言
葉と関係するのを知らずに訳している場合が多い気がします。知っていれ
ば、「勝手にしやがれ」とは訳さないでしょう。それは投げやりな運命論
です。欧米では、「お言葉どおり」と語った母マリアの言葉に重ねたから
大ヒットしたのでしょう。

ただ "Let it be" の訳が難しいのは、一説には、この歌詞はビートルズが
分裂状態になってマッカートニーが悩んでいた時、彼の亡き母が夢に現れ、
"Let it be" と囁いたということから作られたというのです。しかも彼の母
の名が、メアリーすなわちマリアなのです。そこでイエスの母マリアの
"Let it be" なのか、彼の母マリアが語った "Let it be" なのか、解釈によって
訳が違ってくるということになります。彼の母なら、「あるがままに」でも、
「なすがままにして置きなさい」でもあり得ます。

ただ、歌い出しは、「私は困り果てた時」とか「暗闇にいた時」という
言葉で、途中に「夜空が曇って、星は見えなくても」という、いかにもイ
エスの母マリアの苦い状況を思い浮かばせる言葉が散りばめられ、どのマ
リアかを紛らわしくさせます。私はマッカートニーの母が夢に現れて、ど
んな意味で "Let it be" と語ったか知りませんが、イエスの母マリアが語っ
た "Let it be…（お言葉通り、この身になりますように）" は、希望に満ちた言
葉でした。ここには、神への静かで美しい信頼があふれています。この静
かな信頼が大胆な言葉になったのです。これまで隅っこで、小さくなって
いた、田舎の若い乙女でしたが、この言葉には神の御言葉に信頼した人間
の逞しさ、晴れ晴れとした大人の姿が漂います。マリアの言葉に、新年、
希望を得て歩みましょう。

31

黙示録 22・6〜21

「然り、わたしはすぐに来る。」アーメン、主イエスよ、
来てください。主イエスの恵みが、すべての者と共にあ
るように。(20-21)

新旧約聖書全 66 巻の最後に記されたみ言葉です。

黙示録は、世の終末に起こる預言が書かれていると言われたり、ローマ

帝国下の激しい迫害時代に、信仰者らを励ますために暗喩的な言葉で励ましが書かれたと、言われたりします。いずれにせよ、聖書の最後は、勝利の宣言で完結するのではなく、両手をキリストに差し出しながら、「主イエスよ、来てください」と、切なる願いをもって祈る姿で終わるのです。

　21世紀も半ばに向かう昨今、キリスト教徒にとってこの祈りはもっとも大切な祈りと思います。国境が緩やかになって世界が国際化し、多様なものの存在が等しく認められる時代になったかに見えた矢先、大国による恐ろしい侵略戦争が起こり、東欧で、中東で、アフリカで、アジアで……と、各地で大虐殺を伴う戦争が深刻化しています。人類破滅の可能性をもつ核戦争が再び巷でささやかれる時代が来ました。しかも地球温暖化が、洋の東西を問わず、有無を言わせず人々の暮らしを直撃しているにかかわらず、化石燃料を「掘って、掘って、掘りまくれ」と号令し、気候変動をさらに激化させそうな大統領が登場することとなりました。今や「希望」はどこにあるかととまどいます。

　こうした時代状況の中で、しかし私たちは黙示録の人たちと一緒に、祈ることができます。「祈ることしか」できないのではなく、私たちは神に向かって、「主イエスよ、来てください」と、祈ることができるのです。望みはここにあり、この狭い門から人類の歩むべき道が続いているはずです。黙示録は、この祈りに応えてイエスが来られることを確信して、「主イエスの恵みが、すべての者と共にあるように」と述べ、祝祷で聖書全巻を閉じたのです。

　大晦日になりました。ご一緒に祈りましょう。主よ、あわれみたまえ。主よ、来てください。急いでおいでください。

あ と が き

　「それでも、希望に生きる」。本書の366日の黙想で、私は希望を語ろう
としました。どれだけ語り得たかわかりませんが。私が務めたのはイエス
を世界の中で黙想し、世界をイエスにおいて黙想することでした。

　分厚い前線が停滞し、出口のない迷路に入ったような、人類と世界が直
面する今日のような時代において、希望は幾度も打ち砕かれざるを得ませ
ん。もし自分にすぐれた賜物さえあれば、天上にいるような軽やかさで喜
ばしい福音を存分に語りたいと願いますが、日々深刻化する世界に心は幾
度も曇らされ、弱らざるを得ないのです。82歳を越えてもいまだに未熟
な信仰者の耳には、世界を超越する天上の澄み渡った妙なる音楽は聴こう
としても聴くことができないですし、ナザレのイエスと共に地上にいる限
りは、そのようなこの世離れした音楽は聴こえてきません。

　しかし、それにもかかわらず、なお、地上にあって神の国を仰ぎながら
希望を語ろうとしましたが、どこまで語り得たかは時を経なければ自分で
は何とも言えません。とはいえ、それでも今も、希望の福音を語り、愛と
喜びと平和と慰めの福音を世の人々にお届けしたいという思いでいっぱい
です。

　私たちは皆、バニヤンが語るような天路歴程の歩みをしながら、神の国
に向かう旅人です。彼は、「悩まぬ者に救いなし」と語ります。であると
すれば、希望が幾度も打ち砕かれるこの時代にあって、その事実から目を
そらさず、この時代と共に大いに悩み、悩み抜きましょう。

　私たちはまた、アブラハムのように、み国を望みつつ旅する旅人です。
彼のように、行く先々でしばしば祭壇を築いて、喜びを抱いて主をほめ
歌い、悩みの中から主なる神を呼び求めましょう。「主は愛する者を鍛え、
子として受け入れる者を皆、鞭打たれるからである」（ヘブライ人への手紙12
章6節）。主を愛する者なら、個人としても、教会としても、主に鞭打た
れることを避けてはなりません。

思いがけなく出版に導かれました。366 日もの黙想を新しく書き下ろすのは非力で愚かな者には不可能です。しかしさいわい、50 年近く毎週語って来た説教原稿が残っており、特に最後の 13 年間は毎週ブログにあげていたので、たいていはそこから黙想にふさわしい箇所を選び、手を入れました。今回初めて書き起こしたものもあります。春ごろは比較的気軽な黙想です。夏ごろから少し深みが増し、秋冬にかけ黙想を一段と深めました。通読も結構です。

　表紙と毎月の子どもたちの写真は、休暇であちこちに出かけた時に撮っていたものです。まさかこういう形で同伴してくれるとは思っていませんでした。しかし、あどけない表情の子どもらの写真を見ていると、出口のない迷路に入り込んだような大人の世界に希望は見つけられなくても、この子たちに明日への希望を託せるように思えました。この子らを見て、「それでも、希望に生きる」と言える気がしました。

　今回も出版局の伊東正道さんにお世話になりました。多くの著書やお話などからインスピレーションを得て書いています。お名前を記しませんが、心から感謝いたします。また出版を勧めてくださった知人たちに、そして妻に感謝いたします。

　2024 年　アドベント

上　垣　　勝

「人類と世界の遠い未来を見つめ続けているの」

上垣　勝（うえがき・まさる）

1942 年生、大阪府出身。製鉄会社を経て献身。
日本基督教団牧師、教誨師、幼稚園理事長。
福岡、青森、福井、東京の教会で 47 年間伝道牧会。
2020 年 3 月、隠退。
現在、板橋区在住。

著書　『海鳥たちの遺言』（日本キリスト教団出版局）
　　　『テゼ共同体と出会って』（サンパウロ）

カバーアートディレクション　細山田光宣
カバーデザイン　鎌内文

それでも、希望に生きる──聖書黙想 366 日

2024 年 12 月 25 日　初版発行　　　　　© 上垣　勝 2024

著　者　上垣　　勝
発　行　日本キリスト教団出版局
169-0051　東京都新宿区西早稲田 2 丁目 3 の 18
電話・営業 03 (3204) 0422、編集 03 (3204) 0424
https://bp-uccj.jp

印刷・製本　ディグ

ISBN 978-4-8184-1182-1　C0016　日キ販
Printed in Japan

日本キリスト教団出版局の本

海鳥たちの遺言
世界と神を黙想する

上垣　勝　著

戦争、環境問題、人権、差別……今、世界で起こっているあらゆる事柄と、1人ひとりの人生とのかかわりを聖書から聴き取り、現代という時代の中で読み解く説教18編を収録。世界を問い、み言葉に聴く黙想集。

2200円

《ナウエン・セレクション》
新版 傷ついた癒やし人

ヘンリ・ナウエン　著
渡辺順子　訳
酒井陽介　解説

私たちは自分の傷を否定する必要はない。むしろこの痛みが隣人に共感する基盤となる。そう気づく時、痛みは希望のしるしに変わる。20世紀を代表する霊的指導者ナウエンの主著。待望の新訳。すべてのキリスト者に。

1800円

《ナウエン・セレクション》
今日のパン、明日の糧
暮らしにいのちを吹き込む366のことば

ヘンリ・ナウエン　著
嶋本　操　監修
河田正雄　訳
酒井陽介　解説

ヘンリ・ナウエンの歩みの到達点とも言える、366の短い黙想を収録。毎日ひとつ、ゆっくり味わうなら、私たちも、自分の「弱さ」の意味を知らされ、キリストの息を吹き込まれ、神を愛して生きる者に変えられていく。

2400円

我が国籍は天に在り
志の信仰に生きる

舩戸良隆　著

長年海外支援団体でアジアの貧困に取り組み、退職後は地方教会の牧会に携わる著者の活動をつらぬくのは、神の国の福音に根ざした信仰である。幾度も悔い改めに導かれ、十字架理解を深める著者の、渾身の説教集

1400円

はじめての祈り

W. バークレー　著
吉田信夫　訳

祈る機会が少ない今日の人々や、初めて祈る人々に祈りの方法を示そうとする意図で書かれ、日々の祈り、日曜日の祈り、教会暦折々の祈りを紹介。

2600円

価格は本体価格。重版の際に定価が変わることがあります。